UNCERTAINTY IN ECONOMIC THOUGHT

经济学思想中的
不确定性

［法］克里斯蒂安·施密特（Christian Schmidt）主编

刘尚希　陈　曦　译

人民出版社

目　录

第三篇 统计和数学方法

译者序

不确定性世界中的经济学流变

当今世界面临百年未有之大变局，正处于大发展大变革大调整时期，人类面临许多共同挑战：一方面，各类黑天鹅事件频发，世界进入高风险轨道。反全球化、单边主义、保护主义、民粹主义、宗教极端主义、恐怖主义泛起，加之2020年新冠肺炎（COVID—19）疫情全球大流行，其冲击力度、广度、深度前所未有，使全球经济社会发展处于超级不确定性状态；另一方面，全球化将整个世界卷入统一进程之中。全球分工不断深化细化，产业链、价值链、供应链、金融链在全球范围内联系日趋紧密，世界各国日渐形成"你中有我、我中有你""一荣俱荣、一损俱损"的利益共同体、风险共同体、责任共同体、命运共同体。不确定性和公共风险也在加速全球化。

世界大变局难有规律可循，大变局中唯一可以确定的就是不确定性。而不确定性正是世界的本质，人类文明史就是在不确定性世界中不断构建"确定性"的进化史。理解不确定性对于应对以不确定性和公共风险为特征的当今世界变局具有重要的理论指导意义。只有充分认识和了解不确定性，才能找到构建确定性所需要的条件，才能构建中国自身发展的确定性，并为全球公共风险治理和构建人类命运共同体注入中国的确定性。

一、不确定性研究简史

世界的不确定性是一个自古至今不断为人追索的论题，关于不确定性问题的研究遍布于哲学、数学、自然科学和社会科学各个人类知识领域，如图1所示。

从哲学领域来看，东西方哲学的一个重要分野就是对于不确定性的认知。以中国古代哲学为代表的东方哲学是以不确定性为逻辑主线的。中国古代哲学的两座高峰——先秦哲学和宋明理学，其核心都在于阐述世界的不确定性：三本先秦哲学巨著——《易经》《老子》《易传》中，"易"思想贯穿始终并成为中国哲学延续几千年的逻辑主线。"生生之谓易"，即言万物皆不绝更新、不绝涌动、处于永不停歇的变化之中。"易"是"改变原有的同一性而趋向差异性"[①]，"易"是世界的基本属性，即不确定性；至宋元明时期，宋明理学开山周敦颐在《太极图说》中言："万物生生，而变化无穷焉""动而无动，静而无静，神也"，其认为宇宙是一个巨大的蕴藏无数的可能态，是"发微不可见、充周不可穷之""发展变化微妙"的整体。可能态的实现包含着无数不确定性，其不可事先预测或计算，人们"不可以情识计度据之为常"。[②] 其后继起的程朱理学、陆王心学，"变易"思维也皆贯穿始终，揭示了不存在任何永恒的、确定的、单一因果决定的秩序。东方哲学基于不确定性的逻辑内核，体现了超时空的对于世界更高的认识维度和认识能力。

与之相反，西方哲学则是以确定性为逻辑主线的。古希腊早期，米利都学派的哲学家们就偏向于把事物的本原归结为某种"始基"。这种对事物唯一确定性本原——"始基"的追求一直延续在其后西方各哲学流派中。原子论创始人德谟克利特认为世界上一切事物都是相互联系的，都受因果必然性

[①] 成中英：《易学本体论》，北京大学出版社2006年版，第36—45页。

[②] 周敦颐：《周濂溪集》，商务印书馆1935年版，第82—103页。

图1 各学科不确定性研究图示

时间	哲学·中国	哲学·西方	数学	自然科学·热力学	自然科学·物理学	社会科学·社会学	社会科学·经济学	社会科学·政治学	社会科学·管理学
1000BC	《易经》	赫拉克利特							
500BC	《老子》	亚里士多德							
300BC	《易传》	伊壁鸠鲁							
200BC									
1000AD	周敦颐 张载								
1100AD	程朱理学								
1200AD									
1500AD	阳明心学								
1600AD			伯努利《推测术》				（配第－"科学经济学"）		
1700AD	休谟－不可知哲学		棣莫弗《机遇论》		（牛顿－经典力学）		（斯密－古典经济学）		
1800AD			拉普拉斯《概率的分析理论》 高斯曲线	熵增定律	（拉普拉斯决定论）				
1850AD	马克思和恩格斯哲学			玻尔兹曼公式		凯特勒《社会物理学》	（马歇尔－新古典经济学）		
1900AD	罗素－不必然因果律					涂而干《社会分工论》			
1910AD				爱因斯坦－相对论	量子力学	帕累托《普通社会学纲要》			
1920AD			多值逻辑		不确定性原理	凯恩斯《概率论》	奈特《风险、不确定性与利润》		
1930AD			哥德尔不完备定理				凯恩斯《通论》		
1950AD	后现代哲学			混沌理论 突变理论	耗散结构理论 协同学		哈耶克－奥地利学派 新制度经济学 信息经济学		西蒙《管理行为》
1980AD						贝克《风险社会》	福柯－不确定性权利观 历史制度主义－制度变迁偶然性	霍夫斯塔德－不确定性规避	
2000AD				黑洞理论和暗金宇宙模型 复杂性科学		吉登斯《现代性的后果》		科学技术政治学－技术不确定性	

003

和客观规律的制约。柏拉图继承了苏格拉底从内心寻求事物本原的方法，相信绝对的确定性和普遍性。代表古希腊哲学最高成就的亚里士多德将哲学定位为确定性知识论的维度，最终确立了西方哲学基于确定性实体的形而上学传统。至文艺复兴时期，西方哲学重获发展，"近代哲学之父"笛卡儿第一次明确提出确定性："任何科学都是一种确定的、明确的认识。"① 康德对知识的绝对确定性持否定的态度，但仍然没有放弃对知识确定性的寻求。黑格尔认为永恒存在之物是一种"绝对精神"，不以主体形式而转移。理性是宇宙的实体，是真实、永恒、绝对有力的存在。叔本华和尼采为代表的唯意志主义哲学提出意志构成人生存和发展的确定性根基，从而在非理性主义层面阐释了哲学的确定性基础。从古希腊哲学到近代西方哲学，也偶有赫拉克利特、伊壁鸠鲁、休谟、罗素等人对于偶然性、因果律非必然性等问题进行探索。马克思和恩格斯明确指出："一种社会活动、一系列社会过程，越是超出人们的自觉的控制，越是超出他们支配的范围，越是显得受纯粹的偶然性的摆布。"② 直至 20 世纪六七十年代，西方后现代主义思潮才明确表达了不确定性思想，从而摒弃了主流西方哲学延续的基于绝对性、实在性、确定性的探索。

西方哲学基于确定性的逻辑内核，使其"实体理性"在自然科学领域得到充分发展，至牛顿达到理论高峰，确定性世界观一统人类各个领域的认知。而随着牛顿力学—拉普拉斯决定论的局限性逐渐暴露，近代科学家们开始从对"上帝之目"的极端追求中醒来，数学、自然科学和社会科学的发展打破了科学宿命论，开启了对于世界不确定性研究的新纪元。

近代对于不确定性的研究，首先发端于 17 世纪和 18 世纪的数学领域，概率学和统计学就是研究不确定性现象的数学分支。代表如早期概率史上的

---

① 伊·普里戈津：《确定性的终结——时间、混沌与新自然法则》，上海科技教育出版社 1998 年版，第 15 页。
② 《马克思恩格斯文集》（第 4 卷），人民出版社 2009 年版，第 194 页。

三部里程碑著作——伯努利《推测术》、棣莫弗《机遇论》、拉普拉斯《概率的分析理论》。其后如高斯提出了著名的正态分布曲线，哥德尔提出了举世震惊的不完备定理。基于大数定律的概率论和统计决定论作为数学领域处理不确定性现象的有效理论在18世纪蓬勃发展，从而突破了17世纪末以来基于牛顿力学严格唯一因果联系所构建的确定性世界。

19世纪中叶，克劳修斯和"热力学之父"开尔文几乎同时各自表述了热力学第二定律，即熵增定律。熵增实际上是从物理学角度对物质世界从有序到无序的表达。随后玻尔兹曼依据统计决定论对热力学第二定律进行了阐释，并于1877年提出了著名的玻尔兹曼熵公式，说明宏观状态熵并不由个别粒子运动决定，而是由大量粒子运动的概率分布决定。热力学领域熵增定律和玻尔兹曼熵公式的提出，标志着自然科学领域不确定性研究的开端。

19世纪末，不确定性首先由社会学引入社会科学领域：凯特勒发现社会现象中的不确定性也遵循与自然现象相似的统计规律，并针对社会现象的不确定性撰写了《社会物理学》。涂尔干于1893年出版了现代社会学的奠基作之一《社会分工论》，并指出：随着社会的发展，社会越来越复杂，社会规范越来越抽象，对行为的规定越来越模糊，集体监控能力削弱而个人自由度增加。原来简单的小范围社会的相似性所产生的社会纽带逐渐松弛，集体意识变得脆弱和模糊，不确定性的程度也越来越高。帕累托将个体行为分为逻辑行为和非逻辑行为，逻辑行为和非逻辑行为、计划与预期是个人层面的问题，社会层面上的问题并不必然可以在个人层面上加以解决，即个人预期与社会结果之间并不具有必然的联系，即具备不确定性。他还提出了个体行为的超验理论，即指个体行为会超脱个体本身和实验的验证，是存在于人们经验之外的理论。

20世纪初，现代物理学的两大理论——相对论和量子力学几乎同时确立。爱因斯坦的狭义与广义相对论基于相对时空观开创了物理学新纪元，终结了牛顿力学的绝对时空观。虽然爱因斯坦本人反对量子力学，相信"上帝不会掷骰子",但相对论本身却否认了时间和空间的绝对性和平直性,在宇宙观上是具有不确定性的。同时,由普朗克等一大批物理学家共同创立的量子力学开启了微观物体和高速物体的力学研究。量子力学的三大特征是不连续性、不确定性和不因果性。量子力学打破了经典力学所构建的世界的严格因果性,同时又颠覆了世界的绝对客观性。

不确定性引入经济学领域则推迟至 20 世纪 20 年代初:1921 年,奈特出版了《风险、不确定性与利润》。同年,凯恩斯出版了《概率论》,虽然其与经济学并无直接关联,但《概率论》中关于不确定性阐释的原创观点,为凯恩斯 1936 年出版的《通论》奠定了新的方法论。奈特的论著标志着经济学领域不确定性研究开始兴起。不确定性打破了 20 世纪早期之前平静有序的经济世界,并启发了其后众多经济学家如哈耶克、沙克尔等探寻以不确定性研究来解放经济理论束缚的新思路。

1927 年,海森堡正式提出量子力学不确定性原理。原理表明:某一单个粒子所包含的一组共扼变量无法同时被精确测量,即粒子的位置与速度不可同时被确定。这不是因为测量方法的不完备,而是自然界的固有属性。这种不确定性的固有属性被发现之后,迅速席卷了自然科学领域。20 世纪中叶起,不确定性研究领域更趋宽泛,以洛伦茨的混沌理论、托姆的突变理论、普里戈津的耗散结构理论、哈肯的协同学等为代表的以处理数目巨大、相互关系复杂对象为主干学说的复杂性科学,在 20 世纪下半叶蓬勃发展,开启了描述不确定性世界图景的科学新时代。

20 世纪中后叶也是社会科学领域不确定性研究蓬勃发展的时期,除了经济学领域,还包括如管理学领域西蒙的风险管理和不确定性管理、霍夫斯塔德的不确定性规避,政治学领域福柯的不确定性权力观,以及历史制度主义对于制度变迁中的不确定性和科学技术政治学中的技术不确定性等研究。

20 世纪 80 年代,霍金证明了广义相对论的奇性定理和黑洞的面积定理,提出了黑洞蒸发理论和无边界霍金宇宙模型,在统一相对论和量子力学方面作出了重要贡献。不确定性在宇宙学中进一步得到证明和扩展。霍金认为：不管我们得到多少信息，也不管我们计算能力有多强，物理过程的结果都不能无疑地被确定和被预言。更确切地说，其允许若干不同的可能结果，每一种结果都具有确定实现的可能性。[①] 而宇宙也具有多重历史，人们可以认为宇宙是一个庞大的赌场，上帝是一名地道的赌徒，不停滚动骰子，看看下一步还会发生什么。宇宙不像人们以为的那样仅仅存在一段历史。相反，宇宙应该拥有所有可能的历史。这听起来像科学幻想，但现在成为被广泛接受的科学事实。[②]

二、颠覆"科学经济学"的不确定性

波普尔在 1957 年出版的《历史主义的贫困》中写道："社会科学已远远落后于自然科学的发展，但经济学是唯一的例外。因为它经历了一场方法论上的'牛顿革命'。"自 17 世纪始，从古典政治经济学之父配第、斯密至李嘉图为代表的古典经济学，尤其是 19 世纪 70 年代以杰文斯、瓦尔拉斯、门格尔为代表的边际革命开始，到 20 世纪初马歇尔创立新古典经济学，再到 50 年代以弗里德曼为代表的货币学派和 70 年代以卢卡斯为代表的理性预期学派，主流经济学通过不断强化数学工具应用来达成经济学"科学化"的目标，而经济学中对于历史、伦理、经验、制度、哲学等思考都被排斥到学科边缘。"科学经济学"通过中性、完备性、同质性、稳定性以及完全竞争等不变条件的各种假设，将经济视为一个完美的、严密的、精确的、永久有效运行的系统，并塑造了一个完全确定性的经济图景。

然而现实世界并非如此，它本身就是不确定性的，并非只是遇到各种"偶然性"。"确定性"只是这个世界基本性质的一种例外，或是一种特殊情

---

① 史蒂芬·霍金、列纳德·蒙洛迪诺：《大设计》，湖南科学技术出版社 2011 年版，第 61 页。

② 史蒂芬·霍金：《果壳中的宇宙》，湖南科学技术出版社 2002 年版，第 68—80 页。

况，就像直线只是曲线的一种特例一样，"不确定性"才是这个世界的基本性质。从概念释义来看，"uncertainty"的解释为："1) The quality of being in respect of duration，continuance，occurrence，etc.；liability to chance or accident. 2) The state of not being definitely known or perfectly clear；doubtfulness or vagueness. 3) The state or character of being uncertain in mind；a state of doubt；want of assurance or confidence；hesitation，irres-olution."① 综合哲学、数学、自然科学、社会科学诸多领域对于不确定性的研究，与确定性相反，不确定性的含义可以包括：变化的、突发的、复杂的、偶然的、混沌的、模糊的、随机的、无序的、多向的、多值的、多主体的、非遍历的、非正态的、非线性的、非周期的、非因果的、非绝对的、非决定的、不必然的、不规律的、不平衡的、不连续的、不完备的、不可预测的、不可判定的、不可计算的、不可证明的。

作为将认识论建构在牛顿力学—拉普拉斯决定论基础之上的"科学经济学"，至今仍然支撑着主流经济学这座大厦。当今世界主流经济学家中的大多数，似乎都完全忽略了经济学思想史中关于不确定性的理论研究。曾经颇有影响的不确定性研究的代表学派——奥地利学派，如今也似乎日渐衰微。不确定性作为跨越整个人类哲学、数学、自然科学和社会科学各个学科的核心议题，在经济学领域仍未得到应有的重视。然而在 20 世纪，依然有众多优秀的经济学家勇于直面现实，将不确定性作为与稀缺性同等重要的经济学分析的基石，并将哲学、数学、心理学、行为学、社会学等领域的理论与经济学不确定性研究有机结合起来。本书作为论文集，集中呈现了 20 世纪西方经济学领域不确定性研究的进展情况。

---

① E. Buckley, *The Oxford English Dictionary Volume XI* (*T—U*)，Oxford：Oxford University Press，1978，p. 79.

三、经济学领域对于不确定性认知的根本分歧

尽管在经济学领域学界公认不确定性研究始于奈特，但对于不确定性思想的阐述最早可以追溯到 18 世纪的斯密。虽然在其分析框架中不确定性并未被赋予重要意义，但斯密认为在不确定性情境下，应更重视使用道德规则和明智推理作为行动基础，而非概率演算。因为人类知识是有限的，经济事件也不是随机发生的，所以概率与经济学几乎没有关联。至 19 世纪 70 年代，边际革命引致经济学的形式主义、理性追求和数学化倾向不断增长，理性则与可测量性相关，概率论被认为是解决可测量性的重要工具而大规模引入经济学研究。杰文斯通过整合可测量效用概念建立了理性选择的数学模型，从而取代了道德选择规则。他认为基于翔实的历史数据，概率可以提供计算未来不确定性的充分依据。① 而同为发起边际革命的代表人物门格尔的思想则与斯密相似，坚持人类知识的不完备性以及人类行为的非预期后果（参见本书第 6 章）。

从此，经济学领域对于不确定性产生了两种截然不同的研究方向：一个研究方向是延续了斯密和门格尔彻底纯粹的不确定性思想，我们可以称之为"原教旨主义"不确定性。奥地利学派即门格尔的后继者米塞斯、哈耶克和沙克尔，以及奈特、凯恩斯、希克斯晚年都奉行了这种不确定性思想。他们承认不确定性是经济的基础和本质问题，是经济演变的主要动力，也是经济学不可量化的根源。不确定性的存在，从根本上动摇了经济学的"科学性"（基于经典力学的科学）。这个含义的不确定性也是本书所着重探讨的；另一个研究方向则是通过使用概率，将不确定性纳入数学模型，我们可以称之为"概率主义"不确定性。其整合了 20 世纪 20 年代以前基于"大数定律"或逻辑推理的客观概率理论，以及 20 年代由博雷尔（参见本书第 10 章）和拉

---

① J. Köhn, *Uncertainty in Economics: A New Approach*, Berlin: Springer, 2017, pp. 18—20.

姆齐在贝叶斯定理基础上发展的、不完备状态下测量个体主观判断的主观概率理论，从而发展了一种允许预测的不确定性理论。

"原教旨主义"不确定性的代表人物奈特在 1921 年最早尝试区别风险和不确定性：风险是客观量，可借由概率计算处理，而不确定性可能是独特的或不连续的，超出了数学运算范畴。风险是"可测量的不确定性"（风险是否确如奈特认为是客观量并且是可测量的，在此不作讨论），与"不可测量的不确定性"极为不同，后者才是"真正不确定性"（参见本书第 4 章）。同年，凯恩斯建立在其原创的概率概念基础上的不确定性认知更为彻底："关于这些问题，没有科学依据，也无从得到任何可计算的概率，我们就是不知道而已"（参见本书第 7 章）。20 世纪 30 年代，被广泛认为是奥地利学派代表人物的哈耶克，虽然与当时新崛起的凯恩斯学派格格不入，但其对于不确定性问题的认知在本质上是与凯恩斯学派一致的。哈耶克认为经济问题的本质特征是知识的不完整性和模糊性，因此可以排除纯粹的数学形式和逻辑推理。

至第二次世界大战后货币学派兴起，经济数学化风气更盛。奈特、凯恩斯、哈耶克等关于不确定性的思想，由于不允许数学建模和用于预测而被摒弃在主流经济学之外。"概率主义"不确定性成为处理"科学经济学"中不确定性的指导思想。1954 年，萨维奇综合了诺伊曼和摩根斯特恩 20 世纪 40 年代预期效用函数理论，提出了完整的、公理化的主观预期效用理论，成为分析理性人在不确定性情境下依据主观预期效用值进行决策的重要理论。[①]其也成为其后宏观经济学的动态随机一般均衡模型、现代金融经济学的资产定价理论、资本资产定价模型、期权定价模型中处理不确定性的基本范式。主观预期效用理论对于理性预期效用和主观概率的整合，彻底忽略了奈特关于风险和不确定性的区分，导致主流经济学中风险和不确定性开始

---

① M. J. Machina, & W. K. Viscusi, *Handbook of the Economics of Risk and Uncertainty*, Holland: North-Holland Publishing Co., 2014, pp. 55－64.

呈现明显的同一性，不确定性被解释为一种可计算的风险形式，二者唯一区别是风险被认为是客观的，而不确定性则是主观的。在一般均衡、理性预期、有效市场假说条件下的不确定性处理，实质上，已经从初始就彻底纯粹地排除了不确定性。换言之，在"概率主义"不确定性理论中，其实不存在任何形式的不确定性，自然也忽略了不确定性对于经济学的根本意义。

1952 年，阿莱斯（参见本书第 12 章）提出了著名的阿莱斯悖论，证明预期效用理论本身存在逻辑不一致问题。同期，哈耶克的学生沙克尔（参见本书第 11 章）突破客观概率和主观概率双重困境，提出了一种不依赖于任何概率处理、非数值的不确定性理论模型——潜在惊奇。沙克尔认为经济决策是独特的，概率（先验概率或统计概率）在任何独特的决策情境中都是无关紧要、没有意义的。潜在惊奇模型同时摒弃了一个特定事件发生的概率是多少（客观概率）以及"我"有多少自信想法会成为现实（主观概率），而旨在解释——如果事件发生，"我"会感到惊奇吗？

20 世纪 70 年代末，卡内曼和特沃斯提出了前景理论，将心理学研究应用于不确定性情境下的个体决策中。[①] 与主观预期效用理论的理性人假设不同，该理论从实证角度对影响决策行为的非理性因素，如人的心理特质、行为特征的不一致性进行研究。其认为个体决策选择取决于结果与前景（预期）的差距，而非结果本身。并提出人对于概率的反应并非如主观预期效用理论那样总是线性的，而是非线性的。总体而言，主观预期效用理论属于规范经济学范畴，探讨的是人们应该怎么做。而前景理论作为行为经济学的分支理论，属于实证经济学范畴，描述的是人们事实上是怎么做的。但是行为经济学研究的缺陷在于很大程度上依赖于实证分析，必然存在诸多受样本和技术限制的假设。21 世纪初，行为经济学的另一个分支——神经经济学蓬

---

① P. P. Wakker, *Prospect Theory for Risk and Ambiguity*，Cambridge：Cambridge University Press，2008，pp. 5—7.

勃兴起，① 其通过研究分析大脑神经系统对不确定性情境的反应来预测个体行为决策，从而进一步打开技术限制的"黑箱"，尝试重建经济学对于经济行为的解释框架。但从本质上讲，神经经济学仅属于技术层面的拓展，并未对行为经济学乃至整个经济学领域的不确定性研究贡献新的本体论或方法论。

2013 年，索罗斯综合了其半个多世纪的经济哲学思考和金融市场实践，提出人类不确定性原理。② 20 世纪 50 年代末，索罗斯在伦敦经济学院师从波普尔，波普尔历史非决定论、批判理性主义、"三个世界"等科学哲学思想深刻打动和影响了索罗斯，并在此后从事金融市场工作中逐渐构建和拓展了自己的经济哲学思想。索罗斯反对货币学派，他用易错性和反身性原则取代了理性预期和有效市场假说。索罗斯的经济哲学框架涉及思维和现实之间的循环关系，其建立在两个相对简单的命题之上：一是有思维的个体对现实世界的看法并不完全符合实际情况，这是易错性原则；二是这些不完善的看法会通过个体行为影响现实世界，这是反身性原则。索罗斯认为，长期以来，主流经济学为了制定与牛顿力学相似的普遍有效的规律（他称之为经济学家不幸的"物理嫉妒"），完全忽略了人类固有的易错性和反身性所带来的不确定性，其可以概括为人类不确定性原理：正是易错性不确定性的存在，使人类世界的复杂性远远超出人类所能理解它的能力。脑科学的最新进展证实了 18 世纪休谟的观点：理性是激情的奴隶；而在社会系统中，易错的人类不只是观察者具有认知功能，也是参与者具有操控功能，两种功能同时运作、互为因果、互相循环、互相干扰，这是反身性不确定性的存在原因。索罗斯推崇量子力学的不确定性原理，并将其旗下对冲基金之一取名为

① J. D. Grayot, "Dual Process Theories in Behavioral Economics and Neuroeconomics: A Critical Review", *Review of Philosophy and Psychology*, Vol. 11, No. 1 (2020).

② G. Soros, "Fallibility, Reflexivity, and the Human Uncertainty Principle", *Journal of Economic Methodology*, Vol. 20, No. 4 (2013).

量子基金。但索罗斯扬弃了波普尔提出的自然科学和社会科学可以统一的观点，认为二者存在根本区别的原因就在于人类不确定性原理。因为人类社会存在的深度不确定性，阻碍了社会科学可以产生与物理学相媲美的解释能力和理性成就。但这不应该看作是对社会科学的贬低，而应该通过摆脱社会科学对于自然科学的奴性模仿，保护其免受错误标准的评判而开辟新的发展前景。

索罗斯以不确定性为核心的经济哲学和分析框架，总体上延续了奈特、凯恩斯和哈耶克的思想。在 2008 年金融危机、2010 年欧债危机中，索罗斯通过金融市场操作印证了其理解经济现象和化解经济危机的成功，同时也通过事实印证了主流经济学与现实相去甚远的各种假说的失败。如索罗斯自己所言，虽然其人类不确定性原理尚不成熟，但无可置疑的是，不确定性将重新定义我们要追求什么样的经济理论和经济范式，以至于应该用什么样的社会科学研究方法来加深人类对于社会现象的洞察力以更好地应对未来。

四、经济学中客体和主体的对立和融合

从另一个角度看，经济学中关于不确定性的研究，也可以分为基于客体和基于主体两个角度：客体角度的不确定性分析，是将不确定性作为客观现象进行研究。其通常引入数学和自然科学方法进行量化研究，用于解释并预测事件发生的客观概率，我们可以称之为客体不确定性。杰文斯的概率模型、奈特估计框架中的先验概率以及希克斯早期关于不确定性的研究，即属于此类范畴。主体角度的不确定性分析，则是从人的意志出发，基于经济主体心理和行为导致的不确定性，来理解其经济决策及影响，并更多结合心理学、社会学、行为学等社会科学研究方法和内容，我们可以称之为主体不确定性。研究主体不确定性的代表学派——奥地利学派，是首先将不确定性引为其核心经济理论的。其代表学者门格尔、米塞斯、哈耶克和沙克尔等，始终将经济知识建构在个体行为选择之上，强调个体行为固有的不确定性，并

将不确定性作为其解释经济现象一以贯之的内在逻辑。此外，凯恩斯对于不确定性的研究、萨维奇的主观预期效用理论也属于这个范畴。

客体和主体是哲学问题层面上的一对基本范畴。从一元论角度看，客体和主体并非独立的、对立的存在，而类似于心学中"心物一体"的概念：即客体虽然独立于主体的思想而存在，但也取决于主体感知客体的方式。从主客体融合的角度，不确定性的研究也呈现新的趋势：将事件不确定性作为客体进行预测这一行为本身即带有强烈的主观色彩，而预测将影响主体作出不同决策，又催生出新的不确定性。不确定性既是客体，又是主体；既是来源，又是结果。因此，主客体角度的不确定性也并非独立的、对立的，而是循环往复、无法分割的。博弈论中将不确定性和决策过程相融合，即是在作为客体的不确定性和作为主体的不确定性之间架起一座桥梁（参见本书第10章），这与索罗斯的人类不确定性原理有异曲同工之处。

五、从个体心理和行为转向集体心理和行为

再从个体和集体角度来看，我们耳熟能详的大多数相关经济学家，都是从个体层面对不确定性进行研究：如凯恩斯的《通论》、哈耶克的《感觉的秩序》都从心理学角度对不确定性进行了阐释，米塞斯的《经济学论著：人类行为》则从行为学角度对不确定性进行探索（参见本书第5章）。

而从个体心理和个体行为扩展到集体心理和集体行为，则更多属于经济学和社会学交叉领域的研究。从个体分析到集体分析，改变了不确定性的研究范畴和含义。当将不确定性置于集体情境中，就脱离了作为客体和主体的范畴，众多个体的互动和结合形成了经济环境的独特现象，也使不确定性成为一种集体心理、集体行为及其结果的状态边界。这种状态和状态集合不断变化、模糊不清，因而不确定性可以被视为是天然的、内生的、给定的。苏联经济学家康德拉季耶夫（参见本书第8章）广为人知的长波周期理论仅仅是其广泛学术野心的一小部分。康德拉季耶夫对于以不确定性为核心来探索

经济长期波动本质的过程中，开创了"遗传经济学"，探讨集体心理、集体记忆和集体行为与社会经济发展的关系。他指出相对于自然的超经济因素，"有意识或无意识的群体利益压力以及其他原因"，即人类自身在事件演变中的干预对社会发展起到了更大的作用。遗憾的是康德拉季耶夫宏大的学术抱负因 1930 年被捕入狱而无法完成，但令人欣慰的是其狱中所书经后人整理并集结出版而得以面世——《尼古拉·D. 康德拉季耶夫著作集》（*The Works of Nikolai D. Kondratiev*），其中第 Ⅱ 卷为我们从人类社会层面探索集体不确定性提供指引。①

六、数学能否帮助解释和预测不确定性的经济现实

数学与经济学的相关性，一直是存在争议的。数学借由概率将不确定性问题引入经济模型中。但其无法找到经济不确定性问题的数学处理，只能通过对问题的数学表达来解释和预测经济现象。这种解释和预测，往往因受限于模型的各种理论假设，变得不够完善、不够准确且与现实脱节，从而显示出其狭隘的局限性（参见本书第 3 章）。

数学和经济学的融合永远存在高昂的成本。以计量经济学为例，当前建构计量经济模型的假设基础，是所有经济事件都是通过随机过程实现的时间序列的一部分。而随机过程的"遍历性假设"是经济概率化的必要条件。但不确定性即意味着"非遍历的"，在非遍历的现实经济世界中，概率甚至并不存在，事件发生的历史情境至关重要，经济环境在时间序列中不断变幻。严格意义上来讲，由于时间的不可逆性，任何曾经作出的经济决策都必然意味着决策时刻的所有相关情境都无法复制、无法重现。当涉及微观的、简单的、个体的、选择成本低廉的、限制情境下的事件时，我们可以近似作出概率类比；而当涉及宏观的、复杂的、集体的、选择成本高昂的、无知情境下

---

① N. D. Kondrat'ev, "Makasheva, N. A., Samuels, W. J., Vincent, B.", *The Works of Nikolai D. Kondratiev* (Volume II), The Pickering Masters, 1998.

的事件时，则无法通过概率来进行计算和预测。

　　凯恩斯在《概率论》中提出了将不确定性与概率事件剥离的观点，并指出"影响人类未来的决定……无法依赖严格的数学预期，因为不存在这种计算的基础"，即无法将所有可能行为"先用一个数字表征比较优势，再用另一个数字表征概率"，以便个体通过最大化数学预期来进行决策。希克斯也指出："经济学中'统计'或'随机'方法的益处……和适用性……远比想象中的少。"哈耶克称之为"知识的假象"，"统计数据与由新问题产生的刺激因素相比，并不能让我们得到更多的信息"。从萨缪尔森的观点来看，"遍历性假设"将经济学从历史等人文科学中剔除，使其成为与（19 世纪）物理学相提并论的概念。索洛指出："不幸的是，经济学是一门社会科学……因此经济分析的最终产物……取决于社会环境—历史背景……。"诚如波普尔所言："理论科学本质上都是'演绎'的，没有'归纳'这样的逻辑程序……。"

　　本书第 3 章的结束语题为"皇帝的'新装'"，意为即使我们知晓面对的是无知、混沌和缺乏概率的现实经济现象，也依然乐见在大量实证研究中自欺欺人。虽然 20 世纪众多经济学家曾对经济的数学处理进行质疑和反思，而最令人惊讶的，不是这些工作的存在，而是大多数经济学家缺乏对它们的认知。主流经济学数量化和工具主义化倾向，使我们对于遍历性、连续性、正态性、线性这些便利化的数学形式过度依赖、深信不疑。而经济学的本质，是为了探究现实条件下的经济现象，并非是为了表达理想条件下的数学模型。数学语言应用于经济学中，也不应致力于解释和预测（这是当前主流数量经济的致命谬误），因为所有因果链条的构建（因果律）都是基于人的预设和诠释，即主观思维之上的。而数学语言难以适用于人类心理和行为及其结果的研究领域。数学应用于经济学的正确之道，应该是用来表达不确定性在经济决策中的特殊性（参见本书第三篇）。

七、本书内容概要及其局限性

本书是多位国际学者在经济思想领域探索不确定性处理的论文合集，也是当前经济学理论书籍中一部综合探讨不确定性的重要著作。其整体架构分为三部分：第一部分为基础和概念篇，主要阐述了不确定性的宗教意义，以及经济学领域不确定性多样化的含义，剖析了现代古典经济学中不确定性的误解，梳理了经济思想史中的不确定性理论，概述了希克斯、沙克尔、哈耶克等杰出经济学家对于不确定性的观点以及数学应用于不确定性研究的局限性，并重点介绍了奈特对于风险和不确定性的辨析；第二部分主要阐述了经济学思想史中不确定性研究的代表成果，包括奥地利学派代表人物门格尔和米塞斯的不确定性理论，奈特与凯恩斯关于风险与不确定性理论的异同，以及康德拉季耶夫"大周期"理论中的不确定性研究；第三部分为统计和数学篇，主要阐述了如何应用数学语言来表达经济学领域的不确定性，包括数学方法如误差理论、线性回归、策略博弈的阐述，还介绍了沙克尔的潜在惊奇理论和阿莱斯的"X因素"假说。

本书在内容上也存在一些不足，由于其为论文集汇编而欠缺系统和严密的论述逻辑，且没有专门辟章节对凯恩斯和哈耶克两位重要经济学家的不确定性思想进行梳理。但本书为我们呈现了西方经济学领域不确定性研究的集合，并可以引领我们寻选更多西方经济学领域不确定性研究的优秀论文和著作。

如果从更开阔的视角来看现有经济学领域的不确定性研究，无论是"原教旨主义"不确定性还是"概率主义"不确定性，无论是客体不确定性还是主体不确定性，也无论是个体不确定性还是集体不确定性，都可以认为其局限于对"实体现实"不确定性即"结果"不确定性的认知。而当前世界形态的一个重要特征，是呈现一种实体现实和虚拟现实的"叠加态"，实体现实可以看作是虚拟现实的无数"可能态"在被观测后发生"坍缩"所形成的某个"本征态"。我们可以从物理学中获得关于世界实体现实和虚拟现实"叠加态"的一种解释：1905年爱因斯坦提出光电效应的光量子解释——波粒二象性，即光波同时具有波和粒子双重性质，随后物理学已经证实一切物质都具有波粒二象性。在量子力学中，波粒二象性通过测量与人的意识紧密关联：一个粒子没有被测量时，它的存在形式是一个概率波（或称"波函数"），有无数种可能态，但粒子一旦被测量，概率波便会立即坍缩到一个具体的本征态，即从概率波的形式转为被观察后呈现出来的实体形式。量子坍缩理论与阳明心学"心物一体"的观念十分吻合——"身之主宰便是心，心之所发便是意，意之本体便是知，意之所在便是物"。① 之于现实世界，则可以表达为人的意识可以感知"虚拟现实"，并在虚拟现实的"可能态"中进行符合目的的选择，从而展现成为实体现实的"本征态"。当今世界新一代信息技术革命（大数据、人工智能等），使利用技术手段来呈现虚拟现实成为可能，如虚拟制造、虚拟场景等。同时，虚拟现实也越来越深刻地切入并改变实体现实。

虚拟现实是真实的、全面的、以不确定性呈现的世界，而实体现实是经过我们意识构建之后所呈现出来的确定性世界。如果把历史和现实视为两个点构成一条线段，那么，未来并非一定在这条线段的延长线上，而可能是无数延长线的一个集合。但我们走向未来只能作出一种选择，就像我们不可能同时走两条路一样。选择成为一个事实，也就是我们观察到的实体现实。过去我们选择了搞计划经济，计划经济就成为当时的实体现实；现在选择了搞市场经济，市场经济就成为我们当下的实体现实。而未来之路则存在于虚拟现实当中，对虚拟现实的认知程度决定了我们今天的选择和未来实体现实的具体形态。从本体论来说，虚拟现实是本源所在，是世界的本质，需要通过虚拟理性才能感知。而实体现实则是本体呈现，是可以直接观察到的现象。

---

① 王阳明：《传习录》，江苏文艺出版社2015年版，第216页。

从时间来说，虚拟现实是可逆的，而实体现实是不可逆的。在这个意义上，实体现实是我们在虚拟现实中构建的结果，确定性也是我们所构建的和所追求的结果。但在实体理性的映照下，却完全是颠倒的。对于虚拟现实和实体现实通过人的意识所产生的"叠加态"不确定性的研究，已经远不是主观与客观、主体与客体、对立与统一、偶然与必然等传统哲学范畴所能容纳的，也远远超出本书以致当前经济学对于不确定性的理解。对于这个宏大的论题，将留由今后深入探讨。

八、不确定性世界观是在更高维度上认知世界

确定性与不确定性，本质上是两种截然不同的世界观。从确定性世界观转向不确定性世界观，是科学思维领域的一大跨越。而世界观问题本身是哲学问题，在结尾，我们还需要回到哲学层面剖析二者的差异，如表1所示。

表1　确定性世界观和不确定性世界观差异

世界观	确定性	不确定性
代表性的哲学	西方哲学	东方哲学
世界本质	确定性	不确定性
对确定性的基本认识	客观存在	人类构建
对不确定性的基本认识	概率	所有可能性
对风险的基本认识	可预测	不可预测
认识逻辑	从认识到反映	从认识到构建
认识路径	过去—现在—未来	未来—现在—过去
认识特征	二元论	一元论
认识方式	碎片化	整体性
认识目标	解释现实	构建实现
认识对象	单一性	叠加态
理性类型	实体理性	虚拟理性
思维方式	实体思维（脑思维）	虚拟思维（心思维）

世界观	确定性		不确定性	
认识维度	一维	狩猎采集社会	四维	信息社会
	二维	农业社会	五维	智能社会
	三维	工业社会	六维……	

在确定性世界观下，世界本质是确定的，确定性是客观存在的，认识只是对现实世界的一种反映。不确定性等同于偶然性，表现为一种概率，是基于预测的。确定性世界观对世界的认识路径是"过去—现在—未来"，是基于过去从现在看未来。在确定性世界中，风险是偶然性事件，是一种应用实体思维（脑思维）以碎片化的方式解释实体现实世界。基于确定性世界观和实体思维（脑思维），世界是物质的、理性的，主观和客观、理性和非理性是对立的，并将人的情感、意志和欲望划入非理性范畴。

而在不确定性世界观下，世界本质是不确定的，[①] 不确定性是包含有概率和没有概率的所有可能性。确定性则是在一定条件下才存在，是人类构建出来的。规律、定律、定理本身就是人类意识的构建物，并非无条件的存在。确定性不再是对客观世界的反映，而是一种构建。不确定性世界观对世界的认识路径是"未来—现在—过去"，是立足未来回看现在和过去，未来存在多种可能性。在不确定性世界中充满风险，立足于未来才能认识到风险，并有能力防范化解风险。不确定性需要虚拟理性才能认识，虚拟理性是一种虚拟思维（心思维）以整体性的方式来认识现实。以虚拟理性认知的虚拟现实是一种不确定性存在，不可证伪，却是实体现实的镜像。基于不确定性世界观和虚拟思维（心思维），物质和意识、客观和主观是一体的。

从认识维度的历史变迁来看，确定性世界观可以解释狩猎采集社会、农业社会和工业社会。在狩猎采集社会，人类生存轨迹是从点到线，呈现一维

---

① 刘尚希：《公共风险论》，人民出版社 2018 年版，第 37 页。

状态；到了农业社会，种植业的发达使人类生存轨迹变成平面，呈现二维状态；工业社会的科技进步，人类航空、航天、通信技术将人类生存轨迹扩展为立体，呈现三维状态。可以说从狩猎采集社会直至工业社会，从一维社会到三维社会，都属于实体的现实世界，以确定性世界观来解释和改造世界，可以满足人类生存发展的需要。而人类正在进入信息社会和高风险社会，已经认识到世界的本源不是单一确定性的，而是叠加不确定性的，即呈现虚拟现实和实体现实的"叠加态"。仅仅以确定性世界观的实体理性来解释和改造世界，将难以满足人类生存发展的需要，运用以不确定性世界观的虚拟理性才能构建起人类的确定性。

从人类社会发展过程来看，人类认识世界的维度越高，构建确定性的能力就越强。但人类从未改变过也无力改变世界不确定性的本质。不确定性好比汪洋大海，人类要在海中求得生存，就要构建一定的确定性，从利用漂浮的木头，到搭建小船，再到建造巨轮，人类在不确定性海洋中构建生存确定性的能力越来越强，却从未改变过外界的汪洋大海。而构建生存确定性的能力，取决于人类的认知能力，即立足于第几个维度在思考问题。东方哲学的不确定性世界观，就是基于更高维度来认知世界，也只有在基于不确定性的高维思考中，才能认知到不确定性中风险。风险是一种对象，也是一种思维，风险是基于虚拟现实、虚拟思维、虚拟理性并指向未来的。对风险的认知水平越高，对世界的认知水平才越高，构建确定性和抵御风险的能力也才越强。

在以超级不确定性和公共风险为特征的世界大变局之中，本书中文译本的出版，对于探索经济学思想中不确定性的变迁、探索治理公共风险的制度路径、探索新时代中国发展道路、构建符合中国国情的经济理论、构建中华民族伟大复兴的确定性，应该有所裨益。特此翻译，以飨读者。

最后，要特别感谢人民出版社的大力支持，尤其要感谢本书责任编辑曹春博士在出版过程中的全力协助，还要感谢刘心怡、张浩天、赵欣然、陶源为本书校对所付出的辛勤劳动。在此一并致谢！

编著者

蒂里·艾马尔，法国巴黎第一大学经济思想史中心，法国南锡第二大学卫生经济研究资料中心经济学助理教授

Thierry Aimar is at the Centre d'Histoire de la Pensée Economique，University of Paris 1，Panthéon-Sorbonne，France and Assistant Professor of Economics at the CREDES，University of Nancy II，France

阿兰·凯里，法国国家科学研究中心数量历史理论组（蒙彼利埃）长聘人员

Alain Carry is at CNRS，Groupe Histoire Quantitative et Théories du long terme（Montpellier），France

保罗·戴维森，美国田纳西大学政治经济学 J. 弗雷德霍利杰出荣誉主席

Paul Davidson holds the J. Fred Holly Chair of Excellence in Political Economy at the University of Tennessee，US

玛丽·安·戴曼德，美国阿尔比恩学院经济与管理系讲师

Mary Ann Dimand is Instructor in the Department of Economics and Management，Albion College，US

罗伯特·W. 戴曼德，加拿大布鲁克大学经济学教授，美国耶鲁大学客座研究员

Robert W. Dimand is Professor of Economics，Brock University，Canada and Visiting Fellow at Yale University，US

皮埃尔·加雷洛，法国蒙彼利埃第一大学 LAMTA 经济学助理教授

Pierre Garello is Assistant Professor of Economics，LAMTA，University of Montpellier 1，France

奥马尔·哈穆达，加拿大约克大学经济学教授

Omar Hamouda is Professor of Economics at York University，Canada

小查尔斯·R. 麦卡恩，美国匹兹堡大学经济系研究员

Charles R. McCann，Jr. is Research Associate，Department of Economics，University of Pittsburgh，US

克劳德·迈丁格，法国巴黎第一大学经济学教授

Claude Meidinger is Professor of Economics，University of Paris 1，Panthéon-Sorbonne，France

莫里斯·内特，法国国家科学研究中心，法国普罗旺斯地区艾克斯·交通经济研究中心

Maurice Netter is at CNRS，and Centre de Recherche d'Economie des Transports，Aix en Provence，France

马克·珀尔曼，美国匹兹堡大学名誉经济学教授

Mark Perlman is University Professor of Economics Emeritus，University of Pittsburgh，US

让·马克·庞索内，法国巴黎第一大学经济思想史中心

Jean-Marc Ponsonnet is at the Centre d'Histoire de la Pensée Economique，University of Paris 1，Panthéon-Sorbonne，France

乔治·普拉特，法国民主运动党人士，法国国家科学研究中心研究主

任，巴黎第十大学

Georges Prat is Director of Research at the CNRS，MODEM，University of Paris X-Nanterre，France

罗宾·罗利，加拿大麦吉尔大学经济学教授

Robin Rowley is Professor of Economics at McGill University，Canada

克里斯蒂安·施密特，法国巴黎多芬纳大学经济学教授

Christian Schmidt is Professor of Economics，University of Paris-Dauphine，France

致　谢

本书是第五届查尔斯·吉德（Charles Gide）经济思想研究协会国际研讨会——对于经济学思想中不确定性处理的历史（1993 年 9 月 10 日至 11 日，巴黎高等理工学院和巴黎多芬纳大学）会议上的论文选集。我们对下列机构表示感谢：

法国保险公司联合会（FFSA）；

国家科学研究中心（CNRS，法国）；

法国大学和科学研究部；

巴黎多芬纳大学［第三教学单位（UFR）］。

概述　什么是经济不确定性中的确定性

克里斯蒂安·施密特（Christian Schmidt）

经济学研究可以从许多不同的视角进行思考。从一种视角出发，经济可以被构建为一个系统，经济学研究的目的即是解释这个系统如何运转；另一种视角则从个体行为出发，并将经济视为因主体所采取的行为而导致的多种状况。由此，经济学研究的主要目的就是去理解用以解释经济状况的决策过程。实际上，这两种方法并不相互排斥。几乎经济学中所有的主要理论构建都倾向于尝试在它们之间架起一座桥梁。亚当·斯密（Adam Smith）、莱昂·瓦尔拉斯（Leon Walras）以及最近的约翰·冯·诺依曼（John von Neumann）和奥斯卡·摩根斯特恩（Oskar Morgenstern）都给出了对于这种尝试不同类型的阐释，尽管其中并没有完全令人信服的版本。

在两种角度中，经济学中不确定性的含义是不同的，这也解释了珀尔曼（Perlman）和麦卡恩（McCann）所指出的不确定性的多样化。假定经济是一个系统，不确定性表现为未能根据其假设的法则以及初始状态下的可用信息对系统状态进行预测。因此，不确定性与经济预测表现有关，更重要的是与经济系统的实际特征所带来的决定论问题有关。如果假定人类行为构成了经济学的真实背景，那么不确定性将立即成为每个决策者的必要考量维度。此外，表征经济状况的若干选择结果本身，也是产生额外不确定性的来源。因此，在第一种视角下，不确定性与经济学中的真正危机是分离的，而在第二种情况下，不确定性是经济学知识的一般组成部分。

　　历史回溯揭示了不确定性与经济学思想之间一些令人费解的关联特征。首先，灾害、风险和不确定性是整个 18 世纪数学探索的主要议题。从伯努利（Bernouilli）到拉普拉斯（Laplace）到孔多塞（Condorcet），概率理论成为研究不确定性的工具。一些数学家发现概率可以直接应用于社会生活。显然，众所周知的例子包括丹尼尔·伯努利关于风险度量的探讨（1738），以及孔多塞将概率论应用于多数票研究（1789）。18 世纪中叶和 19 世纪上半叶也是古典政治经济学诞生的时期。然而，古典学派的经济学家都没有注意到这一贡献。[1] 初步来看，处理不确定性和经济思想之间缺乏此种联系似乎会导致许多麻烦。戴维森（Davidson）和哈穆达（Hamouda）都提到了这一点：这也是为什么本书不包含任何专门介绍 19 世纪末以前经济学家的论文。

　　有人可能会提出异议，认为至少在这一时期，大多数经济学家的数学能力太低，无法参与概率相关的数学辩论，但这种过于简单的解释是不够的。因为，首先，当时一些经济学家，如休韦尔（Whewell），完全具备基于数学方法理解不确定性的能力；其次，此后 19 世纪的数理经济学家同样遇到了经济学不确定性与其数学处理之间关系的问题。但事实并不如所愿。最好的例子是古诺（Cournot）提供的：古诺不仅是一位专业的数学家，还亲自参与了不确定性的概率方法研究。虽然古诺完全了解拉普拉斯、孔多塞和泊松（Poisson）的贡献，但是当古诺将数学应用于经济学时，他在概率问题上却游移不定。事实上，在他的《财富理论的数学原理之研究》（*Recherche sur les principes mathématiques de la theorie de la richesse*）（1838）一书的理论中，并没有任何关于概率的思考。[2]

　　古诺的情况表明，另一种解释直接源于初步假设。根据古诺以及史密斯（Smith）的观点，理论经济学的主题是系统。因此，理论研究的问题首先涉及的是系统规律。翻译成数学语言，这无异于发现了可以找到系统解决方案的条件。尽管复杂性存在巨大差异，古诺对于经济学的思考方式，与史密斯所直观理解的牛顿经典力学定律与政治经济学之间的关系并没有太大的不同。[3]在数学仪器的背后，史密斯、大多数经典学派学者、古诺，甚至包括拉普拉斯都持有同一种观点。这种对经济现象的共识可以归纳为：要么存在一个规律被严格确定的、名为"政治经济"或"经济学"的经济体系，要么不存在这样的体系，并且也不存在解释经济现象的科学方法。显然，人们可以通过理论力学将其与物理学进行比较，但这种比较的有效性很大程度上仍是隐喻性的。实际问题涉及为经济学设立系统框架的意义。直到 20 世纪初，对于系统的确定性以及不确定性似乎一直相互矛盾。

不确定性在奥地利经济学派中的地位并不令人惊讶。正如加雷洛（Garello）所回忆的那样，门格尔（Menger）及其几个追随者的经济知识都建立在目标导向性个体行为的主观基础之上。其基本原理在于对想要达到既定目标的个体进行分析。根据定义，该操作成功与否存在两个不确定因素：既定目标在思想上决定的时刻与所选行动后果发生的时刻之间存在时间差；行动实施的整个过程不完全受个体掌控。因此，不确定性是奥地利学派方法论观点的内在逻辑。遗憾的是，奥地利学派的方法论原则也否定了数学方法与经济学的相关性，这意味着在奥地利学派框架中经济学的不确定性与其数学处理不一致，这是一个更加值得怀疑的假设。

我想到了一个基于历史角度的解释。在卡尔·门格尔时代，概率只有一种客观解释，与奥地利学派分析的主观问题无关。然而，由于拉姆齐（Ramsey）、德·菲耐蒂（De Finetti）和萨维奇（Savage）的工作，一旦对概率的主观解释得以发展，这一论证的有效性就会被削弱。从分析角度需要重新检验奥地利学派方法对于不确定性与数学表述的相关性。当务之急提出的问题是，奥地利学派探讨不确定性的方法必须依据主观概率来制定吗？对于奥地利学派，从门格尔到哈耶克（Hayek），经济学不确定性被视为目标导向性个体行为的意外结果。如果是这样，就无法区分行为、行为的后果以及世界的状况，以明确哪些状况是决策者已知的而哪些是被忽视的。理解主观概率构成的基本框架将毫无意义。同样，困难的核心不在于数学，而在于数学处理可以支持不确定性的假设。

门格尔主义对货币起源的分析排除了这种处理不确定性方法的困难，这从艾马（Aymar）的研究贡献中可见一斑。[4]一方面，货币的出现不能简化为一个独立于个体行为的事件（或一种世界的状态）；另一方面，货币的存在也不是有意为之的。作为一种社会制度，门格尔认为货币既不是由灾害产生的，也不是由人为计划产生的。这种模棱两可的起源直接影响到货币的经济职能。作为一种贮藏媒介，货币通过增强人们对于价格系统的认知来减少不确定性，对于决策者而言，这无异于是一个"世界"。但货币的价值并不独立于价格体系，而是来自交易者的决策。因此，货币对于个体决策者而言，也是一种不确定性的来源。

4   如果奥地利学派的经济学家是首先将不确定性引入其核心经济行为分析的人，那么他们非常独特的方法从未与主流经济学相契合。直到 20 世纪上半叶尾声，才出现了在决策中构建不确定性的另一种方法，这种方法迅速在经济学家中占据主导地位。乍一看，其内容并无新颖之处：无外乎是两种重要传统观点的融合，即经济学中新古典效用理论和基于概率论对于不确定性的数学处理。更准确的检验表明，如果组合不是新的，那么用于融合它们的方法也是原始的。一些支持计量经济模型的研究者放弃尝试寻找经济不确定性问题的数学处理，却成功地通过问题的数学表达得到了直接的经济学解释。冯·诺依曼和摩根斯特恩的著名成果——效用公理化，就是这类实践的第一个例证，并最终形成了由萨维奇建立的预期效用模型。

这一实践的成功似乎很容易解释。它通过确保与其不确定性数学处理的一致性，再次证明了正统经济学的效用理论。它为数学不确定性和经济学决策之间的融合提供了第一次契机。最终，它提出了一种非常有吸引力的关于效用和概率之间关联的解释。然而，这种看似精彩的融合就经济学而言存在高昂的成本。应用预期效用模型所产生的所谓合理性悖论的扩展列表，证明了其狭隘的局限性[5]，但近半个世纪以来，我们印象中大多数经济学家都认可其构建模型的方法，这种结果并不令人惊讶。

根据阿莱斯（Allais）的术语，新伯努利组合（neo-Bernouillian synthesis）是自洽的，其困难不在于逻辑结构，而在于对决策者的认知。实际上，其优点也是其弱点所在，并正受到越来越多的批评。事实上，将数学与经济学不确定性联系起来的正确方法根本不是从数学模型中得到经济学解释，而是用明晰的数学语言表达经济不确定性在决策过程中的特殊性。因此，回顾过往，即使替代性尝试在当时并未取得成功，但也为探索此种分析的意义作出了重大的贡献。

本书重温了三位作者：奈特（Knight）、凯恩斯（Keynes）和沙克尔（Shackle）的观点。他们每个人都详尽地构建出经济决策过程中不确定性问题和数学不确定性之间的其他类型关联。

尽管术语的选择颇为棘手，但奈特捕捉到了一个有趣的重要问题，即决策者对于评估不确定性和对于该评估的判断之间的关键区别。施密特（Schmidt）十分注重并在此问题上作出了初步贡献。

从凯恩斯《概率论》（*Treatise on Probability*）（1921）的逻辑观点出发，尽管其还存在某些技术上的不足，但却为分析由不确定性引发的未知和决策者想法之间的关系开辟了道路。这种关系可以被视为理解预期实现过程的关键。内特（Netter）在他的论文中指出了凯恩斯的方法与奈特的方向之间的相似和区别之处。

沙克尔探讨的问题是不确定性对经济决策的影响而非不确定性，因此，他建议重新修正问题，从风险的概念转向概率的测定和决策者出人意料想法的测定。这一概念必须用可能性来表达，且来自假想集。庞索内（Ponsonnet）克服了沙克尔框架的弱点，重新评估了其建议的有效性。

历史巧合有时会带来麻烦。决策过程中的不确定性问题借由计量经济学重新出现在经济系统建模中时，萨维奇（Savage）及其贝叶斯定理（Bayesian）追随者的贡献似乎解决了这个问题。在沃尔德（Wald）的影响下，哈

5

维默（Haavelmo）在计量经济模型中引入了概率。正如摩根引用的那样[6]，哈维默（Haavelmo）的革命可以用不同的方式来理解：要么变量之间的概率关系是合理的，因为每个计量经济模型都可以近似看作一个真实的系统；要么其表达了经济系统规律的独特随机性。凯里（Carry）的论文揭示了康德拉季耶夫（Kondratiev）已经部分预测到的一个难题。同时，据迈丁格（Meidinger）回忆，计量经济研究的统计学背景中也隐隐暴露了这一问题。如果今天大多数计量经济学家在使用概率的时候，不带有这种纯粹哲学层面的思考，阿莱斯认为，那么这种可替代方法反而对于经济学的应用研究具有直接影响。对于普拉特（Prat）来说，阿莱斯为强有力捍卫第一种理解方式提供了一个统一的原则，他将 20 世纪 50 年代研究经济波动的原始方法与他最近称为"X 因素"猜想联系起来，但无论如何严格定义经济系统，这个因素始终是外生的。

截至目前，博弈论提供了经济系统不确定性与决策过程不确定性之间的唯一桥梁。但博弈只不过是一个系统，其状态由理性玩家选择策略之间的相互作用决定。在经济系统可以被塑造成博弈过程且决策者可以被理性玩家同化的条件下，博弈论为经济学中的两种不确定性方法提供了一个数学交融点。戴曼德（Dimand）恰好回顾了其数学基础的历史渊源，这些基础可以追溯到博雷尔（Borel）和法国概率学派。从另一个角度来看，作为一个系统的博弈动态解释确实可以通过微分形式进行表述。但毕竟直到 20 世纪 70 年代中期，冯·诺依曼和摩根斯特恩，即《博弈论和经济理论》（*Game Theory and Economic Theory*）（1944）这本开创性书籍的作者，在经济学家中的影响仍然相对有限，经济思想史学家才刚刚开始尝试探索破解这一巨大谜团。[7]

注　释

〔1〕现在，所有这些都被追溯为经济学的前身。《数学经济学的先驱》

（*Precursors in Mathematical Economics*），伦敦政治经济学院 1968 年版。

〔2〕在这个问题上，参见梅纳德（Menard）的争议立场。梅纳德：《为什么经济思想中没有概率革命?》，见 L. 鲁格（L. Rüger）等编辑：《概率革命》（*The Probabilistic Revolution*）第二卷，麻省理工学院出版社 1987 年版，第 139—146 页。

〔3〕A. 史密斯（A. Smith）：《天文学史》（*The History of Astronomy*），载《哲学主题论文集》（*Essays on Philosophical Subjects*），1795 年版。

〔4〕金钱起源的话题，可以与众所周知的语言起源的哲学问题有关，参见 A. 门格尔：《社会学和政治经济学方法研究》（*Untersuchungen über die methode der Sociawissenschaften un des Politischen Oekonomie in Besondere*），1885 年版。

〔5〕C. 施密特：《决策理论中的理性悖论》，载 K. 阿罗（K. Arrow）等编辑：《经济行为中的理性基础》（*The Foundations of Rationality in Economic Behaviour*），麦克米伦出版社 1996 年版。

〔6〕支持摩根主张的历史细节是在 M. S. 摩根《计量经济学的历史思想》（*The Historical Ideas of Econometrics*）中发展起来的。剑桥大学出版社 1990 年版，第 242—250 页。

〔7〕E. R. 温特劳布（E. R. Weintraub）编辑：《迈向博弈论史》（*Toward a History of Game Theory*），杜克大学出版社 1992 年版。

参考文献

K. 阿罗等编辑：《经济行为中的理性基础》，麦克米伦出版社 1996 年版。

Arrow，K.，E. Colombatto，M. Perlman and C. Schmidt（eds）（forthcoming 1996），*The Foundations of Rationality in Economic Behaviour*，London：Macmillan.

W. J. 鲍莫尔、S. M. 戈德费尔德编辑：《数量经济学的前身》，伦敦经济学院 1968 年版。

Baumol，W. J. and S. M. Goldfeld（eds）（1968），*Precursors in Mathematical Economics*，London：London School of Economics.

C. 门格尔：《社会学和政治经济学方法研究》，1885 年版。

Menger，C.（1885），*Untersuchungenüber die methode der Sociawissenschaften un des Politischen Oekonomie in Besondere*，Leipzig.

M. S. 梅根：《计量经济学的历史观点》，剑桥大学出版社 1990 年版。

Morgan，M. S.（1990），*The Historical Ideas of Econometrics*，Cambridge：Cambridge University Press.

L. 鲁格等编辑：《概率革命》第二卷，麻省理工学院出版社 1987 年版。

Rüger，L.，G. Gerenzer and M. S. Morgan （eds）（1987），*The Probabilistic Revolution*，Vol. 2. Cambridge，MA：MIT Press.

A. 斯密：《哲学论文集》，1795 年版。

Smith，A.（1795），*Essays on Philosophical Subjects*，London.

E. R. 温特劳布：《博弈论史》，杜克大学出版社 1992 年版。

Weintraub，E. R.（1992），*Toward a History of Game Theory*，Durham：Duke University Press.

第 一 篇

基础和概念

第一章　不确定性的多样化

马克·珀尔曼（Mark Perlman）和小查尔斯·R. 麦卡恩
（Charles R. McCann，Jr.）

第一节　问题的感知

一、《圣经》（*Bible*）中的罪与罚

由于本文是开篇之作，让我们以曾确立的与宗教遗产相关联的文化必然性为起点。我们脑海中浮现的是关于"人类的堕落"的《圣经》（*Bible*）故事里，那些永不令人生厌的细节。我们不妨通过探寻《创世记》（*Genesis*）中关于人类弱点故事的要义来思考这个难题。

我们被告知，显然无论上帝的期望是什么，他都会对人类感到失望。人类尤其是女人，[1]并没有达到他的期望。[2]在任何情况下，亚当和夏娃都被告知他们已经从恩典中"堕落"，自此以后全人类都在承受苦难。

从我们的角度进行分析来看，有两个关键问题：

1. 罪恶是什么？

2. 惩罚又是什么？

罪恶似乎结合了：（1）无法遵循明确的方向；（2）容易受到诱惑，特别是当一个人断言"一个人只会做其他人（原文如此）正在做的事情"时[3]；（3）贪婪，包括物质（被禁止的）和时间（即时满足）；（4）不能

适可而止；（5）过分的浮士德式（不择手段）的好奇心。当然，作为学术研究者，我们认为第五个原因最为恰当。

但我们最感兴趣的是第二个问题：上帝对亚当和夏娃罪恶的惩罚是什么？且令全人类共同承受？据称，对男人和女人的惩罚存在区别（来自女人的家庭身份和男人的外出工作者身份的不同性别属性），但尤其如阿基纳斯（Aquinas）[4]和此后大多数经济学家所见，一个明确的答案是：人类遭受的惩罚是生活在商品和服务稀缺的环境，以及充其量只会令人困惑的欲望和激励中。

二、真正的惩罚源自不确定性

在威廉·斯坦利·杰文斯（William Stanley Jevons）更为现代的语境中，我们的世界充满了痛苦和一些代价高昂的乐趣。我们努力生产用以消费，我们的生产主要通过"额头的汗水"和背部的力量完成。对于经济学研究——生产以及紧随其后的分配乃至商品和服务的消费，都是原罪的后果。

10 当卡莱尔（Carlyle）将经济学称为"惨淡的科学"时，他实际上是使用了委婉的措辞：经济学本身，就是原罪的惩罚。

但是，这是我们向读者提出的另一种或许比较新颖的分析方法。作为一种状态，稀缺可能不是最大的惩罚，因为稀缺自身通常可以被克服。稀缺只是意味着必须在一个人的偏好之间进行分配，人类通过思考应该能够处理这种情况。我们利用自身理性的能力，一定可以与自由意志紧密相连，分配优先权并克服更大的稀缺灾害。更大的惩罚——实际上是最大的且是最根本的惩罚。据我们所知，略早于阿基纳斯（Aquinas）和摩西·迈蒙尼德（Moses Maimonides）的另一位亚里士多德（Aristotelian）早已确认了这一点。迈蒙尼德认为，上帝真正的惩罚是让人实实在在超越了其理性能力。迈蒙尼德认为，在堕落之前，亚当和夏娃（大概泛指人类）了解关乎自身的一切。而在堕落之后，他们仅仅保留了观点。[5]理解和完备的规范是明智使用权力的必要条件，人类失去的是对于健全知识和理解周围环境的诉求。换句话说，其实稀缺之所以成为苦难，并不是因为饥饿或口渴，而是因为人们缺乏关于"个体的偏好计划如何影响个体幸福"的知识。因为如果一个人有完备的知识（包括先见之明），就可以相应地得到补偿。

对于遵循迈蒙尼德研究思路的研究者来说，似乎不确定性（不仅基于对可获取数据信息的忽视，也基于对未知信息内容的忽视）才是真正的惩罚。

因此，我们的主题，即不确定性的概念，处于经济学学科重要内容中的核心位置。在文献中，不确定性范式早已显现，但我们常常对其视而不见。

第二节 经济学：范式和推论

一、更简单范式——个体选择

我们继承了柏拉图（Plato）和亚里士多德（Aristotle）关于稀缺的潜在经济学范式的观点：据说经济学无论关注了多少内容，它都一定关注所需商品和服务的稀缺性。没有稀缺性就没有经济问题，进而也就没有解决经济问题的方案。如果既不存在问题也不存在解决方案，那经济学这门学科也就不复存在了。但一般认为，稀缺性是针对商品和服务的供应而言的。

一个更简单的范式，或许不过是一个推论，但已经主导了现代经济学涉及个体选择经验观察的大部分范式，并从中发展出个人主义和功利主义。该理论的一些主体观点，是由霍布斯（Hobbes）在其《利维坦》（*The Leviathan*）中"更简单范式或推论"提出的。这一理论由曼德维尔（Mandeville）在其《蜜蜂的寓言》（*Fable of the Bees*）中进一步扩展，经由边沁（Bentham）定型，其后 J. S. 米尔（J. S. Mill）进行了进一步完善。弗里德里希·哈耶克 11

（Friedrich Hayek）之所以能够成为最近一次学术革命的终身教皇，是因为无论持何种观点，哈耶克都将个体选择置于其体系的中心位置。我们这些中庸论者认为，主观主义理论是这种特定的"更简单范式或推论"的关联推论：它很好地融入了个人主义范式，尽管我们确信，个人主义理论没有它依然可以发展得很好。

二、其他论题——制度、时间与文化

我们暂且离题，提出并考虑一些不在今天"菜单"上的其他范式。例如，可能存在一种具备稳定道德要求的经济学范式，有的时候其被称为制度，其他时候则被称为真理。这个论题即使已被证明十分棘手，但还是经常出现在文献中。或许经济学家通常不愿意通过神学方法处理问题。若如此是因为怯懦还是无知？当然，我们共同的苏格兰前辈，格拉斯哥（Glasgow）教授是自然法的信徒：如果有人在传授真理，那么他同时也正在接受神学论证。如果史密斯（Smith）在文章中没有揭示其自然神论以及神学，他对潜在机制（如隐形之手）的描述使用大写字母就可以了。

我们回避了时间因素，因为它确实不在关于制度范式中稳定性和过渡性元素的讨论范围内。它们基本上属于帕累托（Pareto）的贡献。即使可以证明时间能够主导系统，但其仍然独立于系统之外。帕累托将残差定义为一系列文化权威的系统合理化。因此，除了推行文化，逻辑或秩序并不存在。在我们的分析中，这一点往往是极为陌生的，即一种文化中的规律性（即确定性）可能成为其他文化中的不确定性。而无论情况是否发生反转，文化的影响都如玫瑰之多刺难以摘除：一个疑虑灵魂是否存在的人，也会否认天堂的存在。而其他更传统的人，即信徒（一个相信灵魂存在的人）将"在每一日清醒的每一刻艰苦奋进"。

第三节　不确定性及其文献

一、不确定性范式

因此，我们现在应该转向的是一种难以捉摸的不确定性范式。但是，不确定性意味着什么？让我们从处理一些较简单的内容开始。不确定性与风险无关。风险意味着已经存在的（现有知识体系下的）可定义的数字序列，其构成要素可以被确认或存疑。罗伯特·卢卡斯（Robert Lucas）和理性预期主义者，约翰·冯·诺依曼（John von Neumann）和奥斯卡·摩根斯特恩（Oskar Morgenstern）和博弈论的支持者，以及莱纳德·J. 萨维奇（Leonard J. Savage）和主观效用理论家，尽管都坚持认为他们是在处理不确定性问题，但其所发展的决策理论应更恰当地被认为是基于风险的。

从这个概念出发，不确定性（uncertainty）和不明确性（indeterminacy）两个词语并不是同义词。埃奇沃思盒状图（Edgeworth Box）问题无论多难，其解决方案是不明确的，但由于它是在有限范围内的"不明确"，所以我们认为它并不是我们正在研究的、"真实的"（不可估量的或不可挽回的）不确定性。不确定性也不应与"可弥补的无知"混淆，很多事实和管理可以通过探索而被认知。范杜能（Von Thünen）关于区分风险与不确定性的观点 [1964（1921）：19，26] 得到了普遍认可 [对于我们大多数人，这种观点是通过弗兰克·H. 奈特（Frank H. Knight）于 1921 年出版的《风险、不确定性和利润》（*Risk，Uncertainty，and Profit*）中认识到的。风险与恰当的概率分布知识相关，而不确定性则意味着我们并不知道是否存在此类分布，事实上有可能并不存在]。

最简单的概念化的不确定性与具有已知概率的博弈游戏相关，但需要大样本量重复抛出才能符合概率函数。假设一个诚实的硬币：我们有充分理由相信，多次诚实投掷会出现相同数量的正面和反面。但是，如果只投掷一次会怎样？答案是不确定的。假设 100 个具有远大抱负的大提琴手中只有一人能成为殿堂级艺术家：一位父亲如何知道自己的孩子是唯一的那个还是其余 99 个中的一个？显然这是大多数人都能够理解的不确定性。

有一种不确定性与"缺乏足够实践"相关，大样本量实践将产生稳定的概率函数。在充分实践的情况下，概率分布就会成立，但是多少案例（多少"实践"）是先验的。

有一个更有趣的关于如何通俗表达不确定性的视角。假设人们可以通过付出代价来获取减少不确定性的经验，那么问题就出现了：额外追加生产的成本近似等于其边际价值的临界点在哪里？质量控制实验会轻而易举得到所需结果，那些诸如农产品之类涉及更复杂投入的也可顺利过关。然而重要的问题是，不确定性在实验领域之外或在没有冗长经验数列的情况下，是否占据了一席之地？

二、文献中不确定性的九个要点

为了理解这种不确定性范式，让我们"从经验上"了解文献中是如何处理它的。从这个角度来看，"不确定性"是一系列观点。我们将把注意力聚集在其中九个要点上：

1. 理查德·坎蒂隆（Richard Cantillon）详细陈述并重复向许多行业和企业强调：相关企业家必须承担未知的"未来"价格的已知成本［1979（1755）：第 1 章，第 13 节］。

2. 范杜能（Von Thünen）在他的《孤立国》（*The Isolated State*）中认为，不确定性的产生，是由于企业家缺乏应对未来每一个意外事件的能力：利润作为剩余价值的累积，是企业家愿意承担项目的回报，而回报也包括不确定（或称"不可理解"）的、超出一系列可测量风险带来的损失。即使企业家拥有足够经验可以对抗潜在灾害，但其实这并不是在处理不确定性，

13

而是在处理不同的（且可以驯服的）"野兽"，即风险。

3. 奥古斯丁·古诺（Augustin Cournot）认为不确定性的来源是双重的：（1）人的感知缺乏确定性，即使是对于一些显而易见的事件；（2）即使不考虑人的想象力，具体事件本身也显然是不确定的。

4. 约翰·梅纳德·凯恩斯（John Maynard Keynes）专注于人类感知的天然脆弱性：他认为脆弱性是不确定性的根源——从本质上来讲，"即使未来依赖于人的眼球"，人依然看不到真实的未来。

虽然接下来是一些争论，但我们认为，凯恩斯在其经济学著作中对于不确定性持有一以贯之的立场。他对于不确定性信仰的基础源于他在 1921 年的哲学杰作《概率论》（*Treatise on Probability*）中提出的认识论。事实上，在 1936 年的《通论》（*General Theory*）和 1937 年《经济学季刊》（*Quarterly Journal of Economics*）文章《就业通论》（*The General Theory of Employment*）中，凯恩斯的探讨重新回到了关于概率、可测度性，以及这本早期著作中提出的"权重论"观点。凯恩斯在 1936 年的《通论》中指出："在形成预期时，给极为不确定的事件赋予很高权重是很愚蠢的。"（第 148 页）然后他请求读者注意一个脚注，"'极为不确定'，我并不是指'极为不可能'"（同上：148）。因为不可能性和不确定性是截然不同的概念：第一个意味着可测度，但仅有极小的可能发生；第二个意味着固有的不可知性。为了进一步概括《通论》的经济学地位，凯恩斯认为有必要再次（在 1937 年的文章中）定义"不确定知识"一词，就像他最初在《概率论》中所书的那样，凯恩斯在《通论》第 12 章中重申了这一点：

　　让我解释一下"不确定"的知识，我的意思并不仅仅是为了区分已知的可能性。在这个意义上，轮盘赌游戏不受不确定性的影响；……我使用这个术语的意思是欧洲战争前景的不确定，或未来 20 年铜的价格和利息率的不确定……关于这些问题，没有科学依据，也无从得到任

何可计算的概率，我们就是不知道而已。（1937：213—214）

5. 弗兰克·奈特（1921）对于范杜能的观点重复较多，但认为有些人似乎被赋予了罕见的洞察力和/或运气，因而能够承担无法预料的风险，其回报就是利润。对于奈特而言，风险是客观数量，可由概率计算处理。而不确定性超出了数字运算，因为不确定事件可能是独特的或不连续的，且必然不是一种容易反复出现的类型。尽管如此，它们的重要性不容置疑。

尽管与凯恩斯的观点明显一致，但奈特认为，如果对事件赋予数值，就可以将以前不确定的事件（就奈特的理论而言，是一个明确的事件，[6]而不是个体对环境的理解）降级为可测度的风险。这种降级需要探明事件所属的序列（由此可以看到奈特的暗示，即所有事件都有可能是连续的），这是其先决条件。[7]

6. 约翰·冯·诺依曼和奥斯卡·摩根斯特恩、莱纳德·萨维奇、肯尼思·阿罗（Kenneth Arrow）、杰拉德·德布勒（Gerard Debreu）、小罗伯特·卢卡斯（Robert E. Lucas Jr），甚至某种程度上赫伯特·西蒙（Herbert Simon）都认为大多数不确定性（正如他们所定义的那样）是无关紧要的。他们认为不确定性只是因为行为人不熟悉决策理论的主要公理。如果一个人参考了（也许在事件发生后，行为人反思选择时）决策理论所依据的公理，就可以纠正那些表面上看起来不一致甚至是非理性的决定，随后就可以在逻辑上消除不一致性。不确定性是"无知"的一种形式，其并不是源自于物质世界，而是源自于我们对待世界的方式。如果有更多的经验或更好的"脱离眼见为实的标尺"，我们可以将不确定性的"笼头"拉回到处理风险的范畴。

冯·诺依曼和摩根斯特恩（1944）认为，单个事件具有可比性（需要基数）。冯·诺依曼—摩根斯特恩提出的保证选择一致性的公理已被广泛接受，人们可以为选择赋予效用指数，以便客观定义概率值。

14

萨维奇［1972（1952）］几乎同时通过效用公理化和主观概率扩展了冯·诺依曼—摩根斯特恩公理。萨维奇认为，由于行为可以通过后果进行认定，我们可以通过仅考虑后果（行为的结果）[8]来减少我们（作为"科学家"）必须处理的要素。因此，萨维奇关注风险，其在数值上是可测量的，不再是不确定性。根据萨维奇的观点，通过"划分"所有潜在结果，并允许个体行为人将自己限制在其公理所定义的理性行为中，就可以将不确定性降级为风险。

德布勒（Debreu，1959）在继阿罗［1964（1953）］之后，利用"或有商品"（contingent commodity）概念将不确定性转化为有效的确定性。"这种对于事物的新定义允许个体自由从任何概率概念中获取不确定性理论，并且与确定性理论保持一致……"（德布勒，1959：98）。在他看来，不确定性是一种完全客观的环境因素，因为它"起源于大自然在有限数量的选择中作出的选择"（同上：98）。

西蒙认为，我们基于已经拥有的经典经济学工具，可以处理风险和不确定性。它很容易通过成本和需求函数纳入经济决策模型。"风险和不确定性可以被引入需求函数、成本函数或两者兼而有之"（西蒙，1982：410）。所需要的只是假设参数遵循已知的概率分布。

卢卡斯实际上认为，理性预期假设与涉及不确定性的情境无关，但仅适用于可降低风险的情况[9]：

　　　　在涉及具有明确利益概率的重复事件中，奈特术语中的"风险"很可能是有用的。在风险情境中，理性人假设是十分有意义的内容，基于此行为人才可以用经济理论来解释。在此情况下，穆特（Muth）认为的预期是合理的。在不确定情境下，经济学推论将毫无价值。（卢卡斯，1981：223—224）

卢卡斯的观点，更多是实证主义影响现代经济思想的产物，而并非是一贯认知。卢卡斯并不担心无法预知的事物——"今天的麻烦已经够多了"。

但阿罗和西蒙也怀疑实证主义的基础——"那些你所不知道的可能会伤害你（以及其他所有人）"。他们似乎给工具主义者提出了警告——在缺乏对于未来的经验及解释的情境下，必须直面的事实是人们必须在一无所知的情况下作出应对。正如西蒙提出的论点：

> 扩大包含目标冲突和不确定性的理性定义，使得经济行为人"真正"生活的客观环境与他所感知和所回应的主观环境之间的区别难以被忽视。（西蒙，1982：290）。

阿罗（1987）认为或有证券存在问题：如果我们接受世界上可能存在的状态超过或有证券的数量（即使是一个），那么一般均衡问题的解决方案就是不明确的。

或者换言之，获取必要知识的成本过于高昂以致令人无法负担——类似于伊索寓言中的"给猫系上铃铛"。

7. 乔治·L. S. 沙克尔试图阐释聪明和有经验的人如何处理不确定性[他将其定义为"非知识"（unknowledge）]，他认为答案藏在想象力的运用中。人们不仅必须考虑其认为的可能性，还要将"可能性"延伸到极限——以至于到达认为一切皆有"可能"的境地。这种阐释在沙克尔提出的一个定义中十分明确："不确定性是为了娱乐众多竞争者的假设。"（沙克尔，1972：19）

根据沙克尔的观点，不确定性定义了行为，我们只有降低其影响才能求得生存，而降低不确定性可以在选择过程中通过想象力来实现。

> 在高度不确定的情境下，一个人觉得自己周围充满了可能的错误选

择，也许失去的远比获得的更多。但是，人们为了能够生存下去而必须处理的当前事务，最终将使一些被固化的阵地无法维系下去。（同上：78）。

8. 西奥多·舒尔茨（Theodore Schultz）将这点应用于解释专业（如经济学）教育的价值。一些受到良好训练的人将在最初阶段更快地放弃不恰当的假设或解释。

9. 摩根斯特恩的一名学生哈维·莱宾斯坦（Harvey Leibenstein）基于对工厂生活的观察提出了另一种推理路线。在某些意义上，其是工具主义者；在其他意义上，其与在不确定性上附加不明确性有一些相似之处。应用此推理可见，每个人在生产过程中都有矛盾点需要调和：（1）他想做什么；（2）他认为他应该（出于习俗或良心）做什么；（3）他可以做什么。不确定性因素与个人作出或被要求的选择无关，其与每个工人自己的工作计划紧密相关，而"统计交互作用"问题使得结果真正不确定。

第四节 经济学和认识论：联姻破裂了吗？

事实上，现代职业经济学家坚持将前现代物理学和前现代生物学的发展作为其经济学理论发展的首选路径。前现代物理学是指力学、电学、声学和水力学。前现代生物学，我们指的是细胞生物学。这两个学科早已转向更为复杂的分析，试图寻找自然界中甚至是形而上学的基本原理。

但是，对于我们的经济学家同人而言，他们早期"能看，能做"的愿景似乎是认识论上的限制。换句话说，对于大多数同人而言，他们将经济学与认识论结合起来的方式是那种"旧式的老少配"（old-fashioned 'gal' that married Dad）婚姻。她了解稀缺、配给，甚至是市场均衡。沙克尔说明了这一点；书写此观点时（虽然他没有称之为"旧式的老少配"婚姻），他提及了同人们勉强接受的观点：

> 我认为有两种经济学：其中一个的目标是精确、严谨、简洁，并制
> 定永久有效的原则：经济科学。而另一个，如果你能够接受的话，实际
> 上是带有修辞色彩的。这个词经常被贬低，但这是现代非学术性滥用。
> 修辞学家以理性追求逻辑，但在其语境下，他是一名话语如同触摸倾听
> 者心灵键盘的手指的寓言使用者。我不相信人类公共事务可以在一种封
> 闭的和永久的制度中，绝对可靠和一成不变的运转。（沙克尔，1983：
> 116）

我们目前生活在经济学与认识论结合的困难时期。我们与知识的联姻已
经破裂了，我们似乎能够做到最好的事情，就是采用类似"婚姻咨询"方
式的经验法则，诸如："给自由市场一个机会""不要忘记社会成本""与支
付能力不同，总是存在破坏投资激励的问题""依赖于类似货币供应这样的
公式""不要担心阈值效应"等。

在我们所关注问题上的观点是：我们的科学概念是天真的。与牛顿
（Newtonian）的物理学、孟德尔（Mendelian）的植物学—生物学和门捷列
夫（Mendelevian）的化学相比，"真正的"科学早已转向了更为复杂的观
念。但经济学却并未如此：我们仍在研究基于获取完备知识近似值的模型，
然后依惯例采取比较逻辑。

我们必须做得更好！从处理过去复杂的不确定性概念开始，这是一个好
的起点。

第五节　结　论

大多数最新文献都依赖于概率论与不确定性类型的结合。为此，我们需

要感谢托尼·劳森（Tony Lawson，1988）。简而言之，概率要么是一种知识的对象（具有客观存在性），要么是一种认识论的概念，即它是一种知识的形式。因此，概率可能是一种偶然的或基于认知的概念。[10] 所以，我们可以定义偶然的和基于认知的风险，以及偶然的和基于认知的不确定性。认知的风险意味着，存在通过参考给定经验序列定义的已知频率，可以作为理性预期主义者的工具。偶然的风险意味着，这样的序列不一定是客观上被认知的，但也可以是确定的。这是萨维奇定义的"序列"；偶然的不确定性，是指事实上的不确定性，这是奈特所指的不确定性；基于认知的不确定性，是指不确定性的存在性，因为个体思考存在差异（参见本章第一节迈蒙尼德的讨论），且不能理解有限范围之外的事物，这是凯恩斯和沙克尔的研究领域。

我们现在来看下"我们能力所及之处"。首先，我们可以清除一些理智上的冲突地带。不明确性和不确定性之间的任何界限都是不明确的且不确定的，从这一观察中我们得到的结论是，人们首先认识到需求不仅限于机械定义，其也是不断探寻不确定性概念的原始动力。事实上，这正是本文意义所在。我们需要立刻承认奥韦尔（Orwell）是正确的：所有观念都是不平等的，但实际上一些观念比其他观念更平等。一些观念是"原型"，也就是通常所定义的"范式"。

其次，如前述包括一系列演绎的内容，我们从第一点得出的结论是如果现代经济学家阅读过一些上述被引作者的观点，那么现代经济学应是建立在非单一范式之上的，而不确定性是其中最深刻的也是我们掌握最欠缺的。不确定性对于经济学的意义至少有前述的九种以上，并且这九种并不相互排斥。

让我们以一件轶闻来结束本文。在处理不确定性中存在对于工具主义标准的模糊性。在 20 世纪 70 年代早期，一位著名的经济学家、统计学家、学者曾经向我们中的一人表达过他对沙克尔的尊重，他说，"马克（Mark），你知道他错了，不是吗?"令人不满意的答复是，沙克尔并没有错，仅仅是无用。不久之后，我碰巧收到了西奥多·舒尔茨提交的一篇论文，"处理不平衡能力的价值"（舒尔茨，1975）明确指出沙克尔式系统确实为工具主义者提供了一种方法。正如我们已经注意到的，舒尔茨观察到在处理尚不被明确认知的事件时，训练有素的头脑将比未经训练的头脑更快纠正错误假设。沙克尔在其 1979 年发表的《想象力和选择的本质》（*Imagination and the Nature of Choice*）中概述了同样的观点：一个富有包罗万象的想象力和创造力的人，更可能会站在未知或即使是曾经的未知的对立面。

我们的结论是，就像爱丽丝（Alice）一样，我们中的许多人即使不知道该如何应对，似乎也都能够"穿透镜子"，人类的想象力是一种强大的武器！

最后，想象和猜测"任何可能事情"的乐趣，可以在很大程度上平衡某个时点上的无知或技术上的不可知。

注 释

〔1〕很多女性的失败，也许是由于历史的记录者是男人。为避免妨害政治正确性（从而切断挑衅和讨论），我们应该补充一点，因为夏娃是"堕落"的直接原因，且夏娃代表性吸引力或欲望，有些人〔特别是圣保罗（St Paul），认为女人是存在问题的〕已经认为性吸引力在某种程度上更应对堕落负责。粗略地说，即使经济学不是一个性感的学科，它的起源也是关于性的。

〔2〕关于他的无所不知和/或无所不能的说法，至少是矛盾的。

〔3〕参见《创世记》（*Genesis*），3：9—12，16，17。（9）但是上帝呼唤那个男人并对他说："你在哪里?"（10）他回答说，"我听到了你在花园里散步的声音，因为我赤身露体，我感到害怕，就自己藏了起来。"（11）上帝回答说，"谁告诉过你，你是裸体的? 你是否吃了我所禁止树上的东西?"（12）男人说："你给予我女人作为同伴，她给了我树上的水果，我吃掉了它。"注意：这个故事，如回忆的那样，表明亚当依赖于夏娃（何物?），以及对夏娃而言这种依赖的代价是可以接受的〔"这真的全部是她的错误——我只做你（上帝）为我安排的事情"〕。（16）对女

19

人，他说："我会增加你的劳动和你的呻吟，你会生育孩子付出辛苦。你会感受到来自你丈夫的压力，他将成为你的主人。"（17）对男人，他说："因为你已经听了你妻子的话，并且已经吃了我所禁止的果实，你会受到诅咒。你将在生命中的每一天都从劳动中获得食物。土地会为你生长出荆棘，你只有野生植物可以充饥。你将靠着额头的汗水获得面包，直到你回归土地。因为，你就是从土地中来的，你本是尘土，还将归于尘土。"（再次，对于我们公民中间的那些自由主义者，请注意上帝强迫亚当作出不利于自己的证明。谁说权利法案是神圣正义的固有表现？远非如此，在最后的审判中，第五修正案不会有什么效果。）

〔4〕人们一定很高兴在亚里士多德的观点中找到答案。

〔5〕这一点可以通过拓展迈蒙尼德的思想来发现〔《困惑的指南》（*Guide of the Perplexed*），见第 2 章〕；他的问题是"堕落前后人类的知识状况如何？"他的论点是，人类在堕落之前没有任何担忧，因为一切都得到了庇护。堕落，只是因为上帝告诉人类不要去做某件事，而人类却做了，这导致人类不再受到庇护，而人，已经成为凡人，不得不花费其时间来担忧未知。曾经，人类可以信赖某个确定的未来，现在人类不得不担忧未知，他只具有有限的预期。迈蒙尼德（1135—1204 年），是土生土长的科尔多瓦人（西班牙），在开罗度过了其作为宫廷医生职业生涯的大部分时间。迈蒙尼德是伟大的亚里士多德派学者之一，尽管托马斯·阿基纳斯（Thomas Aquinas）认为他大部分神学观点是有问题的，但阿基纳斯在迈蒙尼德的亚里士多德主义中并没有提出什么异议。

〔6〕参看本章第五节。

〔7〕换句话说，奈特是基于概率频率视角构建了其不确定性和风险理论，而不是基于任何认识论。

〔8〕行为会产生特定的后果，但任何后果都可能源于任何数量的不同行为。

〔9〕卢卡斯决策背后的原因是显而易见的。他希望将商业周期作为反复出现的现象进行考察。"只要商业周期可以被视为基本类似事件的重复实例"，将个体视为对"周期性变化作出反应或假设他们的预期是理性的……"就是合理的（卢卡斯，1981：224）。

〔10〕"偶然"（aleatory）一词来自 17 世纪的骰子游戏。古诺、西米恩·丹尼斯·泊松（Simeon Denis Poisson）、皮埃尔-西蒙·拉普拉斯（Pierre Simon de Laplace）以及尊崇法国古典概率传统的其他人将这一概念称为偶然机会（la chance）或随机（la facilité）。术语"认知"（epistemic）用于指"意识"或"心灵

的产物"。在伊恩·哈金（Ian Hacking，1975，1990）的著作中，这一区别得到了更清楚的解释，并奠定了其历史地位。

参考文献

肯尼思·J. 阿罗：《证券在风险分担最优配置中的作用》，《经济研究评论》1964 年第 2 期，第 91—96 页。

Arrow，Kenneth J.（1964）⌊1953⌋，'The Role of Securities in the Optimal Allocation of Risk-bearing'，Review of Economic Studies，31：91 – 6.（Originally published in French.）

肯尼思·J. 阿罗：《经济系统中自我和他人的理性》，载罗宾·M. 贺加斯和梅尔文·W. 雷德尔编辑：《理性选择：经济学与心理学的对比》，芝加哥大学出版社 1987 年版。

Arrow，Kenneth J.（1987），'Rationality in Self and Others in an Economic System'，in Robin M. Hogarth and Melvin W. Reder（eds），*Rational Choice：The Contrast Between Economics and Psychology*，Chicago：University of Chicago Press.

理查德·坎蒂隆：《关于商业性质的论文》，东京：纪伊国书屋 1979 年版。1964 年由奥古斯都·凯利（纽约）出版的经济经典重印系列中，有该书的英译本。

Cantillon，Richard（1979）［1755］，*Essai sur la Nature du Commerce en General*，Tokyo：Kinokuniya Book-Store Co. There is a 1964 edition with an English translation in the Reprints of Economic Classics series published by Augustus Kelley（New York）.

安托万·奥古斯丁·古诺：《机会与概率论总述》，1843 年版，引自哈金，1990 年版。

Cournot，Antoine Augustin（1843），*Exposition de la Théorie des chances et des probabilités*，Paris：（not listed），cited in Hacking，1990.

杰拉德·德布勒：《价值理论》，耶鲁大学出版社 1959 年版。

Debreu，Gerard（1959），*Theory of Value*，New Haven，CT：Yale University Press.

哈金·伊恩：《概率的出现》，剑桥大学出版社 1975 年版。

Hacking，Ian（1975），*The Emergence of Probability*，Cambridge，UK：Cambridge University Press.

哈金·伊恩:《驯服机遇》,剑桥大学出版社1990年版。

Hacking, Ian (1990), *The Taming of Chance*, Cambridge, UK: Cambridge University Press.

约翰·梅纳德·凯恩斯:《概率论》,载唐纳德·莫格里奇编:《约翰·梅纳德·凯恩斯文集》第八卷,剑桥大学出版社1973年版。

Keynes, John Maynard (1973) [1921], *Treatise on Probability*, Vol. VIII of *The Collected Writings of John Maynard Keynes*, ed. by Donald Moggridge, Cambridge: Cambridge University Press.

约翰·梅纳德·凯恩斯:《就业、利息和货币通论》,哈考特·布里希·约瓦诺维奇出版社1964年版。

Keynes, John Maynard (1964) [1936], *The General Theory of Employment, Interest, and Money*, New York: Harcourt Brace Jovanovich.

约翰·梅纳德·凯恩斯:《一般就业理论》,《经济学季刊》1937年第2期,第209—223页。

Keynes, John Maynard (1937), 'The General Theory of Employment', *Quarterly Journal of Economics*, 51: 209-23.

弗兰克·H. 奈特:《风险、不确定性与利润》,奥古斯都·凯利出版社1964年版。

Knight, Frank H. (1964) [1921], *Risk, Uncertainty and Profit*, New York: Augustus Kelley.

托尼·劳森:《经济分析中的概率与不确定性》,《后凯恩斯主义经济学杂志》1988年第1期,第38—65页。

Lawson, Tony (1988), 'Probability and Uncertainty in Economic Analysis', *Journal of Post-Keynesian Economics*, XI: 38-65.

哈维·莱宾斯坦:《超越经济人》,哈佛大学出版社1976年版。

Leibenstein, Harvey (1976), *Beyond Economic Man*, Cambridge, MA: Harvard University Press.

哈维·莱宾斯坦:《一般X效率理论和经济发展》,牛津大学出版社1978年版。

Leibenstein, Harvey (1978), *General X-efficiency Theory and EconomicDevelopment*,

20

New York：Oxford University Press.

小罗伯特・E. 卢卡斯：《商业周期理论研究》，麻省理工学院出版社 1981 年版。

Lucas，Robert E. Jr（1981），*Studies in Business Cycle Theory*，Cambridge，MA：
MIT Press.

摩西・迈蒙尼德：《迷途指津》，什洛莫・派因斯编辑、翻译，芝加哥大学出版
社 1963 年版。

Maimonides，Moses（1963）［c. 1190］，*Guide of the Perplexed*，ed. and tr. by
Shlomo Pines，Chicago：University of Chicago Press.

约翰・冯・诺依曼和奥斯克・摩根斯特恩：《博弈论与经济行为》，普林斯顿大
学出版社 1944 年版。

von Neumann，John and Osker Morgenstern（1944），*Theory of Games and Economic
Behavior*，Princeton：Princeton University Press.

维尔弗雷多・帕累托：《思想与社会》（四卷本），哈考特・布拉斯・约瓦诺维
奇出版社 1935 年版。

Pareto，Vilfredo（1935）［1916］，*The Mind and Society*（4 vols），New York：
Harcourt Brace Jovanovich.

莱纳德・萨维奇：《统计学基础》，多佛出版社 1972 年版。

Savage，Leonard（1972）［1952］，*The Foundation of Statistics*，New York：Dover.

西奥多・W. 舒尔茨：《处理不均衡能力的价值》，《经济文献期刊》1975 年第 3
期，第 827—846 页。

Schultz，Theodore W.（1975），'The Value of the ability to Deal with Disequilibria'，
Journal of Economic Literature，13：827-46.

乔治・L. S. 沙克尔：《认识论与经济学》，剑桥大学出版社 1972 年版。

Shackle，George L. S.（1972），*Epistemics and Economics*，Cambridge：Cambridge
University Press.

乔治・L. S. 沙克尔：《想象与选择的本质》，爱丁堡大学出版社 1979 年版。

Shackle，GeorgeL. S.（1979），*Imagination and the Nature of Choice*，Edinburgh：
University of Edinburgh Press.

乔治・L. S. 沙克尔：《一个学生的朝圣》，国家银行，1983 年，第 107—116 页。

Shackle，George L. S.（1983），‘A Student's Pilgrimage’，*Banco Nazionale de lavoro*，107−16.

赫伯特·西蒙：《有限理性模型》第二卷，载《行为经济学与商业组织》，麻省理工学院出版社 1982 年版。

Simon，Herbert（1982），*Models of Bounded Rationality*，Vol. II，*Behavioural Economics and Business Organization*，Cambridge，MA：MIT Press.

赫伯特·西蒙：《经济学有限理性和认知革命》，爱德华·埃尔加出版社 1992 年版。

Simon，Herbert（1992），*Economics Bounded Rationality*，*and the Cognitive Revolution*，Brookfield，Vermont：Edward elgar.

约翰·海因里希·范杜能：《与农业和国民经济有关的孤立国家》，译为《孤立国》。我们使用神父伯纳德·邓普西的"选择性"翻译——《边际报酬》，洛约拉大学出版社 1960 年版。

von Thünen，Johann Heinrich（1960）［1826−63］，*Der Isolierte Staat in Beziehung auf landwirtschaft und Nationalökonomie*，translated as The Isolated State. We have used Fr Bernard Dempsey's 'selective' translation，*The Frontier Wage*，Chicago：Loyola University Press.

21

第二章　对现代古典经济学中不确定性的一些误解

保罗·戴维森（Paul Davidson）

斯宾诺莎（Spinoza）曾表示，那些不研究历史的人注定要重蹈覆辙。这特别适用如今的主流经济学家，他们中的大多数人从未研究过经济学思想史中对于不确定性概念的处理。这些经济学家依赖前凯恩斯主义的观点，将风险与不确定性混为一谈，并转化为"基于不确定性选择"的高科技概率理论。基于此，只要价格（和汇率）具有灵活性，他们就会通过支持对自由放任市场体系过于乐观的信念，来重复前凯恩斯主义者正统理念中的错误。

然而，一些经济学家坚称，风险概念与不确定性概念之间存在本质区别。从弗兰克·奈特（Frank Knight）和约翰·梅纳德·凯恩斯（John Maynard Keynes）开始，包括最近的沙克尔（G. L. S. Shackle）、约翰·希克斯（John Hicks）先生以及自称为后凯恩斯主义者的团体，这些经济学家坚持认为要理解企业运营、市场导向、货币经济，基于不确定性的决策必须与风险选择理论区分开来。

今天，大多数为公共部门和私人部门决策者提供分析和建议的实用经济学家和计量经济学家，往往认为其可以完全规避任何关于风险和不确定性之间区别的"高等理论"。不幸的是，这些实用经济学家们的方法论使其成为前凯恩斯主义观点的"奴隶"，而这种观点结束了战后凯恩斯主义政策长达四分之一世纪的黄金时代。前凯恩斯主义观点再次使经济学成为令人沮丧的科学。

只有如今的主流经济学家被指引如何将经济学思想史中不确定性概念发展成为凯恩斯分析革命的基础，这些高层经济学家们才可以为政策制定者提供使 21 世纪成为经济发展黄金时代的建议。

第一节　经济思想史中的不确定性

一、现代古典经济学中的不确定性

在《经济展望杂志》（*Journal of Economic Perspectives*）1987 年第 1 期中，马奇那（Machina，1987：121）认为，第二次世界大战后，基于不确定性的选择理论的发展非常成功，它有赖于坚实的公理性基础……（以及）重要的突破性的风险分析、风险规避及其在经济问题中的应用。马奇那的文章由杂志编辑乔·施蒂格利茨（Joe Stiglitz）选定，其提供了关于不确定性的现代观点。马奇那反映了"不确定性"与概率风险概念同义的主流观点。在这种观点中，某事件具有一致的概率，任何与一致概率不符的就是不确定性。概率越小则涉及的不确定性越大，零概率代表绝对不确定性。

这是对概率频率（统计）理论的错误解释。任何概率不一致的事件都不会比概率等于 1 的事件更不确定。例如，我在第一次抽签时从一个经过充分洗牌的扑克牌中挑选黑桃王牌的概率是 $p = 0.01923$——我们可以绝对确定。在 52 次抽取（没有替换）中，我抽中一次这个王牌同样确定，但风险要小得多，因为在后一种情况下 $p = 1.0$。

或者换一种解释，如果世界上有 10 万名职业经济学家，并且诺贝尔经济学奖每年都是随机抽奖颁给一位健在的经济学家，那么可以肯定我今年有 0.00001① 的几率获得诺贝尔奖。打赌今年我将赢得诺贝尔奖将是非常危险

① 在现实世界中：$0.0001 > p > 0.000$。如果 $p = 0.0000$，那么我们完全不确定我能获得诺贝尔奖。

的——但此处没有不确定性。事实上，我确信这个房间里的每个人都绝对确定，我今年不会赢得这个奖项。

二、区分不确定性和风险成为经济学分析的基石

虽然在亚当·斯密（Adam Smith）的分析框架中，不确定性概念并未被赋予重要意义，但斯密是第一个在概率中引入词语"可互换的"（interchangeably）古典经济学家。斯密（1937：106）在探讨律师等"自由职业"的工资差异时表示，不确定性是指"成功的可能性或不可能性"。[1]

考虑到效用递减规律，马歇尔（Marshall，1961：135n）同意伯努利（Bernoulli）的名言"从长远来看，游戏必然会丧失效用"[2]，因为获得100英镑的边际效用比失去100英镑的边际效用更小（在绝对价值上）。毫无疑问，赌博的长期结果仅仅是基于概率的风险。在收益概率或损失概率相等的情况下，马歇尔表示可以将概率结果与"某些"期望值进行比较。因此，与斯密一样，马歇尔并没有在其分析中给不确定性赋予重要意义。

然而自20世纪开始，从右翼奥地利学派（包括弗兰克·奈特）到中间派自由主义者如凯恩斯以及后凯恩斯主义学派的非主流经济学家，将明确区分不确定性和概率风险作为其分析的基石。

根据弗兰克·奈特（1921：19—20）的说法：

> 必须将不确定性与从未与之恰当分离的熟悉的风险概念严格区分开来。在日常语境和经济论述中广泛使用的"风险"一词，实际上涵盖了两个因素，至少在功能上，与经济组织的因果关系现象是截然不同的。事实上，风险在某些情况下，其数量易于测量，而在其他情况下则明显不具备这一特征。两种情况中哪一种真正存在并且发挥作用，其影响存在深远而重要的差异……看来，我们使用术语"可测量的不确定性"或"风险"与"不可测量的不确定性"是极为不同的，前者实际

23

上根本不是一种不确定性。因此，我们将"不确定性"一词限制在非定量类型的情况下，这才是一种"真实"的不确定性，而非风险。如我们所论证的那样，它形成了合理的利润理论，并解释了实际竞争与理论竞争之间的分歧。

普通语境下并没有将风险与不确定性区分开来。

"风险"一词通常以松散的方式来表达从意外事件的不利角度看待任何类型的不确定性，而"不确定性"一词近似与有利结果关联。我们谈到损失"风险"，收益"不确定性"……这些术语中存在致命的含糊不清，必须消除这些模糊并将"风险"一词用于表达可测量的不确定性或专业化团队提供的可能性……风险与不确定性之间的实际差异在于，前者在一组实例中的分布结果是已知的（基于先验计算或过去经验的统计数据），然而基于不确定性，这是不成立的。总体原因在于难以形成一组实例，因为事件处理的情境总是独一无二的。（奈特，1921：232）

凯恩斯对于风险和不确定性区别的观点表面上似乎与奈特的相似，但正如我们将在下文中论述的那样，二人还是存在着显著不同。凯恩斯认为：

不确定性并不仅仅意味着将已知确定的事物与仅存在可能性的事物区分开来。轮盘赌的游戏不是主观意义上的不确定性……我使用这些术语的意义是……没有任何科学依据表明可以形成可计算的概率，我们根本不知道。（凯恩斯，1973b：113）

奈特将风险与频率（统计）或贝叶斯（Bayes）概率相联系。不确定性仅与独一无二的事件相关联。对于奈特而言，未来的不确定性是商业利润存在的基础。对凯恩斯（1973b：113）而言，不确定性涉及缺乏形成概率的任何科学依据。当分析主题为财富积累时，不确定性尤为重要。

三、奥地利学派与凯恩斯观点的区别

相比之下，大多数 19 世纪的古典经济学家都认同完全确定性。近几十年来，主流经济学将不确定性与决策者拥有关于显性（即客观）概率或代理人（贝叶斯）主观概率的信息情况相关联。大多数新古典和新凯恩斯模型都假设，存在反映外部现实的客观概率分布函数。大自然母亲决定了未来世界的存在状态。因此从逻辑上讲，人类社会将无法改变这种外部现实，只能通过立法机构推翻"重力法则"或与轮盘赌游戏相关的概率分布。人类无法自由改变其未来长期的经济形势［劳森（Lawson），1988］。

主观概率理论意味着，虽然存在现实的客观概率，但如今的决策者并不具备足够的心智能力来"了解"它。[3] 代理人可以通过主观概率（决策权重）给出所有可能结果排序的详尽清单，以便所有决策权重的总和等于 1。从短期来看，主观概率可以是一种不需要与假定存在的外部现实相匹配的知识。然而从长期来看，主观概率将与具有外部性和不变现实属性的客观概率相交融。理性人会着眼长远并作出最佳选择。

大多数现代奥地利学派经济学家都相信，存在一个外部现实由大自然决定的经济世界，其类似于 19 世纪物理学家对物质世界运行方式的观点。然而在强调不确定性时，奥地利学派与主流新旧经典理论家的不同之处在于，奥地利学派认为外部现实过于复杂，任何个体都难以处理市场信号发出的现实信息。对于奥地利学派而言，所有个体都永远无法计算出最佳决策。正是自由市场对无数随机决策进行调解并不断进化，其中只有作出正确（基于事后判断）决策的才能实现适者生存。

从另一方面来说，对凯恩斯和后凯恩斯主义者而言，不确定性涉及决策

者认为当下不存在可用于科学预测未来事件（无外部现实）的相关概率基础。正如约翰·希克斯所述："人们必须假设某个模型中的行为人不知道将会发生什么，并且知道他们不知道将会发生什么。就像历史一样！"（希克斯，1979：vii）。今天的人类行为可以影响（创造）未来。

　　凯恩斯—后凯恩斯主义者的这种观点允许人类的"自由意志"创造未来的结果（或世界的未来状态）。这一观点在逻辑上与经典理论的公理、奥地利派经济学、新古典综合凯恩斯主义和新凯恩斯主义模型互不相容。这的确是一个看待企业市场体系的革命性视角。

　　凯恩斯—后凯恩斯主义者对不确定性的处理，反映出对于一些问题的本质区别：如对于政府在社会中的角色定位，以及制定公共政策是否可以取得比长期完全市场竞争更好的社会结果。对于凯恩斯和后凯恩斯主义者来说，深思熟虑的公共政策可以永久性影响未来的经济道路。因此，与自由放任的竞争性市场条件情况相比，社会公众能够制定可以理智控制和改善经济表现的政策。从另一方面来说，所有古典理论家和主流凯恩斯主义者也都认为，存在一种人类行为无法改变的外部现实。其遵循的逻辑是，从长远来看，所有限制自由放任市场调节的政策干预只会使经济问题变得愈发糟糕。

第二节　概率与不确定性

一、概率未知是否因为受限于人类的推理能力？

　　奥唐奈（O'Donnell）、赫伯特·西蒙（Herbert Simon）、施蒂格利茨（Stiglitz）、海纳（Heiner）和其他经济学家试图将一些奥地利学派对于不确定性表述的变体置于凯恩斯不确定性概念之上，并通常通过将预期分为已知概率和未知概率来完成。例如，奥唐奈（1991：7）指出，概率"经由直觉被识别是已知的，但是当洞察力不足以检测概率关系时则是未知的"。从本质上讲，这种已知—未知二分法接纳了传统主观主义者（贝叶斯）的观点，认为外部现实的客观概率总是存在，但在某些情况下，分配函数或者由于太复杂或者由于信息不对称而导致在短期内无法获知，所有人在同一时间点进行计算的成本太过高昂而无法实现。这种观点认为，某些事件不确定仅仅是因为潜在的数学结构太过复杂（或代价太过高昂），以至于人类的洞察力（计算能力？）不足以探知它，因此不能改变其对于长期均衡结果的分析。

这有助于解释诸如"混沌理论"这样的解释经济波动的流行说法——尤其是金融市场的波动。混沌理论明确指出，通过一个复杂但确定的非线性差分方程组，一只在中国的蝴蝶的翅膀的颤动将引发大西洋飓风。对于一个无所不能的大自然母亲来说，毫无疑问，存在关于蝴蝶引发飓风的不确定性非线性方程。唯一问题是结构过于复杂，除非人类已经知晓——或者有图灵机来破译其代码——否则仅依靠人类的直觉和想象是难以发现潜在方程结构的。

英国数学家艾伦·图灵（Alan Turing）以其在第二次世界大战期间破解德国人的"谜团"代码而闻名于世。然而，作为一名数学家，图灵以发明图灵机而声名大噪。图灵机是一种假想设备，用于执行任何适宜应用数学计算规则的运算。图灵证明，从长远来看，只要大自然遵守不变法则，图灵机总能提供可计算的未来。因此，如果假设经济过程总是符合数学法则或规则，例如概率定律，无论人类直觉是否了解这种规则，在理论上未来都是可预测的。

如果像奥地利学派学者所暗示的那样，市场是一个图灵机，那么凯恩斯的《通论》（*General Theory*）就不会通过可以作为长期变革性分析的验证。凯恩斯（1936：378）坚持认为，全面社会化投资的永久性政策是确保实现近似充分就业的唯一手段，这种观点是不正确的。如果将市场看作像图灵机一样在运转，未来就是可知的。人类的自由意志、人性中的创造性以及创业方面都没有了发挥空间。经济游戏已经书写了决定经济结构的经济法则，正如行星的未来路径是由物理定律预先设定的一样。

为了改变这种类比，在莎士比亚（Shakespeare）《哈姆雷特》（*Hamlet*）的第一幕中，演员没有足够的信息来"预知其命运（他们在未知概率领域进行表演）"。然而，我们这些学习莎士比亚悲剧的学生，清晰地知道所有人在未来的死亡顺序。这并不意味着我们无法享受戏剧，甚至不为哈姆雷特的悲惨死亡所感动。尽管他们在扮演莎翁无形之手早已写下结局的角色，我们也不能抹杀莎剧演员的表演热忱。

难道我们真的相信整个经济世界就是一个舞台吗？所有男人和女人都只是演员在演出口口相传并且因循旧例设定的戏剧？这个哈姆雷特的比喻是否适用于名为"真实世界经济"戏剧中的经济行为人？行为人能否创造经济的未来？在戏剧中，哈姆雷特可以作出关于"生存还是死亡"的不同抉择，并与奥菲莉亚（Ophelia）一同历险并从此过上幸福的生活［甚至在丹麦克朗挂靠在欧洲货币体系汇率"蛇形浮动"制（ERM）后］？在凯恩斯—后凯恩斯主义者的不确定性视野中，奥菲莉亚和哈姆雷特可以为自己创造一个幸福的未来，因为他们生活在一个不确定的未来——它是由人类行为创造的。

如果接受施蒂格利茨的信息不对称、西蒙的有限理性或奥唐奈的解释，即认为凯恩斯在写下"在形成我们的预期时，把很大比重放在非常不确定的事情上是愚蠢的"时，他仅仅只是认为，还没有人开发出足够强大的图灵机。那么当凯恩斯声称"正在写一本关于经济理论的书，这本书将在很大程度上彻底改变……世界对经济问题的看法"时，凯恩斯就是一个骗子而已。[4]

二、如何解释凯恩斯的不确定性概念

在凯恩斯的著作中，不确定性是一个难以捉摸的概念，因为凯恩斯的著作并没有借助现代概率理论和近年来发展起来的专业术语。凯恩斯是一位富有创新精神的经济学家，他为其新思想不断努力寻求更为优越的术语表达方式。如卡拉贝利（Carabelli，1988）、奥唐奈（1991）和其他人一样，我们仅将凯恩斯不确定性概念限定于其所著的《概率论》（*Treatise on Probability*）中，并限定于对 19 世纪和 20 世纪初统计理论和哲学的理解。然而，凯恩斯的创新性思想，被卷入了打破 19 世纪和 20 世纪概念与词汇相互捆绑的旷日持久的斗争，这限制了他的想象力。凯恩斯在《通论》（1936：vi—viii）的序言中写道：

> 尽管我认为有必要对术语作出某些调整，但［理解他的论文和他的一般理论之间关系］的困难并未降低……本书的构成其实是作者一直长期努力希望摆脱的……是在努力摆脱习惯性思维和表达方式。在此极尽所能想表达的思想其实是极其简单且显而易见的。困难不在于创造新思想，而在于逃避旧思想，那些伴随我们大多数人成长的旧思想对于每一个人都影响深远。

凯恩斯是说服艺术的伟大拥护者和实践者。凯恩斯以"说服经济学家批判性地重新审视其基本假设……"为目的写出了《通论》……［并且］阐释了它［凯恩斯理论］在哪些方面偏离了流行理论（凯恩斯，1936：v）。尽管《通论》迅速引发了广泛关注，但凯恩斯在 1937 年 4 月给琼·鲁滨逊（Joan Robinson）的一封信中写道，他"正逐渐从此书中跳脱出来，并探索新的阐述脉络"。

凯恩斯从不会受限于其在早期著作中的措辞方式而成为一个已经无用的表达方式的奴隶。所以，多年来凯恩斯的不确定性概念不断发展，但他也并未被其早期表达方式所困扰。事实上，他在《概率论》（1913c）的序言中写道："因此，这里有很多新奇的、创新的、未经雕琢的、不精确的或有缺陷的内容。我提出了我对这个主题的系统理念，以抛砖引玉并期待他人不断开拓。"

我试图寻求更好的方式来表达凯恩斯在其分析中如何处理不确定性概念，以此来说服曾试图用现代随机过程理论来探讨不确定性的如今的"经济学家"。[5]只有我们使用主流专业术语进行交流时，我们才有可能使经济学家们相信，正统理论忽视了经济思想史中对不确定性处理的演变，这将把经济分析推向歧途。如果我们将自身限制在一个过时的词典中，并拒绝尝试通过当前专业术语进行交流，主流经济学家很容易将凯恩斯的不确定性分析仅仅视为另一层面的、搅浑现代"科学"水域的含混不清的观念。如果不能被翻译成现代经济学的"科学"术语，那么强调不确定性与风险之间区别的模型就会被认为是"不存在的理论……［和］虚无主义"［科丁顿（Coddington），1982：486］。

第三节　不确定性、随机理论与非遍历

一、不确定性和随机理论

目前主流经济学的流行趋势是讨论是否所有经济现象都是通过随机过程实现的时间序列的一部分。[6]此外，萨缪尔森（Samuelson，1969：184）已经接受了关于随机经济过程的"遍历假设"[7]，这是经济科学方法的必要条件。如果要与经济学家兼科学家讨论未来不确定性，那么通用术语必须是随机过程理论和萨缪尔森的推测遍历公理。

关于遍历过程和空间与时间的平均值问题，要理解：（1）萨缪尔森要运用遍历公理使经济学成为科学的重要性；（2）为什么理性预期假设［REH］的支持者认为理性预期提供的预测没有永久性错误，重点是区分空间平均值和时间平均值。沃尔德（Wald，1965：53—54）指出："统计平均值，也称空间平均值，指的是基于一个既定时点形成的真实世界的平均值……时间平均值，也称相位平均值，指的是基于一个既定认知形成的一个

无限时空的平均值。"空间平均值是根据面板数据计算得到的统计数据，时间平均值是根据时间序列数据计算得到的统计数据。

如果随机过程是遍历的，那么对于无限认知，时间和空间平均值将趋于重合。对于遍历过程的有限实现，时间和空间平均值趋于收敛（具有一个概率）。基于过去时间序列数据的时间平均值的计算，提供了当前和未来空间平均值的最佳估计值。在遍历环境中，关于未来的知识涉及运用基于过去和/或当前认知的计算统计数据来预测即将发生的事件[8]，未来仅仅是过去统计的反映。

内生理论作为一种提供无永久性误差的预期形式，理性预期假设不仅要求主观和客观分布函数在任何给定的时点都必须相等[9]，而且要求这些函数必须来自遍历随机过程。如果随机过程是遍历的，那么任何时点根据现有数据计算的平均值与未来空间和时间平均值的结果不会永久性不同。在遍历世界中，企业家可以基于统计平均值进行正确的预测，但任何情况下，每个企业家都可能犯下一些错误。[10] 在此情境下，奈特认识到，从短期来看，正是由于一些公司盈利高于正常收入而其他公司亏损，商业利润才得以存在。

如果经济在未来不是遍历的，那么过去时间和空间统计数据可能会随着未来到来并成为历史事实，而与时间平均值呈现持续差异。如果企业家怀疑存在非遍历条件，他们将明智地忽视可获取的市场价格信号，并导致未来以不可预测（不确定）的方式发生变化。

适用于分析决策的理性预期假设和实现新古典经济学理想经济状态对自由放任市场解决方案的依赖，与重要经济过程遍历抑或不确定（非遍历）问题密不可分。重新切换逻辑的可能性表明，新古典生产和分配理论缺乏一般性。同样，非遍历经济条件的可能性表明：（1）古典理论缺乏一般性；（2）萨缪尔森对任何经济学"一般理论"的遍历推定都不适用。当非遍历情况对现实世界的经济问题很重要时，基于概率模型的类比就会产生误导。

在非遍历世界中，历史情境十分重要。

二、非遍历情境

凯恩斯将不确定性与概率事件剥离的观点是在他名为《概率论》（1973a）的早期著作中发展起来的：他强烈抨击拉普拉斯学派（LaPlacian）（现代贝叶斯分析的前身[11]）的逻辑基础。不幸的是，凯恩斯并未继续进行更严格和更细致的细节工作，这些工作现在已成为随机过程理论的标准。因此，回想起来，我们只能从随机过程理论角度，来推断凯恩斯以其精准直觉来区分不确定性事件和可能性事件的方法。

案例 1. 当既不存在客观概率函数也不存在主观概率函数时的不确定性

凯恩斯认为，某些事件可能没有分配概率比例，这些概率比例可以否定一些已经观察到的作为某个随机过程结果的经济现象。这意味着在某些情况下，概率结构甚至并不存在。

例如，对于宏观经济职能，由于一种现实经济只对应一种现实存在，因此，没有面板数据也没有相关空间平均值。如果所有宏观信息仅是单一实现存在的有限部分（过去和现在），则无法定义概率分布函数。因此，随机过程和计量经济学方法的数学理论在宏观经济现象中的应用，即使在原则上并非无效的，起码也是值得怀疑的。

希克斯（Hicks，1979：129）形成了类似的判断并写道：

> 我大胆从这些思考中得出结论：经济学中"统计"或"随机"方法的益处比传统假设要少得多。我们不应不假思索求助于它们，我们应用之前应该扪心自问，它们是否适用于手头的问题，往往答案是并不适用。

案例 2. 假设随机过程中存在不确定性

对于在随机条件下使用含选择模型的经济学家，凯恩斯的不确定性概念可以被解释为接受概率结构的存在——但这些与非遍历随机过程相关，即使后者是稳定的。

稳定随机过程是概率结构独立于历史时期（沃尔德，1965：52）的过程。换言之，系统基本参数并不会随历史日期而变化。[12]在经济学中是否存在引力常数的等价物？若如此，则存在稳定性假设，且遍历是可能的。

然而，一些稳定过程可以是非遍历的。马林沃德（Malinvaud，1966：378）提供了一个"非遍历谐波过程"的例子。布拉特（Blatt，1983）已经证明，具有不变结构参数的线性差异等式系统可以产生极限周期［例如，希克斯乘数——交易周期达到上限和下限的加速器］，其可以显示与空间平均值不同的时间平均值。人们即使在稳定世界中也可以设想非遍历情况。

非稳定性是非遍历的充分但不必要条件。索洛（Solow）认为经济在历史时期内是非稳定性过程。[13]事实上，凯恩斯（1973b：308）对于廷伯根（Tinbergen）计量经济学方法的著名批判是，经济时间序列不是稳定的，因为"经济环境在一定时期内并不相同（可能与非统计因素相关）"。

如果代理人"相信"经济过程不是稳定的，那么：（1）这些代理人认为，客观分布函数是"突然的［即，不可预测的］"变化（凯恩斯，1973b：119）和/或（2）每个代理人都认为他/她自己（或其他人）的主观分布函数极易发生突然的外生性变化。在后一种情况下，主观概率（心理学）（逻辑）函数不是稳定的且永远（甚至没有随机）无法接近目标函数，即使目标函数存在。代理人将假设其基于不确定性条件下运作来作出决策，因为他们认为没有不变概率结构来主宰未来结局。

三、太阳黑子、投机泡沫和非遍历情况

上文案例 2 似乎与现代商业周期的"太阳黑子理论"类似，即"价格变化仅仅因为它们被预期如此"［阿扎里亚迪斯（Azariadis），1981］。现代

太阳黑子理论家经常提及与早期凯恩斯主义宏观模型［格朗蒙和马格朗日（Grandmont，Malgrange），1986：10］涉及"动物精神"［卡斯和谢尔（Cass，Shell），1983：193］的可比性，他们试图将理性预期假设与不需要和客观（和遍历假设）概率函数相匹配的主观概率分布联系在一起。[14]这种"自我实现"预测允许主流经济学家需要提供模型时，至少是在短期内提供现实世界投机泡沫和商业周期模型时，挽救他们的遍历假设。然而从长远来看，太阳黑子理论最终保全了新古典主义充分就业的解决方案。正如格朗蒙和马格朗日（1986：9）所述：

> 通常存在大量具有自我实现预期的跨期均衡，尤其是由预期驱动的随机商业周期。个体交易者很可能作出错误的重要预测……当他们学习环境动态规律时，最终是在预测错误永远消失的前提下，来使经济达到长期均衡。

对于太阳黑子理论家来说，太阳黑子代表了外生不确定性，这是一种随机现象，"不会影响品味、禀赋或生产的可能性"，是"定义经济的基本参数……经济的基本面"（卡斯和谢尔，1983：194—196）。这种外生性或"异样的不确定性"，用阿扎里亚迪斯（1981：380）的术语来讲，就是"从长期或者稳定状态消失，或者存在充足的或有的索赔市场以覆盖所有概率"。太阳黑子理论家不允许企业家创造经济的未来，他们只允许"暂时"偏离由不变实体经济决定的长期均衡系统中的基本面。从长期来看，尽管我们都将死亡，但涉及定义经济系统的真正"基本参数"的遍历经济过程，将持续存在并决定经济问题的最终解决方案。

因此，尽管他们声称与凯恩斯的理论具有可比性，但是太阳黑子模型与凯恩斯的"动物精神"并不相容，其中：（1）货币在短期和长期都是非中性的；（2）不确定性条件下的关键决策改变了企业家创造（并因此影响）

32

未来经济体系的原动力。[15]

第四节　关键决策与企业家精神

回应奈特所强调的特殊事件，沙克尔已经发展了关键选择的概念，即决策者认为无论选择结果为何，其都是"实际上独一无二的，永远不会重复的"（沙克尔，1955：7）。未来是由关键决策产生的，[16]而不是通过贝叶斯—拉普拉斯定理的相对频率被发现的。这种至关重要的原则将沙克尔的伦敦政治经济学院（LSE）—奥地利学派背景与熊彼特（Schumpeter）的企业家理论联结在了一起。

一、关键决策和创业职能

企业家在现实世界中重要的职能就是作出关键决策。从本质上讲，创业只是人类本能创造力的一个关键方面。如理性预期假设所述，通过对随机世界的遍历计算将企业家精神限制在机械决策中，忽略了熊彼特式企业家的角色——不可想象的技术变革的缔造者。[17]概率模型只是存在于一个永远不会作出关键决策世界中的欺骗性陈述——它们无法解释凯恩斯主义世界中的企业家行为。

一些理性预期假设理论家，隐约认可却总体否定可能存在关键决策以及其将导致非遍历情况，他们希望被视为"头脑冷静"的科学家。例如，卢卡斯（Lucas）和萨金特（Sargent）（L-S）表示，他们希望从已观察到的经济周期序列中得出关于人类行为条件的推理：

> 我们持续观察一个或一组代理人，我们希望通过这些观察来推断出这种行为如何以某种特定的方式改变了代理人所处环境。一般来讲，很明显，一些这种类型的推论是无法实现的。（如果一个人与其他人结

婚，那么他的生活会有什么不同？）然而，如果可以相信非实验性经验
经济学的可能性，那么就可以相信在某些情况下能作出这种推论。（卢
卡斯和萨金特，1981：xi—xii）

与沙克尔重要性原则定义的非遍历世界存在的充分条件不同，卢卡斯和
萨金特在"某些情境"占优势时，既没有提供必要条件也没有提供充分条
件。如果卢卡斯和萨金特是正确的，并且仅在"某些情境下"可以得出基
于实现的统计推论，那么在经济学中遍历过程就无法推广。必然存在适用非
遍历情况的其他情境，在此情境下，概率论和理性预期假设可能是一种严重
误导性的类比。[18]

二、关键决策存在的前提假设

如果卢卡斯和萨金特承认相对自由（并且重复？）选择配偶至关重要，
但我们虽然拥有过去大量婚姻记录，仍不能得出关于幸福婚姻条件概率的统
计推论。那么难道把企业家"嫁给"工厂、设备和生产运营，甚至把决策
"嫁给"货币供给经济政策或特定银行机构，不能被列为关键决策吗？

从个体角度来看，关键问题，如美丽，存在于旁观者眼中。如果代理人
认为其投资、生产和（至少）大额支票消费决策，将他与其选择联结为一
体，那么这样的决策就是至关重要的。即使代理人仅认为他人可能作出影响
其所处经济环境的关键决策，那么他拒绝接受基于理性预期假设的统计平均
过程形成的预期也是完全合理的。在一个不确定世界中，人们会为保留现金
还是储蓄而犹豫不决、择日再定。

在现实世界中，一些经济过程至少在短期来看似乎是遍历的，但其他经
济过程则不是。每个经济决策者面临的问题是，确定：（1）当前所涉及现
象可以被假定为遍历的概率——至少在相关的未来，或（2）涉及非遍历情
况。只有在后一种情况下，企业家精神、资金、流动性和合同才能发挥重要

且必要的作用［参见戴维森（Davidson），1982—1983，1991］。也只有在后一种情况下，才需要作出重要的政策决定。

非遍历（不确定）环境[19]为定额货币合同和非中性货币的存在提供了分析基础。它由此提供了一种"替代结构"，以满足哈恩（Hahn，1981：1）提出的"对理论家的严峻挑战"。此外，正如阿罗和哈恩（1971：356—357）所书：

> 合同条款很重要。特别是如果合同中的货币为实物货币，那么货币价格就具有特殊意义。如果我们考虑一个没有过去时和未来时的经济，情况就不是这样了……如果要书写严肃的货币理论，合同以货币形式进行这一事实将具有相当重要的意义。

凯恩斯—后凯恩斯主义者关于非遍历不确定性的概念，通过满足非中性货币合同需求为"严肃的货币理论"提供了基础。另外，经典模型中遍历的"科学"假设，意味着一种货币仅为不影响生产和消费决策的中性计价的经济形态，而未来仅仅是对过去统计结果的复制。

最后，正如阿罗和哈恩（1971：361）所证明的那样，在一个固定货币合约世界中，所有存在一般均衡的证明都遭到了破坏，可能一般均衡并不存在。非遍历假设为使用定额货币合同提供了分析基础，也由此提供了存在长期失业均衡的可能性——以及不存在一般均衡的可能性。

第五节 结　论

在经济思想史中，每当不确定性处理与概率风险相混淆时，就会假设存在一个普适的（通过遍历过程）世界规律。而货币在经济生产中无论何时都至关重要，换言之，当货币非中性并影响实际生产决策时，其结果将对制定货币政策产生误导。传统认为自由放任经济系统可取的信念，是建立在自由市场中个体不会一错再错的遍历世界模型之上的。在一个不确定性区别于风险的世界中，传统和主流凯恩斯主义理论将为面对非遍历所导致实际结果的政府官员，提供灾难性政策建议。

相对物理学家，经济现象普遍缺乏遍历过程的可能性，严重限制了经济学家的预测和表现能力。然而，这并不意味着经济学家无法为面临严峻现实世界关键问题的政策制定者提供指导（正如凯恩斯明确指出的那样）。如果经济学家认识到在各种经济形势下，非遍历是一种普遍特性，那么政策就必须随着时间推移适应环境的变化，政府可以在改善市场经济表现方面发挥作用。政府应该在可能情况下寻求适合的经济制度，通过控制未来与充分就业和合理价格稳定密切相关的经济环境来减少不确定性。经济学家应尽力尝试各种制度工具，随着历史的推移，这些制度工具将同样可以对除经济过程之外的各类事件产生法律约束。

注　释

〔1〕我很感谢汉斯·詹森（Hans Jensen）引起我的注意。詹森教授是一位杰出的经济思想史学者，他表示，据他所知，这是第一次在经济学文献中讨论基于不确定性的选择。詹森还向伯努利（Bernoulli）和马歇尔（Marshall）提供了以下引用。但是，我对斯密、伯努利和马歇尔著作提供的解释全权负责。

〔2〕此处伯努利的观点引自 M. 布劳格的著作（M. Blaug，1985：334）。

〔3〕即使人类无法对未来作出任何概率推论，弗里德曼（Friedman）和其他主观主义者都认为，每个人的行为都"好像"他们计算出每个可能事件的主观概率。

〔4〕凯恩斯重印（1973a：492），1935 年 1 月 1 日给 G. B. 肖（G. B. Shaw）的信。

〔5〕见戴维森（1982—1983）。

〔6〕在随机过程理论中，"一个现实构成了一个单一的时间序列，而一个过程构成了这样一个时间序列的世界"（沃尔德，1965：52）。

〔7〕萨缪尔森（1969：184）指出，他使用"遍历"这个术语"与统计力学中

35

这一术语的使用类似"。萨缪尔森（1969：184—185）通过这样做从技术上讲，我们理论家希望不要在我们的模型中引入滞后现象，正如圣经所说的那样"我们只通过这种方式"，并且如此说，接受主题从科学领域进入真正的历史领域。因此，从萨缪尔森的技术观点来看，遍历假设将经济学从历史等人文学科中剔除，并使其成为与（19 世纪）物理学相提并论的科学。

〔8〕正如比林斯利（Billingsley，1978：1）所述，如果"随着时间的推移，管理……的法律变化仍然是固定的……那么，遍历理论是理解这些波动的关键"。每当"时间流逝不影响关于实验的联合概率法则集合（结果）"时，那么遍历假设就可以从乍看之下的无模式波动中找到规律性（比林斯利，1978：2，也见 60—65 页）。然后可以可靠地将这种过去的规律性模式预测到未来。——漏标，43 页第 3 段（其他的注释全部正确）

〔9〕基于概率概念（例如，理性预期假设）的经济模型隐含的观点是，在某种意义上，自然是掷骰子来选择随机过程的事件，产生了每个决策者观察到的现实。假设自然界正在制作"来自固定累积概率分布函数的独立绘图"（卢卡斯和萨金特，L-S，1981：xii）。据说每个经济决策都是根据对给定分布的数学预期来最大化其回报功能（有条件的，随机过程中的固定概率是经济结构的基础）。给定目标最大化函数，预期（平均算子）可以在给定当前和未来状态（L-S，1981：xiv）情况下对所有实现值生成最佳预期。当然，期望算子是针对"相关的"多变量分布函数而采用的。为了规范决策理论目的，L-S 断言"必须查看决策者使用的主观 z 分布 f（环境分布函数）和假设生成我们数据的实际分布 f，如果不是相同的，至少在理论上以明确的方式联系起来。理性预期假设相当于将主观 z 分布等同于客观分布 f（L-S，1981：xvi）"。

〔10〕这是隐含的遍历假设，允许穆特（Muth，1961：316）得出这样的结论："一个行业的平均预期比天真的模型更准确，并且比精确的方程式系统更准确，尽管存在相当多代表性意见的差异。"

〔11〕在《通论》（1936：153）中，凯恩斯含蓄地贬低了贝叶斯先生的观点，他写道："我们也不能通过争论一个处于无知状态的人在任何一个方向上的同样错误可能来使我们的行为合理化……它可以证明，基于无知状态的算术上相等的概率假设导致了荒谬。"

〔12〕描述事件发生数值可能值的静态随机函数是这样的："没有观察到影响事件发生的宏观因素随时间变化。"〔亚格洛姆（Yaglom），1962：12〕

〔13〕索洛（Solow）最近认为，历史—社会环境与经济事件之间存在着相互作用。索洛（1985：328）在描述"经济学应该是什么样的学科"时写道："不幸的是，经济学是一门社会科学"，因此，"经济分析的最终产物……取决于社会环境—历史背景……然而，无论好坏，经济学都走上了另一条道路"。如果凯恩斯—奈特的作品被经济学家更广泛地阅读，那么索洛认为经济学"应该"是过去半个世纪发展的学科，而不是马奇那（Machina）所调查的学科。

〔14〕卡斯和谢尔（1983：194）声称，他们采用了理性预期加强版假设：消费者对太阳黑子活动有着相同的看法。这可以解释主观概率等于客观概率。我认为相关客观概率涉及随机变量，取决于相关品味，禀赋和生产可能性的不变经济参数——卡斯和谢尔（1983：196）称之为"定义经济的基本参数"，而不是太阳黑子活动的目标概率！

〔15〕与太阳黑子理论家不同，凯恩斯提醒他的读者，"我们不能从中得出这样的结论：一切都取决于非理性心理浪潮……我们只是在提醒自己，影响人类未来的决定，无论是个体的还是经济的，都不能依赖严格的数学预期，因为不存在进行这种计算的基础。"（凯恩斯，1936：162—163）

〔16〕如果关于财富积累，拥有流动资金，重大设备成本和准备期……生产过程，承诺的重要决策是至关重要的，那么未来会等待，不是为了发现其内容，而是为了创造其内容。（沙克尔，1980：102）

〔17〕这种观点认为，基于不确定性的决策创造了未来，这是熊彼特关于创业行动和"创造性破坏"观点的基础。重点是在不确定世界中创业所选择的创造性方面。企业家不只是发现未来，而是创造未来！外生预期是经济事务中承担人类自由意志的必要条件。另一方面，卢卡斯和萨金特（1981：xiii）将理性预期假设（REH）结构视为产生了一个"机器人决策者"，因此含蓄地主张随机经济决定论，即未来仅仅是过去统计的反映！

〔18〕如果没有重大（收入或资本）成本，任何曾经作出的经济选择都必然意味着所有相关的初始情况都无法复制。至关重要的决定涉及如此昂贵的行为，如果它们存在，则以不可预测的方式改变当前的概率结构，并违反了序列公理，且不能定义概率函数。因此，假定给定和不变主观概率分布的理性预期模型可以被认为是用于研究涉及微小（即，几乎无成本的）结果差异的非关键决策的有效分析工具，因为其可以简单复制选择，例如，是否根据合理的预期效用选择购买醇露苹果（Winesap，美国东部的一种苹果品种——译者注）或蛇果（Delicious apple）。在凯

恩斯、沙克尔和后凯恩斯主义者看来，在代价高昂和影响深远的承诺之间可以作出概率类比的选择是非常值得怀疑的（例如，在微观层面上，购买耐用品而无法在没有重大成本情况下转售；或者在宏观层面上，在公共政策之间进行选择）。

〔19〕实际上，所需要的只是众多决策者认为经济结果不受遍历过程（对不确定未来的确信）的支配。

参考文献

K. 阿罗、弗兰克·H. 哈恩：《一般竞争分析》，霍顿出版社 1971 年版。

Arrow, K. and Frank H. Hahn (1971), *General Competitive Analysis*, San Francisco：Holden-Day.

科斯塔斯·阿扎里亚迪斯：《自我实现的预言》，《经济理论期刊》1981 年第 3 期，第 380—396 页。

Azariadis, Costas (1981),'Self-Fulfilling Prophecies', *Journal of Economic Theory*, 25：380-96.

科斯塔斯·阿扎里亚迪斯、罗杰·盖内里：《太阳黑子与周期》，《经济研究评论》1986 年第 5 期，第 725—737 页。

Azariadis, Costas and Roger Guesnerie (1986),'Sunspots and Cycles', *Review of Economic Studies*, 53：725-37.

菲利普·比林斯利：《遍历理论和信息》，克里奇出版社 1978 年版。

Billingsley, Phillip (1978), *Ergodic Theory and Information*, Huntington：Kreiger Publishers.

约翰·M. 布拉特：《动态经济系统》，M. E. 夏普出版社 1983 年版。

Blatt, John M. (1983), *Dynamic Economic Systems*, Armonk, NY：M. E. Sharpe.

M. 布劳格：《回溯中的经济理论》第四版，剑桥大学出版社 1985 年版。

Blaug, M. (1985), *Economic Theory in Retrospect*, 4th edn, Cambridge：Cambridge University Press.

A. 卡拉贝利：《凯恩斯的方法》，麦克米伦出版社 1988 年版。

Carabelli, A. (1988), *Keynes's Method*, London：Macmillan.

大卫·卡斯、卡尔·谢尔：《太阳黑子重要吗?》，《政治经济学杂志》1983 年第 2 期，第 193—227 页。

Cass, David and Karl Shell (1983), 'Do Sunspots Matter?', *Journal of Political Economy*, 91：193-227.

A. 科丁顿：《缺乏远见——凯恩斯经济学中一个麻烦的话题》，《美国经济评论》1982 年第 3 期，第 480—487 页。

Coddington, A. (1982), 'Deficient Foresight：A Troublesome Theme in Keynesian Economics', *American Economic Review*, 72：480-7.

保罗·戴维森：《金钱与现实世界》第二版，麦克米伦出版社 1978 年版。

Davidson, Paul (1978), *Money and The Real World*, 2nd edn, London：Macmillan.

保罗·戴维森：《国际货币和现实世界》，麦克米伦出版社 1982 年版。

Davidson, Paul (1982), *International Money and The Real World*, London：Macmillan.

保罗·戴维森：《理性预期：研究关键决策过程的一个谬误基础》，《后凯恩斯经济学杂志》1982—1983 年第 2 期，第 182—197 页。

Davidson, Paul (1982-3), 'Rational Expectations：A Fallacious Foundation for Studying Crucial Decision-Making Processes', *Journal of Post Keynesian Economics*, 5 (Winter)：182-97.

保罗·戴维森：《概率论与不确定性是否相关?》，《经济展望杂志》1991 年第 1 期，第 129—143 页。

Davidson, Paul (1991), 'Is Probability Theory Relevant For Uncertainty?', *Journal of Economic Perspectives*, 5：129-43.

格雷格·戴维森、保罗·戴维森：《一个文明社会的经济学》，诺顿出版社 1988 年版。

Davidson, Greg and Paul Davidson (1988), *Economics For A Civilized Society*, New York：Norton.

保罗·戴维森、格雷格·戴维森：《金融市场和威廉姆森的治理理论：效率、集聚与权力》，《经济与商业评论季刊》1984 年第 1 期，第 50—63 页。

Davidson, Paul and Greg Davidson (1984), 'Financial Markets and Williamson's

Theory of Governance：Efficiency vs. Concentration vs. Power'，*Quarterly Review of Economics and Business*，24（Winter）：50-63.

让-米歇尔·格朗蒙、皮埃尔·马格朗日：《非线性经济动态：简介》，《经济理论期刊》1986 年第 1 期，第 3—12 页。

Grandmont，Jean-Michel and Pierre Malgrange（1986），'Nonlinear Economic Dynamics：Introduction'，*Journal of Economic Theory*，40：3-12.

弗兰克·H. 哈恩：《货币与通货膨胀》，布莱克威尔出版社 1981 年版。

Hahn，Frank H.（1981），*Money and Inflation*，London：Basil Blackwell.

约翰·M. 希克斯：《经济学中的因果关系》，基础读物出版社 1979 年版。

Hicks，John R.（1979），*Causality in Economics*，New York：Basic Books.

约翰·M. 凯恩斯：《就业、利息和货币通论》，哈考特出版社 1936 年版。

Keynes，John M.（1936），*The General Theory of Employment，Interest，and Money*，New York：Harcourt Brace.

约翰·M. 凯恩斯：《货币生产理论》，载 D. 莫格里奇编辑：《约翰·梅纳德·凯恩斯文集》第十三卷，麦克米伦出版社 1973 年版。所有参考文献均为再版。

Keynes，John M.（1973a）［1933］，'A Monetary Theory of Production'，in *The Collected Writings of John Maynard Keynes*，vol. XIII，ed. by D. Moggridge，London：Macmillan. All references are to the reprint.

约翰·M. 凯恩斯：《通论》，《经济学季刊》。再版于 D. 莫格里奇编辑：《约翰·梅纳德·凯恩斯文集》第十四卷，麦克米伦出版社 1973 年版。所有参考文献均为再版。

Keynes，John M.（1973b）［1937］，'The General Theory'，*Quarterly Journal of Economics*. Reprinted in *The Collected Writings Of John Maynard Keynes*，vol. XIV，ed. by D. Moggridge，London：Macmillan. All references are to the reprint.

约翰·M. 凯恩斯：《约翰·梅纳德·凯恩斯文集》第八卷，麦克米伦出版社 1973 年版。

Keynes，John M.（1973c），*The Collected Writings of J. M. Keynes*，vol. VIII，London：Macmillan.

约翰·M. 凯恩斯：《约翰·梅纳德·凯恩斯文集》第二十九卷，麦克米伦出版社 1979 年版。

Keynes, John M. (1979), *The Collected Writings of J. M. Keynes*, vol. XXIX, London: Macmillan.

弗兰克·N. 奈特:《风险、不确定性和利润》,霍顿·米夫林出版社 1921 年版。

Knight, Frank N. (1921), *Risk*, *Uncertainty*, *and Profit*, New York: Houghton Mifflin.

托尼·劳森:《经济分析中的概率和不确定性》,《后凯恩斯经济学杂志》1988 年第 1 期, 第 38—65 页。

Lawson, Tony (1988), ' Probability and Uncertainty in Economic Analysis ', *Journal of Post Keynesian Economics*, 11: 38-65.

罗伯特·卢卡斯、托马斯·萨金特:《理性预期和计量经济学实践》,明尼苏达大学出版社 1981 年版。

Lucas, Robert and Thomas J. Sargent (1981), *Rational Expectations and Econometric Practices*, Minneapolis: University of Minnesota Press.

M. J. 马奇那:《不确定性下的选择:解决和未解决的问题》,《经济展望期刊》1987 年第 1 期, 第 121—154 页。

Machina, M. J. (1987), ' Choice Under Uncertainty: Problems Solved and Unsolved ', *Journal of Economic Perspectives*, 1.

埃德温·马林沃德:《计量经济学的统计方法》,北荷兰出版社 1966 年版。

Malinvaud, Edwin (1966), *Statistical Methods of Econometrics*, Amsterdam: North Holland.

阿尔弗雷德·马歇尔:《经济学原理》第 1 卷,第 9 版(注解版)。由 C. W. 吉列博注释,麦克米伦出版社 1961 年版。

Marshall, Alfred (1961), *Principles of Economics*, vol. I, 9th (variorium) edn, ed. with annotations by C. W. Guiliebaud, London: Macmillan.

约翰·F. 穆特:《理性预期与价格运动理论》,《计量经济学》1961 年第 3 期, 第 315—335 页。

Muth, John F. (1961), ' Rational Expectations and the Theory of Price Movements ', *Econometrica*, 29: 315-35.

R. M. 奥唐奈：《凯恩斯对于概率、预期和不确定性的观点》，载 R. M. 奥唐奈编辑：《作为哲学家—经济学家的凯恩斯》，麦克米伦出版社 1991 年版。

O'Donnell，R. M. (1991)，'Keynes on Probability，Expectations，and Uncertainty'，in *Keynes As Philosopher-Economist*，ed. by R. M. O'Donnell，London：Macmillan.

保罗·A. 萨缪尔森：《货币理论中的古典与新古典理论》，罗伯特·克劳尔编辑，企鹅出版社 1969 年版。

Samuelson，Paul A.，(1969)，'Classical and Neoclassical Theory'，in *Monetary Theory*，ed. by Robert W. Clower，London：Penguin.

乔治·L. S. 沙克尔：《经济中的不确定性》，剑桥大学出版社 1955 年版。

Shackle，George L. S. (1955)，*Uncertainty in Economics*，Cambridge：Cambridge University Press.

A. 斯密：《对国家财富性质和原因的探究》，E. 坎南编辑，现代图书馆 1937 年版。

Smith，A. (1937)，*An Inquiry Into The Nature and Causes of the Wealth of Nations*，ed. by E. Cannan，New York：Modern Library.

罗伯特·M. 索洛：《经济史和经济学》，《美国经济评论》1985 年第 2 期，第 328—331 页。

Solow，Robert M. (1985)，'Economic History and Economics'，*American Economic Review Papers and Proceedings*，75：328-31.

赫尔曼·欧·沃尔德：《关于时间序列和随机过程的文献索引》，麻省理工学院出版社 1965 年版。

Wald，Herman O. (1965)，*A Bibliography on Time Series and Stochastic Processes*，Cambridge，MA：MIT Press.

亚伯拉罕·M. 亚格洛姆：《固定随机函数理论导论》，普伦蒂斯·霍尔出版社 1962 年版。

Yaglom，Abraham M. (1962)，*An Introduction to the Theory of Stationary Random Functions*，Englewood Cliffs，NJ：Prentice-Hall.

第三章　无知和概率的缺乏

奥马尔·哈穆达（Omar Hamouda）和罗宾·罗利（Robin Rowley）

第一节　引　言

专制的平静是谬误的胜利；从长远看，在"科学共和国"中，暴乱甚至无政府状态都是有益的，是为了最广大公众的最广大幸福。[杰文斯（Jevons），1871：266]

一、计量经济学研究方法的根本弱点

在过去 70 年左右的时间里，学院派经济学家在正式模型和对经济现象的非正式叙述中，越来越多地使用简单的不确定性表达。通常在这种情况下，人们引用概率符号和语言时，没有过多关注其与现实经济形势的调和，这些现实方面包括个体经验的局限性、不稳定性和决定因素的复杂性等。我们目前的文献充满了完全概率密度函数（例如，在"搜索理论"和对个体"风险"的许多处理中）、向均数回归现象和其他计量经济学结构以及线性随机过程（目前流行与当前宏观经济模型中风靡的"理性预期"联系起来）。

在这些文献中，大多数假设或惯例都很少受到质疑。我们已经习惯了连续的、单模态的和对称的密度函数，无处不在的正态性（可以改善统计检验、时刻对分布的依赖，以及对预期条件的关注），对线性和便利数学形式

的依赖，以及其他工具性特征——在经济模型使用可替代性的和不太便利的假设，通常被视为古怪、愚蠢、矛盾或妨碍性的行为。这种否定既反映出英雄主义抽象观，也显然反映出未能建立关于理论模型以及实证研究的普遍性适用范围。

因此，经济学无论是作为科学学科，还是作为对实际情况的认知，任何关于其"进展"的合理讨论都可能存在严重缺陷。这种缺陷存在于研究方法中的根本弱点，也并不是——由于对流行假设少受质疑这一便利的过分依赖——仅限于经济学的最新发展。例如，安斯科姆（Anscombe，1967：16）在 25 年前就为统计学家指出：

> 如今统计理论家认为所有"错误"分布都完全正常的处理，可归因于他们的本体论认知，即"正常"因太过理想而并不真实。

39　　在经济学家对最大似然估计的大量讨论中，清楚地表明了这种处理依然存在：根据基础数据的实际情况，以某种方式来证明共同假设"正常"。而这种处理通常要么不被直接认可，要么被一些试问性的模糊大数定律简单地驳回！

对于大多数计量经济学家，"处理"具有持续性特征。例如，泽尔纳（Zellner，1989：289—290）在回顾其在研究生期间的计量经济学和统计学课程时指出，"这些课程某种程度上似乎很容易，即假设大多数事情都遵循正态分布，没有太多争议"。最近，帕甘（Pagan，1990：273）建议：

> 所有估算程序……均基于假设或惯例。有些时候这些惯例可能非常重要……而其他时候，惯例会由于效果甚微而被打破。例如，除非人们想要进行预测或者……否则（它）对于误差通常分布在回归模型的假设而言，并不重要，……作为中心极限定理的小样本分布，通常会把这

些模型中的非正态误差转换为正态分布的估计量。(重点补充)

在亨德里(Hendry)关于数据生成过程的大部分描述中,这种处理也很清晰。在他的解释中,正态性几乎都会常规地出现——尽管他会出于实证研究的考虑,测试其正态性。[(举例,参见亨德里,1980:399—400)概述的计量经济学研究的粗略结构,其中正态性被认为是一种"便利的虚构"。]

二、突破概率传统的一些探索

当然,一些经济学家、统计学家、哲学家和其他学者进行了大量重要研究,这些研究突破了当下流行的方法,对一些常见的概率传统提出了质疑。我们可以找到相关的论点,它们强调了在某些有趣情况下数值概率的缺乏,主观概率的不完整性、非唯一性,间隔测量的潜在呈现,对其他元素的需求——一些限制性元素,如反映"证据权重"[凯恩斯(Keynes),1921;古德(Good),1985],或"认知可靠性"[盖顿福斯和萨林(Gardenfors, Sahlin),1982],或反映关于认知、逻辑、证据等其他语境特征方面的元素,以及朝着可能性和模糊概念的基本转变。登普斯特(Dempster, 1967, 1985)、埃德曼(Edman, 1973)、盖顿福斯(1979, 1988)、古德(Good, 1962, 1985)、凯尔西(Kelsey, 1988)、凯尔西和奎根(Kelsey, Quiggan, 1989)、库普曼(Koopman, 1940a, 1940b, 1941)、基尔堡(Kyburg, 1961)、利维(Levi, 1974, 1980)、萨林(Sahlin, 1986)、谢弗(Shaffer, 1976, 1981)、斯密(Smith, 1961, 1965)、维勒加斯(Villegas, 1977)等人都在这些方面作出了贡献。最令人惊讶的不是这些工作的存在,而是大多数经济学家缺乏对它们的认识。便利和流行似乎已经取代了好奇心!

在以下两节中,我们的目标非常有限。在第一部分中,我们将简要论述 40
哈耶克(Hayek)、希克斯(Hicks)和沙克尔(Shackle)等杰出经济学家对无知、不完全知识、心理过程和万花筒情境的一些讨论。其基本内容阐述了如下观点：无知的主要问题，以及其他反对数值化和符号化概率的观点，偶尔会给一些著名的经济理论学家在不确定情况下考虑选择和决策时带来很大的困扰。我们的重点主要在于数学经济学家和统计学家正式处理之外的一些非正式观点。

第二部分通过回顾过去二三十年来出现的计量经济学中一些占据重要地位的激进建议，来研究经验主义层面的内容。例如，计量经济序列研究具有很多特点：对检验的强烈推崇［通常采用内曼—皮尔逊（Neyman-Pearson）形式］；对替代理论的包容；对数据生成过程的参考；对结构化细节的脆弱（甚至"异想天开"）基础，更为清晰的认识；等等。为了指导我们对计量经济序列的研究，有很多人强调对可能性的模糊处理。但是这一提议的结果对我们的观点并未起到太大的削弱作用。我们（依然）认为，经济学家在采用与概率相关的概念时，并未对这些要求引起足够的关注。

我们在最后一部分提供了一些结论性意见，这些意见反映了对于该领域持续存在的、传统的且经不起推敲的失望情绪。我们建议，基于这种持续性，现在有必要重新评估那些对经济进步的乐观看法，这种看法将繁忙的生活与充分的认知混为一谈。马克沙克［Marschak，1954（1974：94）］坚定地认为，"不确定的知识不是无知"，且"作为经验科学的社会科学包含关于概率分布的陈述"。从计量经济学角度来看，似乎有理由否认其观点。正如德宾（Durbin，1987：179）在向皇家统计学会所做的主旨报告中强调的那样，"很容易忽视这样一个事实，即（经验科学）的真正目的是为了表达真实……而不是为了表达近似它的模型"。

第二节　不确定性的方面：无知、不完整和其他问题

影响严肃经济史学家巨大努力的一个主要职业危害，源于决定从何时开

始叙述某个基础问题。在 20 世纪 30 年代和 40 年代气候变化之前，著名经济学家都在讨论不确定性、概率和风险。我们可以适当参考埃奇沃思（Edgeworth）、菲舍尔（Fisher）、凯恩斯或奈特等的成果，在此基础上开始我们的简要阐述。到 20 世纪前 10 年的后期，正如奈特（1921：199—200）所述，经济学家罗斯（Ross）、克利夫·莱斯利（Cliffe Leslie）、拉文顿（Lavington）、庇古（Pigou）和海恩斯（Haynes）此前都已将不确定性和风险与保险、投机和创业联系起来。

1921 年奈特提出，任何对经济形势中不确定性含义和重要性的理解，都必须基于对不完整知识本质和功能的考察。在这个基础上，他确定只有不可测量或"真实"不确定性，而非风险或可测量不确定性，"构成了利润理论的基础，并解释了实际竞争和理论竞争之间的差异"（奈特，1921：20）。因此，奈特"将'企业'特征形式赋予了经济组织这一整体"（同上：232）。

当应用于经济现象时，这些强有力的结论代表了概率频率论概念的一个"消极方面"［费尔纳（Fellner），1965：29］，即认识到"频率理论家无法描述所有无知"［阿罗（Arrow），1951（1971：9）］。但是，这也使人们质疑，混乱状态是否同样影响了概率论的另一种主观概念。60 多年后，勒罗伊和辛格（LeRoy，Singell，1987：394；重点补充）提出，"奈特认同现代观点，即可以假设主体总是表现得如同具有主观概率一般"，但这种修正主义论点，无论其优点为何，在 20 世纪三四十年代及以后，并没能解决奈特的观点对经济学家处理不确定性方式所带来的直接影响。

例如，我们知道，当罗宾斯（Robbins）要求希克斯讨论风险时，希克斯开始对不确定性产生兴趣。（不确定性的研究）"当然是从奈特开始的"（希克斯，1982：6）。希克斯在 1931 年第一个公开回应中表示，他不同意奈特关于将不确定性与利润相联系的观点，即奈特认为只有不可测量的不确定性才可以产生经济利润。奈特——以及将预期或期望作为经济波动主要因素的"瑞典学派处理法"——对 20 世纪 30 年代和 40 年代伦敦政治经济学院知识分子气氛的重大影响，也必然影响了（当时）其他经济学家的观点。我们将在本部分对此进行（更细致的）讨论。这种影响及其所促进的氛围，鼓励了怀疑论者，并推动了人们对关于经济主体的无知特性进行创新性思考，比如哈耶克和沙克尔，广义来讲，还有兰格（Lange）和哈特（Hart）。这些反思与"怀疑"，不仅仅是对用频率论处理概率这一方法的反对。沙克尔（1965：6）回顾了这些"高级理论频出的时代"，指出"不确定性是 20 世纪 30 年代经济思想束缚中的新思路"，而当时早期有序的和平静的经济理论世界，被"不安定的无序状态和现实世界的混乱"特点所取代。

一、希克斯

正如其他文献［哈穆达和罗利（Hamouda，Rowley），1994］所示，希克斯在其漫长的学术生涯中探索了三种不同方法来处理不确定性。早年间（1931—1935 年期间），他曾在伦敦证券交易所短暂使用过概率概念这样一些含糊不清和不精确的表达——例如对主观概念和频率主义概念的混用，以及在加总基础上对大数法的不充分依赖——这些表达一方面由于当时概率理论仍不发达，另一方面由于他对许多经济学以外的理论帮助并未全盘接受。

后来，他使用仅将均值和方差作为离散度量（标准）这一常见方法，明确了如何利用投资组合或资产负债表，从金融资产和货币的不同组合中作出选择（希克斯，1935，1962，1967a，1967b，1977）。然而，该方法中对正态性隐含假设的严重质疑，也逐渐得到巩固：

> ［在 1967 年］，我遵循传统方法，假设每个可行投资的前景可以用概率分布的前两个时点来表达……我这样做了，尽管感觉对很多实际商业决策所做的预测从来不会按常规发展，而是严重偏离预期……因此我

在讨论中考虑到偏差。但我不会假定那些对偏差的考虑（一定）令人满意。（希克斯，1977：166；重点补充）

在解释希克斯对风险狭隘特征（包括确定性等价物）的理解时，阿罗（1986：S390）认为，希克斯能够利用早期英国经济学家的观点。这些经济学家"了解伯努利（Bernoulli）基于不确定性的预期效用理论〔该观点可能来自托德亨特（Todhunter）的《概率论历史》（*History of the Theory of Probability*）〕，但仅以定性和小心翼翼的方式使用"。然而，这种潜在关联在希克斯的著作中难以找到。

在他生命的最后十年中，希克斯从对不确定性进行简单的概率处理，转向关注一些常量参数。他的理论范畴不再是他（刚开始）着手该问题的时候那样——完全的概率分布，而是更加直白地转向数学预期和方差的信息要求。最终，作为激进的一步，转向（研究）不完整序列——认为概率不必以数字形式出现（希克斯，1979：114），并采纳了一些凯恩斯、奈特和沙克尔多年前曾强调过的"现实"特征（包括历史背景的潜在重要性，一般性的有限性，以及相应的统计一致性的缺乏）。

这一转变的高潮是他上一部书（1989：142）中给出不确定性的四种分类：

（1）可测量的风险选择，可通过某种形式的保险来减轻；（2）不可测量的风险选择，可能与奈特的"真实不确定性"相匹配；（3）可测量的无风险选择，例如购买彩票——未获得奖品的损失很容易承受；（4）不可测量的无风险选择，例如某人思考是否参与一家企业的日常运营。

对于一些经济学家使用概率时产生的问题，希克斯（1979，1984）给　43

出了更实质性的处理。尽管在预测局部和不断变化的经济现象（尤其是货币方面）时，他对于历史条件的关注［例如，反映在希克斯（1967c，1969）中］给抽象化（过程）带来了混乱。这是因为在这些方面，虽然历史会对当下产生影响，但"我们研究的事实并不是永久的，也不是可重复的，就像自然科学的事实一样，它们不断变化，变化却并不重复"［希克斯，1976（1984：245）］。而且"随着实际系统的改变，理论上的简化也应该随之改变"（希克斯，1967c：158）。

在超过 25 年的时间里，希克斯对频率概率论以及重复的固有概念并不完全认同。他支持杰弗里（Jeffreys）的观点，认为从最广泛意义上来讲，概率是一个判断问题（希克斯，1979：110），并没有完全接受主观选择的任何特定变体。站在非频率概率论的角度（可能是出于某种程度的信念）——这与"不可重复的尝试"无关。考虑到知识或证据的作用，并再次参考了奈特之后，他指出：

> 我们无法避免这种其他类型的可能性……根据概率判断进行投资、买卖证券等。经济行为是如此，经济理论也是如此。被经济学家正式使用的关于"世界状态"的概率，例如投资组合理论，不能用随机实验来解释。在经济学中，概率必须意味着更广泛的存在。（希克斯，1979：107）

考虑到对基于证据作出判断的明确需要，希克斯阐释了一种基于不完全密度函数的价格预测。这种情况下，在某些灰色地带上建立概率没有充分的证据（支持），并且这种不足也使得任何概率都无法进行比较。尽管这个框架形式与主流观点并不一致，希克斯（1979：114）仍认为"特别是在经济学中，似乎没有理由说不应该考虑这样的情况"。

二、沙克尔

与希克斯和哈耶克的转变相比，沙克尔由传统方法转向不确定性的过程更快也更具戏剧性。他认为，在 20 世纪 30 年代之后，经济学已经转变为"如何应对稀缺性和不确定性"（的一门学科）（沙克尔，1967：7），而不是仅仅关注稀缺性。他对不确定性的观点独树一帜，这可能与其早期在学术领域以外经历的影响有关 [福特（Ford），1989：25—26]。他认为（可以）用一些新概念（如潜在惊奇，认知可能性、奇点、优势面和万花筒）取代各种形式的概率。这些新概念既反映了基本的心理过程——包括人类的不可靠性和想象力——也反映出许多商业决策往往是不可逆转、不可重复的。

1934—1937 年间，沙克尔在伦敦政治经济学院学习，那时他对不确定性的观点开始逐步形成。最初，他被一些凯恩斯与哈耶克之间货币兑换方面争议所吸引，但哈耶克对知识的处理（哈耶克，1937）以及布林利·托马斯（Brinley Thomas）对瑞典宏观经济学派的一些阐述，鼓励沙克尔改变了早期的研究方向，从研究（具有）错误预期（的经济活动），转而更加坚定地关注经济决策在时间和思想上的问题，以及经济主体对系统性意外变化的可能反应。从凯恩斯的《通论》中，他认识到经济学的"无序性"（沙克尔，1972：431），（从无序性角度出发）国民经济可能：

> 受制于突发性的重复调整。这种调整使得经济体达到一种全新的、不稳定的和短暂的伪均衡状态，基于预期、投机心理和投机预期的变量，被巧妙地堆积在不具有货币流动性的纸牌屋中，等待"新闻"再次打乱一切，开始一个新的不平衡阶段。

这种系统性不稳定和多变特点，最终导致沙克尔在应用于经济形势时，否定了频率主义和主观主义概率概念。但他的否定非常特别，因此引起了同行们的极大关注［《经济学人》（*Economica*），1949 年 11 月；阿罗（Arrow），1951；卡特、梅瑞迪斯、沙克尔（Carter, Meredith, Shackle），1957］，但这并没有给他带来不愉快的人际关系，也没有导致传统模式对他的持续否定。虽然弗洛伦斯（Florence，1935：136、138）的理论体系也强调研究的现实性，比如避免与实际脱节较远的理论假设，为所有可能的统计方法消除"无法衡量的理论概念和假设（带来）的障碍"等。但与弗洛伦斯（1935：136、138）不同，沙克尔的提议要求对人类思想进行更全面（更"现实"）的处理，并为学术叙事添加更多不可量化的资料。回顾过去半个世纪，弗洛伦斯［美国国家经济研究局（NBER）派和计量经济学家］的经验程序似乎比沙克尔的更受欢迎，直到过去十年左右，经济理论家和认知心理学家随后重新发现无知的、探索式的和带有偏见的逻辑推理［卡内曼、斯洛维克、特韦尔斯基（Kahneman, Slovic, Tversky），1982；盖顿福斯、萨林（Gardenfors, Sahlin），1988；埃文斯（Evans），1989］后，这种情况才逐渐转变。但这些重新发现也同样在各种关于理性行为和理性选择概念的讨论声中不断调整，同时也（反过来）影响着人们对概率论概念的接受程度。

对于大多数经济学家而言，沙克尔的创新体现在其"优雅，富有想象力和挑战性"的理论中（福特，1989：63），尽管有一系列经过精心出版的书籍（例如，沙克尔，1949，1958，1972，1979），但人们对此仍然知之甚少。这些书籍阐明了其理论与经济模型之间可能存在的联系，并证明了较为传统方法的缺陷。经济学家之间令人意外的"同化"失败，可能只是因为他们不断提出新的东西——对于他所计划的不完整评述提出的潜在惊奇的非可加性，应用于事件整合（体）的大数定理的缺乏，以及坚持"消除所有概率元素……（也）不能令人满意"（这一观点）［阿罗，1951（1971：21）］。但同时，也将其理论与完全无知的极端情况联系起来［阿罗和赫维茨（Arrow, Hurwicz），1972］。另外，除了经济学家之外，利维（1972：

236）能够认识到逐步违反早期传统所带来的麻烦，并认为"任何对知识增长系统研究感兴趣的人，都应该意识到沙克尔的贡献会在很长一段时间内占据重要地位"。

沙克尔在其框架的附言中，体现出非常坚定的无政府主义态度，因为他坚定地保留了决策中的想象力、认识论立场（合理关注其与环境的关联）、对通过计算案例所得出客观概率不合理结构的避免、对潜在行为极端后果的关注，以及判断"个体、主观和模糊"的本质。关于经济科学的转型，他坚持认为：

> 几个世纪以来，精确性、连贯性和一致性一直是自然科学的理想（特征）。这种模式意味着其数学表达的连续性、变化的确定性以及可预测性……对于人类活动的研究，历史的变革永远被创造性想象所刷新，之前（的创造性想象）本质上是异类的和无能的。人们认识到，一种以不精确、含糊或模糊等不同形式表现出来的性质，在其所有本质中，反映了历史的进程，反映了来自未来空洞事件的凝结。（沙克尔，1986：62）

当过去的经验记录提供的数据不足以支持计算，以及当决策涉及独特事件以至于估计概率已经没有用处时，这个想法似乎与数值概率不相容（沙克尔，1949：127，110）。

与马尔沙克（Marschak，1949）提供的将概率和知识相关联的简单分类法相比，沙克尔（1958：34）以"我们缺乏知识的、客观存在的未来"（为由）拒绝了对不确定性的共同认同，来支持其（把不确定性）作为"被新创造物填补的空白"（这一极端见解）。（这种阐释）承认了"个体想象力的基本自由"，（这种想象力可以）"不断重新创造未来"。不幸的是，这种解释似乎使得个体之间（例如，在管理团队或专家与客户之间），对不精确、模糊信息的沟通难以进行描述或分析。

总结这些信息直接数据的一个主要吸引力在于，它们相对容易沟通。然

46   而，随着环境问题和其他尴尬的公共决策领域"风险分析"的快速成长，不确定性的模糊呈现方式变得更加容易被人接受。正如瓦尔斯滕（Wallsten，1990：28）所指出的那样：

> 尽管许多决策理论家和分析师都建议，所有概率判断都采用点估计法，但许多风险分析师、政策制定者和大量专家，都更希望只预测与可获取信息情况一样准确的情况。

当然，沙克尔可以毫不费力地接受后一种偏好，并且认为这与他在不确定性下重新制定决策的精神是一致的。

三、哈耶克

哈耶克对英国和美国新保守主义都产生了重要影响。不仅如此，哈耶克还被认为是市场自由化进程中的有力倡导者。作为一名著名的（经济）理论学家，哈耶克对凯恩斯宏观经济学的应用提出质疑，也对大多数形式的中央计划和政府引导提出质疑［哈穆达和罗利（Hamouda，Rowley），1993］。他对于"隐性"知识的处理，以及对于经济主体对质变和随机冲击有效调整的处理，也同样流传至今。关于不确定性，其观点反映了对不稳定预测危害的认识、对数学分析应用于经济问题的强烈厌恶，以及对哲学立场的坚持——波普尔（Popper）也体现了这样的哲学立场。所有这些因素被他在诺贝尔奖获奖演讲（1974）中称为"知识的假象"，让他（开始）质疑经济理论的过度精确性，并鼓励他参与巴特利（Bartley）、坎贝尔（Campbell）、洛伦兹（Lorenz）、波普尔等人在社会科学方面进化认识论的研究，还将一些进化观念与长期理论联系起来［坎贝尔（Campbell），1988；拉德尼茨基和

巴特利（Radnitzky，Bartley），1987]。

传统的不确定性方法与哈耶克的观点在很多方面都不相容，比如数据问题、经济理论中对理性的处理、统计检验的潜在有效性、预测的可行性、发现过程、稳定结构的存在性、探索性的计量经济学等。所有上述内容都可以转化为一些合理的问题：给定经济形势的本质（包括有序的复杂性、对人类信息处理过程的有效约束条件、重要的人际关系、不完全的可测量性、系统的不稳定性），经济理论是否"传达了关于现实世界中发生事情的所有知识"（哈耶克，1937：33）。

哈耶克认为，社会科学中的任何实证研究，都必须受其内在复杂性的制约。但如果焦点转而集中在社会系统一般特征的定性断言（模式预测）上，这些制约则不复存在。这种制约或焦点转移的基础是显而易见的。

首先，无论我们的理论和技术……在我们解释观察到的事实时，可以提供多大的帮助，它们在确定那些决定……复杂模式的细节方面几乎没有用，在确定另一些细节——得到完整解释或完美预测的充分条件——时，也没有太大帮助。[哈耶克，1970（1978：12）]

其次，对于我们将要解释的事件，我们在可以获得定量数据方面必然是有限的，而且可能其中还有不重要的数据。[哈耶克，1978（1974：24）]

再次，我们的研究成果"仍然依赖于我们所知甚少或完全不了解的情况"。[哈耶克，1970（1978：13）]

最后，更乐观地说，我们知道"关于市场和类似的社会结构，我们无法衡量的许多事实，以及我们确实只有一些非常不精确和概括性信息的事实"[哈耶克，1974（1978：24）]，但是，不应由于对测量和精度的过度坚持，而忽视这些事实。例如，他建议：

　　　我们拥有相当完好的"定量"知识——关于力的知识：这些"力"使得经济体系不同部门的需求与供给之间具有相关性。关于这种相关性

实现条件的知识、关于可以阻止这种调节因素的知识。[哈耶克，1974（1978：25）]

这些元素中的第二个和第三个被解释为必要测量的缺乏，以及对具体化其他替代行为结果的无能。无论它们是客观的还是主观的，似乎都会阻碍数值概率的计算。列出潜在结果的问题也一直困扰着哈耶克，并体现在他对经济形势的描述当中。在这里，理性并不存在于个体经济主体的设计中，而是由于个体行为间的强烈相互作用而附加于市场结果或"理性市场过程"之上。

哈耶克还坚持认为，我们应该认识到经济主体之间对知识的掌握是不同的——总是分散的和不完整的（也许是模棱两可的），但知识会随着主体拥有更多信息及从其经历中不断学习而不断改变。因此，大多数决策都是适应性的，针对特定情况、当地实际和市场价格的一般变化作出反应——任何关于暂时性事实的知识都被认为比"从［受到不可预见变化（真正不确定性）影响的］竞争市场中获取"的能力次要——"需要哪种商品或服务，以及被需要的程度"[哈耶克，1968（1978：182）]。

由于微观经济动荡的严重性，统计假象或"功能"在总体层面上显然会不稳定：

在我看来……没有理由认为这些"功能"将保持不变，但我相信……微观理论早在凯恩斯之前已经被证明，它们无法保持不变，但会随着时间的推移，不仅在数量上发生变化，甚至在方向上……由于微观经济结构的变化，它们可能会迅速变化，而从假设它们不变基础上得出的结论，必然会产生误导。[哈耶克，1966（1978：285）]

这种强势的观点质疑了大多数计量经济学研究所依据的熟悉的结构性假

设和统计传统，其中比较流行的有稳定性、规律性和正态性。因此，从这些流行源头中得到的经济现象相关证据的积累，也受到了严重质疑。

哈耶克最初对统计证据的批评，实际上早于他对凯恩斯主义宏观经济学的攻击，也早于对总体层面上结构不稳定这一持续假设的攻击。60多年前，在他从维也纳搬到伦敦政治经济学院之前，他认为：

> 与演绎推理不同，统计方法留下了既定经济关系从根本上无法确定的良好条件。同样地，它们所涉及的对象不能像理论那样被模棱两可地确定……而且，统计证据的确证提供了……没有正确性的证据。一个先验：统计数据与由新问题提供的刺激因素相比，并不能让我们得到更多的信息。[哈耶克，1933（1966：30—31）]

后来，哈耶克代表性地接受了其长期朋友兼同事波普尔所表达的关于科学本质的熟悉观点。波普尔断言：

> 已经明确表明，理论科学本质上都是演绎的，没有像"归纳"这样的逻辑程序——归纳必然从事实观察（发展）到一般规则的制定。还表明"归纳"是源于"无法成形的思想的"创造性行为的产物。[哈耶克，1955（1967：4）；重点补充]

在统计方法背景下，哈耶克再次强调了相关理论的微观经济基础，以及这些理论在我们检验程序中的首要地位，借此提供了试验性的禁令：

> 它们"禁止"某些事件的发生，并且永远不能被"证实"，但只是不断地用持续失败的尝试，来证明它们是错误的尝试。[哈耶克，1955（1967：4—5）]

49

统计数据无法解决经济结构固有的复杂性。这种无效性体现在技术的短视性上，还有错误的加总特征或"黑匣子"模型，（都）忽略了微观经济的实质性调整：

> 统计方法是……仅在我们故意忽略，或不知道具有不同属性的各个元素之间关系的情况下使用……在这种情况下，统计能使我们通过将这个集合体中单个要素的（多种）不确定的属性，替换成一个属性，来解决这个问题。然而，出于这个原因，与问题的解决无关，在这些问题中，重要的是各个要素之间的关系。[哈耶克，1964（1967：30）]

这种做法和其他做法的结果是，将大多数经济理论局限于一般性预测，这些预测（只能）"描述如果满足某些一般条件就会出现的那种模式"，并且意味着我们必须满足于较低的目标，因为我们很少能够得到……对特定现象的预测[哈耶克，1964（1967：35）]。

第三节　时尚的计量经济学

马克沙克曾与考尔斯委员会（Cowles Commission）一起确定了计量经济学的特定愿景。40年前，马克沙克［1954（1974：98）］在宣传为该愿景锦上添花的观点时指出，"假设的选择不一定完全基于前科学知识，而是可以给予不断进步的经验"。这种观点是最近对计量经济学家——与亨德里（Hendry）、里默（Leamer）、卡尔曼（Kalman）及其同事有关——的序列程序进行重新评估的核心。重新评估及其附带的挑战反映了对"渐进式经验"的不同解释，（如）选择和改变结构规范的合理规则，概率陈述的形式，以及各种诊断指标的可接受性。我们关注的是处理与概率概念相关的不精确性、经验证据在经济理论验证中的尴尬地位以及对于进步的乐观见解——这些进步往往源于对短视性研究策略的过度承诺。

一、概率革命?

大多数经济史学家都认识到一个重要的转折点,这个转折点与"概率革命"的出现以及自20世纪40年代和50年代初来在考尔斯委员会所建立框架中的各种观念迅速同化有关。我们在这里简要介绍亨德里、里默和卡尔曼的特殊观点,这些观点可以看作是对考尔斯框架下概念提出后的计量经济学研究的理论和实践特征的回应——(它们)经常被简化和修改,但同时也与其他计算机功能相结合,并"英勇地"接受了重要性检验——改变了计量经济学家的行为和语言。

可能是由于对统计技术而非实质性"现实世界"问题的关注,这种转变与经济学的"进步"以及早期计量经济学家普遍存在的知识盲区[费耶拉本德(Feyerabend),1978:217]有关。我们最成功的计量经济学历史的重要评论[乔林克和廷伯根(Jolink,Tinbergen),1991;克莱因(Klein),1991]和资历较深学者的回忆[例如福克斯(Fox),1982],都批评了这些历史中的一些严重遗漏,例如忽略了廷伯根传统政策指导和计量经济学建模之间的重要关联,忽略了使用统计和数学工具的非概率"经济分析领域"的主要研究(克莱因,1991:274)。然而,这种历史短视性可以简单地反映出最初由哈维默(Haavelmo)及其同事在考尔斯委员会设定的框架所产生的后果(福克斯,1982:123):

年轻的教授们仍然不了解穆尔(Moore)发起实证研究的伟大传统,也不了解永久记录它的书籍、快报和文章……学生与这些文献之间有一道墙,二者被割裂开来。墙的另一边,是穆尔、舒尔茨(Schultz)、赖特(Wright)、伊齐基尔(Ezekiel)、沃(Waugh)、沃金斯氏(the Workings)、谢菲尔德(Shepherd)、里昂惕夫(Leontief)、廷伯根等人的经典作品。他们记录了真实的计量经济学革命，革命始于的经济理论基础，并通过新增统计性的补充寻求用"现实和现实的生活"来支持自己。

值得注意的是，最近重新评估计量经济学的一个有趣部分，涉及对这些部分早期文献的重新发现——例如奥尔德里奇（Aldrich，1989）关于自治概念的说明，以及亨德里和摩根（Hendry，Morgan，1989）关于弗里希（Frisch）整合分析的说明。但是，如奥尔德里奇（1989：34）所指出的那样：

> 最近几年的辩论使人回想起 50 年前的辩论，方法论辩论的概念框架没有改变。这些旧箱子已重新油漆过并重新投入使用。结构计量经济学等于结构加上概率。如果概率没有问题——而且似乎看上去也没有（问题）——关于计量经济学的辩论就必须是关于结构的辩论。

二、新的观点和研究标准

在过去十年左右的时间里，亨德里（1980，1983，1987）和里默（Leamer，1983，1987）一直是在结构计量经济学中关于搜索规范和建模过程其他方面新观点的强烈倡导者，而卡尔曼（Kalman，1980，1983）所支持使用的系统理论框架彻底重铸了我们的经济结构模型。不幸的是，正如亨德里、里默、波里尔（Poirier）在《浅谈计量经济学方法论》（*A Conversation on Econometric Methodology*）［刊登于 1990 年 6 月《计量经济学理论》（*Econometric Theory*）］的观点中所揭示的那样，概率与规范之间的许多重要相互作用仍然非常不明确。希望通过关注计量经济学中的无知和主观、客观概率的缺乏并通过观察经济学家所实践的"一般科学"中的检验，可以确定一些不足的方面。但是，如果我们接受由费耶阿本德（1981：32）提出的愿景作为我们内在标准的准确图景，那么计量经济学研究的未来似乎并不是很有前景：

> 科学观点不仅不完整——它们忽略了重要现象——其核心往往是错误的。基于时间研究的常规论证和例行程序无法获得假设，并且经常被证明是错误的或荒谬的……当观点受到攻击时，科学家表现出更多的反抗性，他们把自己权威的全部重担放在他们无法准确表达也不能捍卫的思想背后。

重新评估计量经济学以及关于理性预期处理的其他相应体系，体现了对过去半个世纪计量经济学和经济学理论成就的极大不满——这种不满已经牢牢嵌入在我们的行为方式和我们所适用的标准上，而此标准用于判断大多数实证研究的质量。

我们似乎一直非常不愿意放弃不恰当的做法，即使他们显然未能对马克沙克设想的渐进式经验作出反应——也许是因为知识框架正在"越来越远离需要高效地将相关信息从数据中提取出来的应用工作者所面临的任务"[德宾（Durbin），1988：51]，且在此知识框架中，推理过程也受到质疑。这种与非内在标准的偏离是令人迷恋的，并且可能与一个对模型参数普遍存在的执着（统计估计的假设性质）部分相关，而不是与主要的背景因素（如定性行为和其他特征）相关：

> 一个标准的过程……是假设一个模型，并在假设该模型是一个精确模型的前提下，对现象的行为作出推断。许多统计模型是对我们研究现实的描述，由于许多统计模型明显不完善，这个过程已经进行得有点过头了。从人工小模型中得到参数值"最佳可能"陈述的愿望已被过度

放纵，其程度似乎与统计方法用户的真实利益不成比例。（德宾，1987：179）

三、参数

卡尔曼强调替代系统理论的观点，特别批评了对参数的短视性兴趣以及计量经济学家对概率革命的无条件同化：

　　在标准统计范式的影响下，计量经济学家毫无疑问地且长期以来一直假设一个系统与一堆相同的参数。（卡尔曼，1983：98—99）

　　哈维默（Haavelmo，1944）通过对概率论的教条应用，为计量经济学奠定坚实基础的愿望尚未实现……毫无疑问，因为概率论对于潜在的系统理论问题没有任何意义。（卡尔曼，1983：98）

卡尔曼无法接受普遍性经济见解和独特经济法则的概念、对经济测量缺陷的广泛忽视，以及未经检验的偏见元素的侵入——使用"偏见"一词来包括"与数据无关，独立于数据，无法通过数据验证或反驳的假设"（卡尔曼，1983：125）。因此，我们将鉴定与考尔斯探索联立方程系统的方法联系起来，一般关于这种鉴定的讨论都因其有害而被忽略，因为其依赖于诸如将变量分离为外生和内生类型等常规方法、对于方程误差之间以及这些误差和解释变量之间相关性的约束，还有在假定它们都被准确测量时对这些变量的处理。所有这些随机惯例通常在没有充分异议的情况下被接受，因此可以根据完全与参数值集合相关的定理来讨论鉴定（必须假设具有用来生成方程组的完整概率分布）。这些约定简化了数学分析，但可能忽略了与真实数据之间任何有意义的关联。对于卡尔曼（1980：13）而言，"当我们离开经典物理学时，参数的概念就失去了它的意义"，从那时起，对于任何确定环境的系统，"没有绝对可定义的参数"，而对建模者偏见的依赖，则会产生

"人工产品"。

对概率的强烈依赖始于 1944 年由哈维默撰写的对《计量经济学》（*Econometrica*）的补充，他认为将任何特定观察集合的经济现象视为联合概率法则的单一实现形式具有充分理由，而这些经济现象可能纯粹是假设出来的。他认为有两种方法可以支持采用这种新颖的框架：

> 首先，如果我们想要将统计推断应用于经济理论的假设检验，那么它就意味着经济理论的这种表述代表了这样的统计假设，即关于某些概率分布的陈述——可能是非常广泛的陈述……其次，……选择这种方法并不会失去一般性。（哈维默，1944：iv）

在这个框架内，理论模型被视为对概率法则的限制。随后，通过对该法则的参数进行简单限制，通常可以找到替代模型，因此，通过比较替代的概率规范，能够借助统计或其他诊断方法来探索它们之间的假设差异。

四、统计推断和分布假设

从一开始，对统计推断的依赖是该框架的主要组成部分。实际上，哈维默（1944：68—69）的断言已经（说的）非常具体：内曼－皮尔逊（Neyman-Pearson）检验统计假设的理论，"虽然像任何其他理论方案一样抽象"，但却是"处理验证经济理论问题"的有用工具，并有助于理解和解决这些问题。概率法则分布规范的起源，对于内曼－皮尔逊理论和确定估计值的性质十分重要，但当时还不清楚其起源——半个世纪后的现在，仍然如此！哈维默（1944：43、48）表示：

> 问题不在于概率是否存在，而在于——如果我们继续假设其存在——我们能够对"实际目的正确"的真实现象有所陈述。严格的概

53

率和概率分布概念只存在于我们的理性思维中，只能作为推导实际陈述的工具。

未能在概率问题上提供更好的指导是非常令人不满意的，但这一问题依然存在。哈维默（1944：52）像许多其后的计量经济学家一样，误导性地认为如果我们有关于随机元素分布的"非常脆弱的假设"——这些随机元素存在于加总或复合变量组成部分之中的个体关系内，加总和"大数定理"则可以作为假设"某些复合统计变量"将近似正态分布的依据。

如果我们停下来，去研究经济学中加总的性质、经济变量的范围、系统的不稳定性的出现，以及从最近一些尝试（探索正态性偏离现象的稳健性）中得到的发现，那么这种一厢情愿的脆弱性以及对不变性假设频繁的类似支持，则相对容易建立。在这种情况下，例如，我们可能会被迫承认：奇怪的分布形状和相当严重的无知都是可能存在的。正如布拉德利（Bradley，1977：150）所指出的那样，关于行为科学中遗漏的变量：

> 存在大量研究领域……其中不受控制的变量可能包括未知晓的或未充分知晓的、具有中等或甚至主要影响的变量。并且实际上，在这些领域中，实验者几乎不知道抽样母体的形状。

54　　几乎没有理由阻止我们将这一观点扩展到经济模型，其中稳健性研究中的选择性也可能推迟了（我们）接受正态性持续吸引力不太有利的态度。

关于概率的替代概念，后来的计量经济学家也只是敷衍了事——除了贝叶斯方法的倡导者，往往忽略了这些概念中的选择问题——与哈维默的方式类似，以便使概率革命与放弃概率合理联系起来！泽尔纳（Zellner，1982：112）在亨德里和一些同事的论文中，关于这种对忽略概率的坏处的恰当例证，体现在其敏锐的观察里：

他们没有讨论并且非常相关的一个重要概念，是他们的论文和计量经济学中普遍使用的概率概念。如果没有明确的概率定义，很难将准确的含义归咎于文中的似然函数和其他基本概念。

另一个相关的例子是，由于对显著性检验解释"检验前偏差"的危害，以及导致奇怪分布形状的其他实际并发因素的危害，亨德里的声明中明显提道：

本质上我对检验前问题的处理是，在发现（它们）的前提下，检验不是检验，它们是选择的标准，或是设计充分性的指标。[亨德里、里默和波里尔（Hendry, Learner, Poirier), 1990: 220]

像班克罗夫特（Bancroft, 1944）这样的统计学家，至少在 50 年前就已经知道检验前偏差的存在（可能作为客观概率的障碍，因为大多数在统计检验的概率计算中排除规则和先验决策引入了主观因素，因此可能会混淆对置信度任何简单声明的准备，也会混淆对支持实证结果证据的准备）。对于我们的显著性检验，使用临界值的用语和标准格式确实是不充分的，同时也要意识到可能因为检验前偏差和其他并发因素而带来的无法确定的扭曲。

五、更多关于检验的内容

目前检验程序看上去依然还与概率有关，但在检验者心中，可能已经与概率没有太多关联了。我们熟悉的检验程序（最初是根据概率频率概念提来的）有什么状态？亨德里正试图降低这个问题的重要性，（但）它与评估序列研究战略时出现的问题高度相关。一些著名的权威人士，如德宾（1987: 185）提出：在序列研究项目的每个阶段，即使认识到这些评估以复杂的方式（重要补充）相互作用，基于概率计算进行评估可能也会有所帮助。同样，科克斯（Cox，1977：60—62）概述了"过分强调显著性检验在数据解释中的作用（所带来的）十分显著的危险"属于不那么紧迫的情况。

另一方面，其他批评家强烈建议"对统计显著性的支持者最好放弃它"[卡弗（Carver），1978：94]，因为对显著性检验的使用，"涉及的更多是幻想，而不是事实"（卡弗，1978：378）。在一个主要声明中，里默（1987：1）对计量经济学家的大量检验进行了合理评估：

> 计量经济学理论家所犯的基本概念错误是他们未能认识到，在实践中概率是隐喻的……在非实验环境中，概率隐喻常常将想象力拉伸到舒适点之外。对这个隐喻恰当性纠缠不休但持续不断的怀疑，让我们对根据它得到的推论，也产生了同样纠缠不休但持续不断的怀疑。

这种观点反映了许多早期（大家）所关注的批评，例如，对使用迅速作出"是—否"决定这种检验的关注[西蒙（Simon），1945]、对相对重要的普遍疑惑或者具有重要统计意义的普遍疑惑的关注[克鲁斯卡尔和梅杰斯（Kruskal，Majors），1989；麦克洛斯基（McCloskey），1985]、对社会中正式检验缺乏的关注[霍尔和泽林格（Hall，Selinger），1986]、对在实践中大多数"显著性检验都没有被认真对待"一事的关注[格特曼（Guttman），1985：5]、对验证和发现不可分离性的关注（西蒙，1977）、对严重缺乏置信度的关注——因为基于检验和随意使用其他经济类证据，导致不正确或相互矛盾的结论而严重缺乏置信度[瑟罗（Thurow），1983：105]。

众多批评力量意味着，在这个特定研究背景下，"几乎所有发布出来的'概率'都是错误的"（格特曼，1985：9），而"无偏性、一致性、效率、最大似然估计的概念，实际上，传统理论的所有概念，完全失去了它们的意义"（里默，1983：36—37）！也就是说，概率革命现在已经被推理过程中的混乱状态所取代，这种混乱状态长期扭曲了对概率的普遍处理。对于里默（1983：38）而言，"计量经济学所面临的根本问题是如何充分控制推理异想天开的特征，以及在事实上不可知情况下如何合理推断观点"。

这种我们对更多无知意识和熟悉推理过程进行重新思考的呼吁，一般都被置若罔闻，或者引起频率主义者的敌对反应。贝叶斯主义者的反应同样令人失望，正如西姆斯（Sims，1987：54）所示，他在注意到了不确定情境下在不同程度信心之间的不连贯性、人类计算能力的严重局限性以及在决策理论中贝叶斯法在近似描述方面的粗糙性后，他仍然坚持：

> 然而，这不能让我们合理接受这样一种观念，并将这种观念视为科学工作的标准做法——这种观念是：对我们而言，想要赋给某些事物的不确定性以一个概率分布，似乎过于"心理化"、"含糊不清"或"异想天开"。

56

六、战略研究，无知和概率

对实证经济研究结果的不满，也可以引发对新研究策略的创新探索。亨德里和他的同事成功倡导了一种崭新的、包含"渐进研究"过程的检验，这是对过去失败回应中的一个突出例子。在过去十年左右的时间里，这一过程在经济学家中变得非常流行，因此，尽管只是简单的讨论，但在这个过程之中探索的是如何处理"无知"和不精确的概率，似乎是合理的——尤其是当涉及新的术语和概念以及作为正式的概率因素仍然很重要的时候。其他讨论包括：比其他稳健性处理方法更为突出［莫斯特勒和图基（Mosteller，Tukey），1977］，"批评"［博克斯（Box），1979］，敏感性和影响［库克和韦斯伯格（Cook，Weisberg），1982］，等等。

令人惊讶的是，鉴于上文提到的大量批评，亨德里的研究项目专注于检验：

> 如果所有实证研究都能提供大幅改进的检验信息，使读者可以正确判断置信度，那么就可以取得更快的进展。计量经济学的三个黄金法则是检验、检验和检验。幸运的是，在经验应用中定期打破这三条规则一事是很容易解决的。经严格检验的模型，充分描述了现有数据、涵盖了先前的研究成果并源于基础牢固的理论，将大大强化所有的科学断言。（亨德里，1980：403；重点补充）

这种"对武器的呼唤"需要可用的可靠证据、对检验的乐观态度（在检验中，对"严格"的明确承诺肯定会涉及某种类型的概率框架）以及一些假定——我们的替代理论和研究结果，在标准模型范围内且数据以熟悉的形式（出现）时，是可以用共同标准来衡量的（例如，均匀分布的季度观测）。此外，该计划的成功实施与"科学的"研究人员有关，也与渐进的、为共识所接受的连续发现有关。传统的对于替代性经济解释的拒绝（"理论拒绝"）将通过"包含"机制，被"修正模型"所取代。该机制是一种改进的实证研究策略，专门用于强化实证检验的传统——这种实证检验具有更高的要求：一个模型应该能够解释或说明从竞争模型中得到的结果（亨德里，1988：88）。

事实上，亨德里及其同事认为，这种包含（机制）不仅仅是简单地加强了研究实践。相反，它被视为"非实验主体中一个有用模型的基本要求"［戴维森（Davidson）等，1978：395—396；重点补充］和：

> 如果经济学要取得进步，并且是科学的，那么其实践者必须只接受特定的新理论——这能够解释为什么以前的理论曾经被认为是充分的，

而为什么它们现在不再适用了。[米曾（Mizon），1979：25，重点补充]

采纳包含（机制）和这个新过程中的其他策略成分是不切实际的，其旨在将计量经济学家从他们过去不科学行为的"荒野"中解救出来——在过去，他们被其面临的无数问题所湮没，并专注于统计估计的封闭式问题（米曾，1979：12—13）。（请注意上面引用的强烈禁令，这是用来防止任何追随者与正确的道路偏离太远！）显然，尽管（我们）坚定表达了这些观点，却仍然要问，即使计量经济学家们遵循这个研究计划，他们是否会愿意面对非科学的未来？以及实际情况被转化为大多数实证研究后，其过程在事实上是否是严格的并且有助于理解经济现象？从我们的角度来看，似乎无知和明确定义概率的缺乏，可能会对任何相关评估产生重要影响。

与哈维默一样，亨德里将概率置于经济学中所有有效建模过程的核心——从建模框架的基本结构和统计检验这两个角度而言。他对变量的划分（就其假定的统计特性而言）和对参数化的关注也有类似的认识。其研究项目的理论模式始于"数据生成过程"——一个不变的有代表性的参数概念，以及关于观察时间序列背景的假设（亨德里，1983：195—196）：

> 假设存在一个随机过程，其产生的所有变量都是且都/或者被认为是相关的……我假设确实存在一个"元参数"，它表征过程中相对恒定的变量。假设这个机制随着时间的推移有次序地生成结果。

在这种模式中，亨德里重新进行参数化以消除变量，直到获得作用于其他外生变量且产生于一小部分剩余变量（内生变量）的最终条件。亨德里（1983：197）用简单的实用术语，概括说明了这种再参数化背后的原理：

> 最终导出的参数是否有用，将取决于它们与基础参数的关系，包括

恒定性、可解释性等特征。

　　尽管概率语言用于描述数据生成过程，但其初始规范似乎与概率的任何特定哲学概念几乎没有关系。此外，关于决定随机过程的相应密度函数形状（平滑性、可微分性、范围、概率法则等）的任何因素的主要信息来源尚不清楚——尽管一如既往，如果正态性在部分简化的形式下（还可以）推导出线性特性，那么普遍存在的正态性将会（使一切处理起来）都很方便，这通常是统计分析的关注中心。

　　修改是针对这种简化形式的，其衍生错误的分布必须既要反映当前又要反映过去的模型操作和任何策略选择、有缺陷和不完整测量的严重后果、来自对任何早期统计指标处理的一些主观因素（例如，显著性水平的临界值，以及此前已经应用的检验顺序）以及许多其他影响——"与原始数据产生过程（Data Generation Process，DGP）任何假定的'自主冲击'相差甚远"（亨德里，1983：197）。事实上，正如布拉德利（Bradley）对遗漏和奇怪分布的探索一样，我们感到不安的是，我们完全不了解任何这些分布的先验信息。

　　当然，这些误差分布不能通过白噪声处理，或通过与似然比率一起被探索的自回归移动平均设定很好地表示出来。相反，亨德里会争辩说，合适的设定似乎应该具有简单分布。他需要在备选残差集之间，寻找系统的拟合优度，并且进行交互式搜索（"多次试错"）——这一过程主要关注残余自相关和异方差的减少，甚至引用（明显无效的）对标准误差、误差方差和其他诊断的估计，但总是受到重要的限制：

　　　　与参数估计一起报告的检验统计的数值，通常用于证明设计的恰当性（或其他）……而不是模型本身……因此，在模型经过严格的新证据检验之前，无论这些看起来多么"令人愉悦"，太过重视其推论都是

很危险的。（亨德里，1983：199）

这个尝试类似于在扭曲的镜子中寻找合适的姿势，然后在第二个扭曲的镜子中检查所选择的姿势并进行确认。

他们的支持者反复将新的研究策略与所需要的严格检验联系起来，但是，如果无法更好认识到无知，就不可能通过合理的概率基础进行严格检验。我们只是从一个扭曲转移到另一个扭曲！从"模型"到"设计"，在语言上的简单改变是误导性的——认识到一个重大缺陷，同时掩盖其压倒性的重要性——而且我们仍然留下了一系列带有偏见的经验拟合。对存在于我们经济理论中的先验限制的外生性（"有效条件"）常见检验，以及对参数不变性的常见检验，都可能带来类似的抱怨，因为所有统计检验都高估了我们将易操作且合适的概率具体化的一般能力，并且高估了对我们建立所谓概率（必须影响对实证研究结果的解释，至少与经常引用的经济理论一样多）的意愿。

除了这些新研究过程中令人不满意的方面之外，对信息和"证据"的英雄式处理仍然存在，好像它们可以被计量经济学家完全整合到正式建模过程中，可能是为了避免在对已确认结果的呈现中出现明显不一致的情况（埃里克森和亨德里，1989：13；亨德里，1988：88）。同样，很难不得出这样的结论，只有当我们将更多的资源用于思考概率而不是计算它们时，并因此不再在实证研究中自欺欺人时，我们才能克服这种不一致性。

第四节 结束语：皇帝的"新装"

通过回顾著名经济学家对不确定性这一经济理论不约而同表现出不安的这一事实，我们确定了经济学家应如何摆脱固有观念的桎梏，并用怀疑主义方式对其进行审视。经济学家通常是朝着对证据、人类的判断、进化或是关于经济情况千变万化的观念（包括直接承认无知和概率的缺失）更加现实主义表述的方向前进，并朝着深刻怀疑熟悉概念的方向而前进。这些观念要求重新审视风险事件，并要求掌握比通常可供经济代理人使用的更多的信息。希克斯（1979：121，标注重点的部分）对理论经济学家和计量经济学家视角转变所造成的主要影响进行了成熟的总结：

> "统计"或"随机"方法的有用性……比传统所被认为的要少得多。我们不应该自动转向它们；在我们应用之前，应该经常问自己：这一方法是否有利于解决当前面对的问题？答案通常是否定的。

这一建议，在理想情况下，可能会动摇这种专制的平静和错误的胜利（杰文斯，1871）。毕竟默认选择依从惯例而对其实质不进行过多思考这一现象时常发生。对基本假设进行更深刻的思考，给经济学带来的潜在影响是可以形成更清晰的讨论基础，无论是讨论经济学进展还是将其作为一门关注相关性、经济理论价值或实证基础的科学。

在计量经济学中，过去十年左右，激进的重新评估已经开始尝试大量纠正过去半个世纪研究实践中被提及的缺陷，对大多数概率处理提出质疑似乎是明智的。概率的共同语言和符号掩盖了一种令人极其不安的情况，其中便利性和熟悉性常常压倒对估计和推理的估值，因此研究（一直在）追逐阴影，而不是经济现象的实质。在这种现象背景下，澄清不确定性，无知和各种概率概念，明显需要我们比学科历史中付出更多的努力。尽管有许多相反的自信的断言，经济学还并未接受其概率革命——我们仍然有一些激进的转型方式值得追求！

参考文献

J. 奥尔德里奇：《自治》，《牛津经济论文集》1989 年第 1 期，第 15—34 页。

Aldrich, J. (1989), 'Autonomy', *Oxford Economic Papers*, 41: 15-34.

F. J. 安斯科姆：《最小二乘法拟合的线性关系研究》，《皇家统计学会学报》1967 年第 1 期，第 1—52 页。

Anscombe, F. J. (1967), 'Topics in the Investigation of Linear Relations Fitted by the Method of Least Squares', *Journal of the Royal Statistical Society*, B29: 1-52.

K. J. 阿罗：《风险承担情境中选择理论的替代方法》，《计量经济学》1951 年第 4 期，第 404—437 页。再版于 K. J. 阿罗：《风险承担理论文集》，北荷兰出版社 1971 年版，文章 1。

Arrow, K. J. (1951), 'Alternative Approaches to the Theory of Choice in Risk-Taking Situations', *Econometrica*, 19: 404-37. Reprinted in K. J. Arrow (1971), *Essays in the Theory of Risk-Bearing*, Amsterdam: North-Holland, Essay 1.

K. J. 阿罗、L. 赫维茨：《无知下决策的最优标准》，载 C. F. 卡特、J. L. 福特编辑：《计量经济学中的不确定性和预期》，奥古斯都·凯利出版社 1972 年版，第 1—11 页。

Arrow, K. J., and L. Hurwicz (1972), 'An Optimality Criterion for Decision-Making Under Ignorance', in C. F. Carter and J. L. Ford (eds), *Uncertainty and Expectations in Economica*, New Jersey: Augustus Kelley, pp. 1-11.

T. A. 班克罗夫特：《显著性初步检验导致的估计误差》，《数学统计年鉴》1944 年第 2 期，第 190—204 页。

Bancroft, T. A. (1944), 'On Biases in Estimation Due to the Use of Preliminary Tests of Significance', *Annals of Mathematical Statistics*, 15: 190-204.

G. E. P. 博克斯：《统计学和日常生活中的一些问题》，《美国统计协会杂志》1979 年第 365 期，第 1—4 页。

Box, G. E. P. (1979), 'Some Problems of Statistics and Everyday Life', *Journal of the American Statistical Association*, 74: 1-4.

J. V. 布拉德利：《一种有利于异常分布形态的普遍情况》，《美国统计学家》1977 年第 4 期，第 147—150 页。

Bradley, J. V. (1977), 'A Common Situation Conducive to Bizarre Distribution Shapes', *The American Statistician*, 31: 147-50.

D. T. 坎贝尔：《社会科学方法论与认识论·论文集》，芝加哥大学出版社 1988年版。

Campbell，D. T.（1988），*Methodology and Epistemology for Social Science*，*Selected Papers*，Chicago：University of Chicago Press.

C. F. 卡特、G. P. 梅瑞迪斯、G. L. S. 沙克尔编辑：《不确定性和商业决策》，利物浦大学出版社 1957 年版。

Carter，C. F. and G. P. Meredith and G. L. S. Shackle（eds）（1957），*Uncertainty and Business Decisions*，Liverpool：Liverpool University Press.

R. P. 卡弗：《针对统计显著性检验的情况》，《哈佛教育评论》1978 年第 3 期，第 378—399 页。

Carver，R. P.（1978），'The Case Against Statistical Significance Testing'，*Harvard Educational Review*，48（3）：378-99.

R. D. 库克、S. 韦斯伯格：《回归中的残差与影响》，查普曼和霍尔出版公司1982 年版。

Cook，R. D. and S. Weisberg（1982），*Residuals and Influence in Regression*，London：Chapman and Hall.

D. A. 科克斯：《显著性检验的作用》，《斯堪的纳维亚统计杂志》1977 年第 1期，第 49—70 页。

Cox，D. A.（1977），'The Role of Significance Tests'，*Scandinavian Journal of Statistics*，4：49-70.

J. E. H. 戴维森等：《英国消费者支出与收入之间加总时间序列关系的计量经济模型》，《经济学报》1978 年第 352 期，第 661—692 页。

Davidson，J. E. H.，D. F. Hendry，F. Srba and J. S. Yeo（1978），'Econometric Modelling of the Aggregate Time-Series Relationship Between Consumers' Expenditure and Income in the United Kingdom'，*Economic Journal*，88：661-92.

A. P. 登普斯特：《由多值映射引起的概率上下阈值》，《数学统计年鉴》1967年第 2 期，第 325—339 页。

Dempster，A. P.（1967），'Upper and Lower Probabilities Induced by a Multivalued Mapping'，*Annals of Mathematical Statistics*，38：325-39.

A. P. 登普斯特：《概率、证据和判断》，载 J. M. 博纳多等编辑：《贝叶斯统计》第 2 册，北荷兰出版社 1985 年版，第 119—132 页。

Dempster, A. P. (1985), 'Probability, Evidence and Judgement', in J. M. Bernardo, M. H. DeGroot, D. V. Lindley and A. F. Smith (eds), *Bayesian Statistics*, 2, Amsterdam: North-Holland, 119-32.

J. 德宾：《统计与统计科学》，《皇家统计科学杂志》1987 年第 3 期，第 177—191 页。

Durbin, J. (1987), 'Statistics and Statistical Science', *Journal of the Royal Statistical Science*, A150 (3): 177-91.

J. 德宾：《是否可以实现统计学的哲学共识?》，《计量经济学杂志》1988 年第 1 期，第 51—61 页。

Durbin, J. (1988), 'Is a Philosophical Consensus for Statistics Attainable?', *Journal of Econometrics*, 37: 51-61.

M. 埃德曼：《加入独立的证据》，载《形式、道德和其他有意义与无意义的问题：致苏林·哈尔登的文章》，C. W. K 出版社 1973 年版，第 180—191 页。

Edman, M. (1973), 'Adding Independent Pieces of Evidence', in *Modality, Morality and Other Problems of Sense and Nonsense: Essays Dedicated to Soren Hallden*, Lund: C. W. K. Gleerup, 180-91.

N. R. 埃里克森、D. F. 亨德里：《包含的和理性的预期：连续的确证如何暗示反驳》，1989 年国际金融讨论文件第 354 号，联邦储备系统理事会，华盛顿。

Ericsson, N. R. and D. F. Hendry (1989), *Encompassing and Rational Expectations: How Sequential Corroboration Can Imply Refutation*, International Finance Discussion Paper No. 354, Board of Governors of the Federal Reserve System, Washington.

J. St B. T. 埃文斯：《人类推理中的偏见：原因与后果》，劳伦斯·埃瑞鲍姆出版社 1989 年版。

Evans, J. St B. T. (1989), *Bias in Human Reasoning: Causes and Consequences*, London: Lawrence Eribaum Associates.

W. 费尔纳：《概率和利润》，欧文出版社 1965 年版。

Fellner, W. (1965), *Probability and Profit*, Homewood, Illinois: Irwin.

61

P. 费耶拉本德：《自由社会的科学》，科罗维出版社 1978 年版。

Feyerabend, P. (1978), *Science in a Free Society*, London：Verso.

P. 费耶拉本德：《经验主义问题》，剑桥大学出版社 1981 年版。

Feyerabend, P. (1981), *Problems of Empiricism*, Cambridge：Cambridge University Press.

P. S. 弗洛伦斯：《经济学和社会科学中统计方法的障碍——聚焦于英格兰》，载 A. 阿钦斯坦等：《纪念威斯利·克莱尔·米切尔的经济论文集》，哥伦比亚大学出版社 1935 年版，第 133—146 页。

Florence, P. S. (1935), 'Obstacles to the Statistical Approach in Economics and the Social Sciences with Special Reference to England', in A. Achinstein et al., *Economic Essays in Honor of Wesley Clair Mitchell*, New York：Columbia University Press, pp. 133-46.

J. L. 福特：《G. L. S. 沙克尔，1903— 》，载 D. 格里那韦、J. R. 普雷斯利编辑：《英国现代经济学先驱》第 2 卷，圣马丁出版社 1989 年版，第 2 章。

Ford, J. L. (1989), 'G. L. S. Shackle, 1903 -', in D. Greenaway and J. R. Presley (eds), *Pioneers of Modern Economics in Britain*, vol. 2, New York：St Martin's Press, ch. 2.

K. A. 福克斯：《农产品需求的结构分析和测量：估计方法选择中的前瞻性、洞察力和感悟》，载 R. H. 戴编辑：《经济分析和农业政策》，爱荷华州立大学出版社 1982 年版，第 10 章。

Fox, K. A. (1982), 'Structural Analysis and the Measurement of Demand for Farm Products：Foresight, Insight, and Hindsight in the Choice of Estimation Techniques', in R. H. Day (ed.), *Economic Analysis and Agricultural Policy*, Ames：Iowa State University Press, ch. 10.

P. 盖顿福斯：《预测、决策和不确定概率》，《认识》1979 年第 2 期，第 159—181 页。

Gardenfors, P. (1979), 'Forecasts, Decisions and Uncertain Probabilities', *Erkenntnis*, 14：159-81.

P. 盖顿福斯：《变化中的知识》，麻省理工学院出版社 1988 年版。

Gardenfors, P. (1988), *Knowledge in Flux*, Cambridge, MA：MIT Press.

P. 盖顿福斯、N. E. 萨林:《不可靠的概率、冒险和决策》,《综合杂志》1982年第 3 期,第 361—386 页。

Gardenfors, P. and N. E. Sahlin (1982), 'Unreliable Probabilities, Risk Taking and Decision Making', *Synthese*, 53: 361-86.

P. 盖顿福斯、N. E. 萨林:《决策、概率与效用:选定读物》,剑桥大学出版社1988 年版。

Gardenfors, P. and N. E. Sahlin (1988), *Decision*, *Probabililty and Utility*: *Selected Readings*, Cambridge: Cambridge University Press.

I. J. 古德:《对不可测量集合的衡量——主观概率》,载 E. 内格尔等编辑:《科学的逻辑、方法论和哲学》,斯坦福大学出版社 1962 年版,第 319—329 页。

Good, I. J. (1962), 'Subjective Probability as a Measure of a Nonmeasurable Set', in E. Nagel, P. Suppes and A. Tarski (eds), *Logic*, *Methodology and Philosophy of Science*, Stanford, CA: Stanford University Press, 319-29.

I. J. 古德:《证据权重:简要调查》,载 J. M. 博纳多等编辑:《贝叶斯统计 2》,北荷兰出版社 1985 年版,第 249—269 页。

Good, I. J. (1985), 'Weight of Evidence: A Brief Survey', in J. M. Bernardo, M. H. DeGroot, D. V. Lindley and A. F. M. Smith (eds), *Bayesian Statistics* 2, Amsterdam: North-Holland, 249-69.

L. 格特曼:《累计科学统计推断的不合逻辑性》,《应用随机模型和数据分析》1985 年第 1 期,第 3—10 页。

Guttman, L. (1985), 'The Illogic of Statistical Inference for Cumulative Science', *Applied Stochastic Models and Data Analysis*, 1: 3-10.

T. 哈维默:《计量经济学的概率方法》,《计量经济学》1944 年增刊,第 12 页。

Haavelmo, T. (1944), *The Probability Approach to Econometrics*, Supplement to *Econometrica*, 12.

P. 霍尔、B. 泽林格:《统计显著性:平衡证据与怀疑》,《澳大利亚统计杂志》1986 年第 3 期,第 354—370 页。

Hall, P. and B. Selinger (1986), 'Statistical Significance: Balancing Evidence Against Doubt', *Australian Journal of Statistics*, 28: 354-70.

O. F. 哈穆达、J. C. R. 罗利：《希克斯的时代——概率》，载 H. 哈格曼、O. F. 哈穆达编辑：《希克斯的遗产》，劳特利奇出版社 1994 年版。

Hamouda, O. F. and J. C. R. Rowley (1994), 'In Time with Hicks-Probability', in H. Hagemann and O. F. Hamouda (eds), *The Legacy of Hicks*, London：Routledge.

O. F. 哈穆达、J. C. R. 罗利：《隐性、不对称和共享信息：重新审视哈耶克的愿景》。论文在费城举办的 1993 年经济史学会年会上，进行汇报。

Hamouda, O. F., and J. C. R. Rowley (1993), *Tacit, Asymmetric and Shared Information：Hayek's Vision Revisited*. Paper represented at the Annual Conference of the History of Economics Society, Philadelphia.

F. A. 哈耶克：《货币理论与贸易周期》，凯利出版社 1933 年版，1966 年重印。

Hayek, F. A. (1933), *Monetary Theory and the Trade Cycle*, New York：Kelley Reprints, 1966.

F. A. 哈耶克：《经济与知识》，《计量经济学》1937 年第 1 期，第 33—54 页。

Hayek, F. A. (1937), 'Economics and Knowledge', *Economica*, 4：33-54.

F. A. 哈耶克：《解释度》，《英国科学哲学杂志》1955 年。再版于《哲学、政治和经济学研究》，芝加哥大学出版社 1967 年版，第 1 章。

Hayek, F. A. (1955), 'Degrees of Explanation', *British Journal for the Philosophy of Science*. Reprinted in *Studies in Philosophy, Politics and Economics*, Chicago：University of Chicago Press, 1967, ch. 1.

F. A. 哈耶克：《复杂现象理论》，载 M. 邦奇编辑：《科学与哲学的批判方法》，1964 年。《纪念 K. R. 波普尔文集》，纽约：自由新闻。再版于《哲学、政治学和经济学研究》，芝加哥大学出版社 1967 年版，第 2 章。

Hayek, F. A. (1964), 'The Theory of Complex Phenomena', in M. Bunge (ed.), *The Critical Approach to Science and Philosophy. Essays in Honor of K. R. Popper*, New York：The Free Press. Reprinted in *Studies in Philosophy, Politics and Economics*, Chicago：University of Chicago Press, 1967, ch. 2.

F. A. 哈耶克：《凯恩斯的个人回忆与"凯恩斯主义革命"》，《东方经济学家》，1966 年。再版于《哲学、政治学、经济学和思想史新论》，芝加哥大学出版社 1978 年版，第 18 章。

Hayek, F. A. (1966), 'Personal Recollections of Keynes and the "Keynesian Revolution"', *The Oriental Economist*. Reprinted in *New Studies in Philosophy*, *Politics*, *Economics and the History of Ideas*, Chicago: University of Chicago Press, 1978, ch. 18.

F. A. 哈耶克:《竞争,作为一个发现的过程》,1968 年。再版于《哲学、政治学、经济学和思想史新论》,芝加哥大学出版社 1978 年版,第 12 章。

Hayek, F. A. (1968), 'Competition as a Discovery Process'. Reprinted in *New Studies in Philosophy*, *Politics*, *Economics and the History of Ideas*, Chicago: University of Chicago Press, 1978, ch. 12.

F. A. 哈耶克:《建构主义的错误》,1970 年。在萨尔茨堡的巴黎—洛德隆大学的就职演讲。再版于《哲学、政治学、经济学和思想史新论》,芝加哥大学出版社 1978 年版,第 1 章。

Hayek, F. A. (1970), 'The Errors of Constructivism'. Inaugural Lecture at the Paris-Lodron University of Salzburg. Reprinted in *New Studies in Philosophy*, *Politics*, *Economics and the History of Ideas*, Chicago: University of Chicago Press, 1978, ch. 1.

F. A. 哈耶克:《知识的借口》,1974 年。诺贝尔纪念讲座,再版于《哲学、政治学、经济学和思想史新论》,芝加哥大学出版社 1978 年版,第 2 章。

Hayek, F. A. (1974), 'The Pretence of Knowledge'. *Nobel Memorial Lecture. Reprinted in New Studies in Philosophy*, *Politics*, *Economics and the History of Ideas*, Chicago: University of Chicago Press, 1978, ch. 2.

D. F. 亨德里:《计量经济学——炼金术还是科学?》,《经济学刊》1980 年第 188 期,第 387—406 页。

Hendry, D. F. (1980), 'Econometrics-Alchemy or Science?', *Economica*, 47: 387-406.

D. F. 亨德里:《计量经济模型:回溯视角的"消费函数"》,《苏格兰政治经济学杂志》1983 年第 3 期,第 193—230 页。

Hendry, D. F. (1983), 'Econometric Modelling: The "Consumption Function" in Retrospect', *Scottish Journal of Political Economy*, 30: 193-230.

D. F. 亨德里:《计量经济学方法论:个人观点》,载 T. F. 比利编辑:《计量经济学进展:第五届世界大会》第 2 卷,剑桥大学出版社 1987 年版,第 10 章。

Hendry, D. F. (1987), 'Econometric Methodology: A Personal Perspective', in T. F. Bewley (ed.), *Advances in Econometrics: Fifth World Congress*, vol. 2,

62

Cambridge：Cambridge University Press，ch. 10.

D. F. 亨德里：《包含》，《国家研究所经济评论》1988 年第 125 卷，第 88—103 页。

Hendry D. F.（1988），'Encompassing'，*National Institute Economic Review*，125：88-103.

D. F. 亨德里等：《关于计量经济学方法论的对话》，《计量经济学理论》1990 年第 2 期，第 171—261 页。

Hendry，D. F.，E. E. Learner and D. J. Poirier（1990），'A Conversation on Econometric Methodology'，*Econometric Theory*，6：171-261.

D. F. 亨德里、M. S. 摩根：《对汇流分析的重新分析》，《牛津经济论文》1989 年第 1 期，第 35—52 页。

Hendry，D. F. and M. S. Morgan（1989），'A Re-analysis of Confluence Analysis'，*Oxford Economic Papers*，41：35-52.

J. R. 希克斯：《不确定性和利润理论》，《经济学刊》1931 年第 32 期，第 170—189 页。

Hicks，J. R.（1931），'The Theory of Uncertainty and Profit'，*Economica*，11：170-89.

J. R. 希克斯：《简化货币理论的建议》，《经济学刊》1935 年第 5 期，第 1—19 页。

Hicks，J. R.（1935），'A Suggestion for Simplifying the Theory of Money'，*Economica*.

J. R. 希克斯：《流动性》，《经济学杂志》1962 年。

Hicks，J. R.（1962），'Liquidity'，*Economic Journal*.

J. R. 希克斯：《两个三位一体》，《货币理论批判性文集》，克拉伦登出版社 1967 年版。

Hicks，J. R.（1967a），'The Two Triads'，*Critical Essays in Monetary Theory*，Oxford：Clarendon Press.

J. R. 希克斯：《投资组合选择的纯粹理论》，《货币理论批判性文集》，克拉伦登出版社 1967 年版。

Hicks，J. R.（1967b），'The Pure Theory of Portfolio Selection'，*Critical Essays in*

Monetary Theory, Oxford：Clarendon Press.

J. R. 希克斯：《货币理论与历史——一个视角的尝试》，《货币理论批判性文集》，克拉伦登出版社 1967 年版。

Hicks，J. R.（1967c），'Monetary Theory and History-An Attempt at Perspective'，*Critical Essays in Monetary Theory*，Oxford：Clarendon Press.

J. R. 希克斯：《经济史理论》，牛津大学出版社 1969 年版。

Hicks，J. R.（1969），*A Theory of Economic History*，Oxford：Oxford University Press.

J. R. 希克斯：《经济学中的"革命"》，载 S. 拉齐斯编辑：《经济学方法与评价》，剑桥大学出版社 1976 年版。再版于《约翰·希克斯的经济学》，布莱克韦尔出版社 1984 年版。

Hicks，J. R.（1976），'"Revolutions" in Economics'，in S. Latsis（ed.），*Method and Appraisal in Economics*，Cambridge：Cambridge University Press. Reprinted in *The Economics of John Hicks*，Oxford：Blackwell，1984.

J. R. 希克斯：《风险理论中的灾难点》，《经济学观点》，克拉伦登出版社 1977 年版。

Hicks，J. R.（1977），'Disaster Point in Risk Theory'，*Economic Perspectives*，Oxford：Clarendon Press.

J. R. 希克斯：《经济学中的因果关系》，布莱克韦尔出版社 1979 年版。

Hicks，J. R.（1979），*Causality in Economics*，Oxford：Blackwell.

J. R. 希克斯：《概论：伦敦政治经济学院和罗宾斯循环》，《金钱、利息和薪酬》，哈佛大学出版社 1982 年版，第 1 章。

Hicks，J. R.（1982），'Introductory：LSE and the Robbins Circle'，*Money*，*Interest and Wages*，Cambridge，MA：Harvard University Press，ch. 1.

J. R. 希克斯：《经济学是科学吗?》，《跨学科科学评论》1984 年第 3 期，第 213—219 页。

Hicks，J. R.（1984），'Is Economics a Science?'，*Interdisciplinary Science Reviews*，9：213—19.

J. R. 希克斯：《货币市场理论》，克拉伦登出版社 1989 年版。

Hicks，J. R. (1989)，*A Market Theory of Money*，Oxford：Clarendon Press.

W. S. 杰文斯：《政治经济学理论》，麦克米伦出版社 1871 年版。

Jevons，W. S. (1871)，*The Theory of Political Economy*，London：Macmillan.

A. 乔林克、J. 廷伯根：《R. J. 爱泼斯坦的〈计量经济学史〉的书评》，《经济思想史杂志》1991 年第 1 期，第 116—117 页。

Jolink，A. and J. Tinbergen (1991)，' Review of " A History of Econometrics " by R. J. Epstein '，*Journal of the History of Economic Thought*，13：116-17.

D. 卡内曼等：《不确定性下的判断：启发法和偏见》，剑桥大学出版社 1982 年版。

Kahneman，D.，P. Slovic and A. Tverskey (1982)，*Judgment Under Uncertainty：Heuristics and Biases*，Cambridge：Cambridge University Press.

R. E. 卡尔曼：《对动态经济模型的一个系统—理论批判》，《政策分析与信息系统国际期刊》1980 年第 1 期，第 3—22 页。

Kalman，R. E. (1980)，' A System-Theoretic Critique of Dynamic Economic Models '，*International Journal of Policy Analysis and Information Systems*，4：3-22.

R. E. 卡尔曼：《计量经济学中的可识别性和模型》，载 P. R. 克里什纳哈编辑：《统计发展》第 4 卷，学术出版社 1983 年版，第 2 章。

Kalman，R. E. (1983)，' Identifiability and Modeling in Econometrics '，in P. R. Krishnaiah (ed.)，*Developments in Statistics*，vol. 4，New York：Academic Press，ch. 2.

D. 凯尔西：《对主观预期效用的无知或替代的调查》，1988 年经济理论讨论文章第 125 号，剑桥大学。

Kelsey，D. (1988)，*A Survey of Ignorance or Alternatives to Subjective Expected Utility*，Economic Theory Discussion Paper No. 125，Cambridge University.

D. 凯尔西、J. 奎根：《面纱背后：无知和不确定性下的选择理论调查》，1989 年经济学和计量经济学工作论文第 183 号，澳大利亚国立大学。

Kelsey，D. and J. Quiggan (1989)，*Behind the Veil：A Survey of Theories of Choice Under Ignorance and Uncertainty*，Working Papers in Economics and Econometrics，No. 183，Australian National University.

J. M. 凯恩斯:《概率论》,麦克米伦出版社 1921 年版。

Keynes, J. M. (1921), *A Treatise on Probability*, London: Macmillan.

L. R. 克莱因:《玛丽·S. 摩根〈计量经济学思想史〉书评》,《经济思想史杂志》1991 年第 2 期,第 273—275 页。

Klein, L. R. (1991), 'Review of "The History of Econometric Ideas" by Mary S. Morgan', *Journal of the History of Economic Thought*, 13: 273-5.

F. H. 奈特:《风险、不确定性和利润》,霍顿·米弗林出版社 1921 年版。

Knight, F. H. (1921), *Risk, Uncertainty and Profit*, Boston: Houghton Mifflin.

B. O. 库普曼:《直觉概率的公理与代数》,《数学年鉴》1940 年第 2 期,第 269—292 页。

Koopman, B. O. (1940a), 'The Axioms and Algebra of Intuitive Probability', *Annals of Mathematics*, 41: 269-92.

B. O. 库普曼:《概率的基础》,《美国数学学会公报》1940 年第 46 期,第 763—774 页。

Koopman, B. O. (1940b), 'The Bases of Probability', *Bulletin of the American Mathematical Society*, 46: 763-74.

B. O. 库普曼:《直觉概率和序列》,《数学年鉴》1941 年第 42 期,第 169—187 页。

Koopman, B. O. (1941), 'Intuitive Probability and Sequences', *Annals of Mathematics*, 42: 169-87.

W. 克鲁斯卡尔、R. 梅杰斯:《近期科学文献中相对重要的概念》,《美国统计学家》1989 年第 1 期,第 2—6 页。

Kruskal, W. and R. Majors (1989), 'Concepts of Relative Importance in Recent Scientific Literature', *The American Statistician*, 43: 2-6.

H. E. 基尔堡:《概率和理性信念的逻辑》,卫斯理大学出版社 1961 年版。

Kyburg, H. E. (1961), *Probability and the Logic of Rational Belief*, Middletown, CT: Wesleyan University Press.

E. E. 勒纳:《让我们把诡计从计量经济学中拿出来》,《美国经济评论》1983 年第 1 期,第 31—43 页。

63

Learner, E. E. (1983), 'Let's Take the Con Out of Econometrics', *The American Economic Review*, 73: 31-43.

E. E. 勒纳：《计量经济隐喻》，载 T. F. 比利编辑：《计量经济学进展：第五届世界大会》第 2 卷，剑桥大学出版社 1987 年版，第 9 章。

Learner, E. E. (1987), 'Econometric Metaphors', in T. F. Bewley (ed.), *Advances in Econometrics: Fifth World Congress*, vol. 2, Cambridge: Cambridge University Press, ch. 9.

S. F. 勒罗伊、L. D. 辛格：《奈特对于风险和不确定性的观点》，《政治经济学杂志》1987 年第 2 期，第 394—406 页。

LeRoy, S. F. and L. D. Singell (1987), 'Knight on Risk and Uncertainty', *Journal of Political Economy*, 95: 394-406.

I. 利维：《探究背景下的潜在惊奇》，载 C. F. 卡特、J. L. 福特编辑：《经济学的不确定性和预期》，布莱克韦尔出版社 1972 年版，第 213—236 页。

Levi, I. (1972), 'Potential Surprise in the Context of Inquiry', in C. F. Carter and J. L. Ford (eds), *Uncertainty and Expectation in Economics*, Oxford: Blackwell: 213-36.

I. 利维：《论不明确概率》，《哲学杂志》1974 年第 13 期，第 391—418 页。

Levi, I. (1974), 'On Indeterminate Probabilities', *Journal of Philosophy*, 71: 391-418.

I. 利维：《知识企业》，麻省理工学院出版社 1980 年版。

Levi, I. (1980), *The Enterprise of Knowledge*, Cambridge, MA: MIT Press.

D. N. 麦克洛斯基：《被误解的损失函数：显著性测试的修辞》，《美国经济评论》1985 年第 2 期，第 201—205 页。

McCloskey, D. N. (1985), 'The Loss Function Has Been Mislaid: The Rhetoric of Significance Tests', *American Economic Review*, 75: 201-5.

J. 马克沙克：《流动性在完备和不完备信息下的作用》，《美国经济评论》1949 年第 2 期，第 182—195 页。

Marschak, J. (1949), 'Role of Liquidity Under Complete and Incomplete Information', *American Economic Review*, 39 (2): 182-95.

J. 马克沙克：《社会科学中的概率》，载 P. F. 拉扎斯菲尔德编辑：《社会科学中的数学思维》，自由出版社 1954 年版，第 166—215 页。再版于 J. 马克沙克：《经济信息、决策和预测》第一卷，里德尔出版社 1974 年版，文章 4。

Marschak, J. (1954), 'Probability in the Social Sciences', in P. F. Lazarsfeld (ed,), *Mathematical Thinking in the Social Sciences*, New York：The Free Press, 166-215. Reprinted in J. Marschak (1974), *Economic Information, Decision and Prediction*, vol. 1, Boston：Reidel, Essay 4.

G. E. 米曾：《计量经济学：希望之光，还是阴霾?》，南安普顿大学就职演讲。经济学系 1979 年第 8109 号讨论文章。

Mizon, G. E. (1979), *Econometrics：A Ray of Hope, or Dismal Too?*, Inaugural Lecture, University of Southampton. Issued as Discussion Paper No. 8109, Department of Economics.

M. S. 摩根：《无概率统计和哈维默在计量经济学中的革命》，载 L. 克鲁格等编辑：《概率革命》第 2 卷，《科学理念》，麻省理工学院出版社 1990 年版，第 8 章。

Morgan, M. S. (1990), 'Statistics Without Probability and Haavelmo's Revolution in Economet-rics', in L. Kruger, G. Gigerenzer and M. S. Morgan (eds), *The Probabilistic Revolution*, vol. 2, *Ideas in Sciences*, Cambridge, MA：MIT Press, ch. 8.

F. 莫斯特勒、J. W. 图基：《数据分析与回归》，韦斯利出版公司 1977 年版。

Mosteller, F. and J. W. Tukey (1977), *Data Analysis and Regression*, Reading, MA：Addison-Wesley.

A. R. 帕甘：《评估模型：L. G. 戈弗雷〈计量经济学中的误设定检验〉评论》，《计量经济学理论》1990 年第 2 期，第 273—281 页。

Pagan, A. R. (1990), 'Evaluating Models：A Review of L. G. Godfrey "Misspecification Tests in Econometrics'"', *Econometric Theory*, 6：273-81.

G. 拉德尼茨基、W. W. 巴特利：《进化论认识论、理性和知识的社会学》，公开法庭出版社 1987 年版。

Radnitzky, G. and W. W. Bartley (1987), *Evolutionary Epistemology, Rationality and the Sociology of Knowledge*, La Salle, IL：Open Court.

N. E. 萨林：《如何 100% 确定时间的 99.5%》，《哲学杂志》1986 年第 2 期，第 91—111 页。

Sahlin，N. E. (1986)，'How to be 100% Certain 99. 5% of the Time'，*Journal of Philosophy*，83：91-111.

G. L. S. 沙克尔：《经济学预期》，剑桥大学出版社 1949 年版。

Shackle，G. L. S. (1949)，*Expectation in Economics*，Cambridge：Cambridge University Press.

G. L. S. 沙克尔：《经济学中的时间》，剑桥大学出版社 1958 年版。

Shackle，G. L. S. (1958)，*Time in Economics*，Cambridge：Cambridge University Press.

G. L. S. 沙克尔：《高等理论年代》，剑桥大学出版社 1967 年版。

Shackle，G. L. S. (1967)，*The Years of High Theory*，Cambridge：Cambridge University Press.

G. L. S. 沙克尔：《认识论与经济学》，剑桥大学出版社 1972 年版。

Shackle，G. L. S. (1972)，*Epistemics and Economics*，Cambridge：Cambridge University Press.

G. L. S. 沙克尔：《想象力与选择的本质》，爱丁堡大学出版社 1979 年版。

Shackle，G. L. S. (1979)，*Imagination and the Nature of Choice*，Edinburgh：Edinburgh University Press.

G. L. S. 沙克尔：《决策》，《经济学研究杂志》1986 年第 5 期，第 58—62 页。

Shackle，G. L. S. (1986)，'Decision'，*Journal of Economic Studies*，13（5）：58-62.

G. 谢弗：《数学理论的证据》，普林斯顿大学出版社 1976 年版。

Shafer，G. (1976)，*A Mathematical Theory of Evidence*，Princeton：Princeton University Press.

G. 谢弗：《建设性概率》，《综合》1981 年第 1 期，第 1—60 页。

Shafer，G. (1981)，'Constructive Probability'，*Synthese*，48：1-60.

H. A. 西蒙：《统计检验作为"是—否"选择的基础》，《美国统计学会合刊》1945 年第 229 期，第 80—84 页。

Simon，H. A. (1945)，'Statistical Tests as a Basis for "Yes—No" Choices'，*Journal of the American Statistical Association*，40：80-4.

H. A. 西蒙：《发现的模型》，D. 赖德尔出版社 1977 年版。

Simon，H. A.（1977），*Models of Discovery*，Dordrecht：D. Reidel.

C. A. 西姆斯：《让经济学变得可信》，载 T. F. 比利编辑：《计量经济学的进展：第五届世界大会》第 2 卷，剑桥大学出版社 1987 年版，第 11 章。

Sims，C. A.（1987），'Making Economics Credible'，in T. F. Bewley（ed.），*Advances in Econometrics：Fifth World Congress*，vol. 2，Cambridge：Cambridge University Press，ch. 11.

C. A. B. 史密斯：《统计推断与决策的一致性》，《皇家统计学会期刊》B 辑 1961 年第 1 期，第 1—37 页。

Smith，C. A. B.（1961），'Consistency in Statistical Inference and Decision'，*Journal of the Royal Statistical Society*，B23：1-37.

C. A. B. 史密斯：《个人概率与统计分析》，《皇家统计学会期刊》A 辑 1965 年第 4 期，第 469—499 页。

Smith，C. A. B.（1965），'Personal Probabilities and Statistical Analysis'，*Journal of the Royal Statistical Society*，A128：469-99.

L. C. 瑟罗：《危险的现状：经济状况》，兰登书屋 1983 年版。

Thurow，L. C.（1983），*Dangerous Currents：The State of Economics*，New York：Random House.

C. 维勒加斯：《关于无知的表现》，《美国统计协会合刊》1977 年第 359 期，第 651—654 页。

Villegas，C.（1977），'On the Representation of Ignorance'，*The Journal of the American Statistical Association*，72：651-4.

T. S. 瓦尔斯滕：《模糊信息的成本和收益》，载 R. M. 贺加斯编辑：《决策中的见解》，芝加哥大学出版社 1990 年版，第 1 章。

Wallsten，T. S.（1990），'The Costs and Benefits of Vague Information'，in R. M. Hogarth（ed.），*Insights in Decision Making*，Chicago：University of Chicago Press，ch. 1.

A. 泽尔纳：《讨论》，载 G. C. 乔、P. 高利编辑：《评估宏观经济模型的可靠性》，威立出版社 1982 年版，第 112—118 页。

64

Zellner, A. (1982), 'Discussion', in G. C. Chow and P. Corsi (eds), *Evaluating the Reliability of Macro-economic Models*, New York: Wiley, pp. 112-18.

A. 泽尔纳：《皮特·E. 罗西对阿诺德·泽尔纳教授的采访》，《计量经济学理论》1989 年第 2 期，第 287—317 页。

Zellner, A. (1989), 'Interview of Professor Arnold Zellner by Peter E. Rossi', *Econometric Theory*, 5: 287-317.

65

第四章　风险和不确定性：重新审视奈特式区别

克里斯蒂安·施密特（Christian Schmidt）

第一节　引　言

从《新帕尔格雷夫词典》（*The New Palgrave Dictionary*）中可以看出，尽管二者的界限趋于模糊，"风险"（Risk）和"不确定性"（Uncertainty）之间的区别至今仍是经济学家探讨的话题。人们可以在出版物《效用和概率》（*Utility and Probability*）（1987）中找到专门对这两个概念进行逐一讨论的特定文章。然而，不同文章对这二者的定义并不完全一致。《帕尔格雷夫词典》（*Palgrave Dictionary*）中关于"风险"篇幅的联合作者——马奇那和罗思柴尔德（Machina，Rothschild，1987），认为"风险与不确定性"对比是一个必要的起点。而哈蒙德（Hammond，1987）在其所著关于"不确定性"文章的结尾间接提到了区别问题。两者都通过对这一区别的不同解释来阐明奈特（Knight）的贡献。马奇那和罗思柴尔德回应了传统观点，后者认为，无论数值概率含义如何（马奇那和罗思柴尔德，1987：227），"风险"是指决策者可以用概率表达不确定性的情境。哈蒙德认为，奈特式意义上的不确定性可以应用于经济领域，在这种情境下，与风险案例相反，利润机会并未因或有商品市场的存在而受到抑制（哈蒙德，1987：292）。

马奇那、罗思柴尔德以及哈蒙德一致同意，用数值概率表达不确定性首先是一件便利的事。令人相当惊讶的是，应用"状态偏好"方法以及与概率无关的对不确定性的正式处理，主要出现在关于"风险"的文章中。而关于"不确定性"的文章几乎专注于对不确定性的概率处理。这种奇怪之处很容易被理解。实际上，决策者对或有结果偏好的定义并不意味着一定与数值概率相关［德布勒（Debreu），1959；赫舒拉发（Hirshleifer），1965，1966］。但是，一旦关于概率的主观解释被接受，我们就可以合理假设决策者能够根据其偏好顺序将概率分布与不确定结果联系起来。因此，贝叶斯决策理论并不研究决策者在不确定性情况下，即数值概率不存在或缺失的情况下，"风险"和"不确定性"的区别。贝叶斯决策理论认为，正如拉姆齐（Ramsey，1931）、菲耐蒂（De Finetti，1937）以及近期的杰弗里［Jeffrey，1983（1965）］提出的那样，概率是纯粹主观性的解释。

66

即使考虑到概率的测量，也不妨碍我们提出另一个主观上与贝叶斯理论一致的关于"不确定性与风险"的含义。从经济决策者角度来看，不确定性的主要结果是与选择情况相关的获益的机会或遭受损失的风险。其中一些不确定结果至少在理论上可以被经济组织（如或有市场商品或保险系统）所避免，它们可以被称为"风险"。同时，其他结果不能被这些经济组织所避免，他们可以被称为"激进的不确定性"或"不确定性本身"。保险公司所谓的"纯粹风险"为这种不确定性提供了一个众所周知的例证。这种无可避免的不确定性与理性决策者主观概率所主导的智识世界并不矛盾。

还有几个问题。第一组问题涉及概率分配问题。概率分配可以作为支持经典构想"风险与不确定性"的标准。人们不禁要问，为什么有些完全接受主观概率合理性的决策理论家，如马奇那、罗思柴尔德和其他许多人，仍然认为"风险与不确定性"在这一经济理论分支中存在根本区别（马奇那和罗思柴尔德，1987：227）。我们可以质疑这种替代方案的相关性。它意味着，要么决策者将每一种可能工作状态（风险）都赋予概率值，要么根本不存在概率（不确定性）。这样的公式不允许建立中间情境的框架。在中间情境下，决策者可以赋予（一些事件不同的）概率，但并不像埃尔斯伯格

（Ellsberg）所选择情境那样，可以为世界上所有独立状态都赋予一个概率值［埃尔斯伯格（Ellsberg），1961］。

第二组问题围绕对这一区别的其他解释。将数值概率归因于世界状态的隐含条件是决策者拥有关于世界所有状态集合的知识。哈蒙德选择了不同的情境，在这些情境下，由于缺乏信息，经济主体缺乏足够的知识来正确构建世界状态的集合。例如，在太阳黑子活动的情境下，或者在不完全信息博弈中局中人相互信息不对称的情境下（哈蒙德，1987：291—292）。对这种不确定性的理解超出了案例研究的范畴，需要对不确定的知识条件进行更广泛的检验。在这个方向上的阐述导致（我们）将不确定性作为对知识过程的一种限制，而不是作为不完全知识的连续体来处理。人们可以怀疑其与我们先前的建议相矛盾，以便为第一种解释赋予意义。

最后，人们可能想知道这两种解释是如何从奈特对该论题的思考中得出的。我们是否必须将两组问题视为相关的或相互脱节的？在任何情境下，重新阅读《风险、不确定性和利润》（*Risk*，*Uncertainty and Profit*）（1921），是重新评估"风险"与"不确定性"分析意义的第一步。

67

第二节　如何对不确定性进行分类：奈特的问题

思想史中确实存在奇特的巧合。《风险、不确定性和利润》发表于1921年，与凯恩斯的《概率论》（*Treatise on Probability*）同年出版，这两本书都是博士论文的修订版——完全（凯恩斯）和部分（奈特）地——致力于关于不确定事件知识的哲学研究[1]。

出于时间的考虑，两部著作之间对于概念的提出存在延迟。《概率论》全文于1914年初完成，而奈特的博士学位论文于1916年完成答辩。尽管如此，人们还没有在《风险、不确定性和利润》一书中发现提及任何凯恩斯的观点，而奈特从未在对同一主题的后续反思中引用凯恩斯的观点。这是一个奇怪的遗漏，留给历史学家解释。

更为根本的是，尽管凯恩斯的灵感与伯特兰·罗素（Bertrand Russell）的逻辑方法密切相关，但奈特的哲学根源可以在古诺（Cournot）和博雷尔（Borel）对于法国传统危机的处理方式中找到。[2]此外，凯恩斯的《概率论》没有展现出其与经济学的明确关联，而正如奈特的出版物标题《风险、不确定性和利润》所表明的那样，其对不确定性的看法与其对利润和经济组织的分析直接相关。尽管存在诸多差异，在凯恩斯以及奈特对不确定性的不同理解中，可以找到共同的信念。对于两者而言，基于真实陈述的置信度绝对是研究任何被标记为"不确定"事件的知识背景。概率只是数字集合，其含义的解读需要理论知识的进步。

一、"风险"与"真正不确定性"

解读《风险、不确定性和利润》存在诸多惊喜。该书第七章和第八章完全致力于探讨不确定性问题。第七章直接以"风险和不确定性的意义"为标题，那些因此期望在第七章中找到"风险"和"不确定性"之间显著区别的人，将会感到失望。在第七章36页中，并未涉及这一论题。[3]但是，第八章开头从"满足不确定性的结构和方法"角度，简要介绍了这一区别，其似乎是一个出于术语目的的简单提议。根据奈特的建议，参考保险业务，"风险"必须用于衡量可测量的不确定性。更确切地说，当一组实例中分布结果已知时，就存在风险；而"当由于要处理的情况在很大程度上是独一无二的，因而无法形成一组实例时"，就存在不确定性（奈特，1921：233）。

68　　　第七章的内容提供了另一个令人惊讶的原因。与这种区别相反，奈特指出了称之为"概率可能性"的另一种类型，即：（1）先验概率；（2）统计概率；（3）估计（奈特，1921：224—226）。这三种情境的特征由与分组实例相对应的分类类型决定。情境（1）导致绝对均匀的分类，如骰子的六个面（假设没有缺陷）；情境（2）允许经验分类，如基于统计样本的表格给出的经验分类；情境（3）的结果并不是一个合理分类。奈特将不确定性理解为可靠性反转，这种反转是由从每种情境中得到的信息造成的。由于这种可靠性是一个程度问题，奈特强调了完全同质的实例组和绝对独特的实例组（奈特，1921：226）这两种极端理想情境之间存在所有可能的渐变情境。实际上，根据实例的同质性（客观标准），其分类可以或多或少被认为是可信赖的，但是这种可靠性的基础是通过个体判断（主观标准）来分配给信息的置信度（奈特，1921：227）。因此，在第七章中不确定性被视为从基于估计每种概率情境的主观评估中所得到的连续体。

对比第七章和第八章，差异立现。第七章表明，不确定性是建构在基于事件状态陈述可靠性之上的平滑连续体。这种可靠性是决策者主观评价的结果。相反，第八章从客观特性角度强调了不确定性之间的不连续性：要么事件状态属于决策者所知的一组实例，要么其不属于这样一组实例。在第七章结尾时，后者被奈特称为"真正不确定性"（true uncertainty）（奈特，1921：232）。

在第八章中，奈特没有采用对实例（不确定性）分组得出度量类型（为依据的方法）来思考不确定性，而直接从事件偶然性角度对不确定性进行质疑。奈特运用"偶然性"（possibility）一词，只是意指个别事件属于"可能发生"的一类事件的可能性。因此，偶然性显然排除了绝对的独特性（奈特，1921：247）。[4]但其含义主要在于其他地方。一般而言，在广义层面的保险机制下，偶然事件的经济后果可以在整个社会范围内被消除，而这种机制不适用于非偶然事件。因此，"真正不确定性"与第八章前言中"可保不确定性"有着几乎相同的意义。

二、关于"真正不确定性"的困顿

由此提出两个问题。首先，这种"真正不确定性"是否被认为超出了

69 第七章不确定性所涵盖的范围？其次，支持第七章中不确定性分析的两个标准是否仍然适用于区分"真正不确定性"和"风险"？

奈特其书为第一个问题的相反答案提供了论据。一方面，"真正不确定性"只不过是情境，其估计并未涉及对实例进行分类的任何基础（奈特，1921：224）。因此，真正不确定性似乎属于第七章所述的概率情境类别（3）。另一方面，如果奈特同意类别（1）和（2）作为一方，类别（3）作为另一方，两方的差异只是程度问题，他仍然特别指出：完美同质的一组实例和绝对独特的一组实例，这两个理想极端情境，必须在第七章（奈特，1921：226）中被排除在分析领域之外。因此，似乎"真正不确定性"必须被认为不在我们讨论范畴之内。

奈特困顿的缘起，来自其第七章和第八章分别提出的真正不确定性含义设想之间的分歧。不确定性一般被描述为"以观念为依据的本质情况……既没有完全的无知，也没有完整或完美的信息，而是部分的知识"（奈特，1921：199）。第七章探讨了从（对我们只拥有）不完备信息情境测量的含义这一角度来质疑不确定性。第八章探讨了消除或至少减少不完备已知事件经济后果的可能性。第七章涉及选择情境中不确定性的测量，而第八章则侧重于事件的偶然性。在这两种情境下，不确定性来自限制，这种限制是对前者的测量和对后者偶然性的限制。因此，在第七章中，当关于不确定情境的现有知识无论如何都不足以证明对其进行衡量的合理性时，就存在真正不确定性。在第八章中，真正不确定性来自未来事件，由于现有知识不足，这些事件不能被假设为偶然事件。一个绝对新事件的例子显然排除了测量和偶然性。然而，奈特经常提及这样极端的例子，不足以证明缺乏必要性测量与缺乏偶然性并存（反之亦然）。奈特本人提供了一个反例。让我们考虑一个装有未知比例的红色球和黑色球的盒子。我们无法自信地将一个概率测量归因于"红色球将会出现"这一可能事件（奈特，1921：222）。尽管没有合理的测量标准，但这一事件仍然是偶然的。另一方面，一旦接受主观概率，基于不确定性的每种选择都可以在不考虑偶然情境条件下，作为一个孤立案例被分析。

奈特意识到了这个问题。但是，为了寻求统一原则，他在第七章末尾错误地声称，真正不确定性"不易受到测量的影响，因此难以消除"（奈特，1921：233）。对于奈特复杂且经常模棱两可的分析的仔细检验，却恰恰反证：定义真正不确定性会引起不确定性测量与消除之间关系的问题。

70

三、"测量"不确定性的两级估计框架

回答第二个问题需要深入了解奈特关于处理不确定性的原始建议。以下引用来自第七章，总结了其对这一论题的看法：

> 首先，我们必须坚持，对于一个真实心理活动的情景，要求我们识别判断的两个单独行为：估计的形成和对其价值的估计……而且，原始估计看上去可能是一个概率判断。个体是根据其对事件发生概率的估计是正确估计的可能性来行动的。（奈特，1921：22）

在此，我们需要界定一些术语。这里必须考虑估计的形成——奈特经常称之为"测量"（measurement）。更准确地说，估计的形成是指事件的分组方式。奈特认为，这是衡量不确定性的关键。实际上，概率值与该估计相关联，但是不确定性测量不能降级到该概率值的估计值。因此，第七章中所确定的三种类型概率情境，指的是估计形成的不同方式，这为"概率情境"一词开辟了更为广泛的解释途径。

符号的使用通过估计值的估计揭示了奈特的真正含义。x 代表决策者 i 所关注的事件，$P(x)$ 为对 x 估计值的概率度量，p 是"x 将以 $P(x)$ 概率出现"的表述。对于每个表述 p，真值 V 可以由决策者 i 赋为 p。$Vi(p)$ 表示决策者 i 赋给表述 p 的真值。在这种情况下，V 可以被看成一个指数，用来衡量

决策者对"基于初始估计构建的表述为真实"的信念。实际上，$Vi(p)$ 也可以由多值逻辑中的概率值表示，[5]但是没有理由将 $Vi(p)$ 与 $P(x)$ 混淆。$P(x)$ 指的是与特定个体无关的第一级估计，而 $Vi(p)$ 表示严格依赖于决策者个体判断的第二级估计。

第七章中不同类别的"概率情境"来自第一级估计的形成。这些类别与 $Vi(p)$ 值之间的对应关系如表 4-1 所示。

表 4-1 严格根据奈特的两个级别分析得来。概率情境根据第一级（测量）进行分类，但决策者知识意味着第二个级别（对测量的个体评估）。这两个层级之间的关系将在本章后面详细阐述。现在要研究的问题是它们如何运作以区分纯粹不确定的情境。

表 4-1 不确定性的两级估计框架

概率情况	$Vi(p)$
先验概率	$V = 1$
统计概率	$1 > V > 0$
估计值	$V \cong 0$ *

注：* 取决于估计与统计估计之间的差值。

在风险不可测量的情况下，至少在对估计值进行估计的狭义奈特式定义中，若没有第一级估计，第二级则显然没有意义。但是，不可测量的风险并不一定意味着任何估计都不可能。例如，让我们考虑以下两种情境。在第一种情境下，决策者对其所关注事件有若干估计。这些估计是由不同专家提供的，决策者因为缺乏足够信息而无法理解他们各自的有效性；在第二种情境下，决策者仍然拥有各不相同的估计，但这次这些估计是他完全了解替代模型的计算结果。我们假设替代模型是自洽的，并且与当下可用数据完全相关。由于决策者的第二级估计，尽管其可以被衡量，这两种情境都被视为纯粹不确定性。

然而，还有 V 在每种情况下具有不同赋值的情况。基于此让我们假设两种估计，我们可以在第一种情境下得到表述 $p1$ 和 $p'1$，在第二种情境下得到表述 $p2$ 和 $p'2$。严格来讲，$Vi(p1)$ 和 $Vi(p'1)$ 无法赋值，而 $Vi(p2) = Vi(p'2) = a$，其中 a 表示常数，其值可以是 1。此外，根据最基本的逻辑原则，[6] 第二种情况的结果似乎非常麻烦。总而言之，至少在奈特的第一种含义中，在第七章中提出的概念框架应该用于区分纯粹不确定性，但其应用可能会困扰今天的读者。

这些用于分辨真正不确定性的两级估计系统之间的相关性，当其意味着是可保不确定性时，乍一看似乎更值得怀疑。然而，奈特在第八章中表明，"典型不可保的商业风险与商人作出决策时的判断有关"，主要是由于众所周知的道德风险现象（奈特，1921：251）。实际上，人们可以将之前描述的分析模式转换为保险情境。最初的估计现在来自决策者的最终估计。该估计数用表述来解释，保险公司将真值归因于这些表述。保险公司对估计的评估记为 $Vj(p * i)$，其中，j 是保险公司，$p * i$ 表示决策者 i 的假设估计。应用该公式可能会出现几个困难。$\approx p * i \neq pi$，并且 $p * i$ 和 pi 之间的关系还有待解释。pi 必须独立于 Vj，当决策者知道保险公司基于 Vj 的决定并且道德风险确实发生时，该条件将被排除。因此，按照奈特的建议，无法确定 $Vj(p * i)$ 将导致不可保的不确定因素。

重读《风险、不确定性和利润》，可以得出三个关于风险和不确定性区分的奈特式含义结论。第一，回想起来，在介绍中重提的两种解释都可以从奈特的著作中找到论据来支持，但也可能受到其他与这些论据不一致因素的支持。奈特的估计并不等于概率值。此外，萨维奇（Savage）及其后继者沿着贝叶斯法（Bayesian）主观概率一脉的现代理论并不适用于奈特的原始展望。同样，真正不确定性必然会带来利润（以及损失）的机会。它源于某种无法承受的商业风险，这一点在奈特的观点中，不应与商品市场的偶然失败相混淆。第二，尽管出现了问题，但第七章和第八章之间在风险和不确定

72

性方面并无差异。两个章节之间明显可见内容上的变化，主要由于概率情境不同，要站在不同分析角度去考虑。人们甚至可以争辩说，第七章和第八章的内容是互补的。不幸的是，奈特没有清晰表明这两种情境之间的联系。人们必须要认真理解，才可以解决这些困惑。第三，奈特式区分风险和不确定性的真实基础，可以在其两级框架中找到，这个框架被其简要称为"概率情境"。他的总体框架只是概述了风险、不确定性和利润，由于存在各种曲解而遭到了刻意忽视或严厉批评。[7]然而，我们建议将其作为恢复这种区别分析的起点。

第三节　风险和不确定性 VS 风险或不确定性

一、概率的三种情境与奈特式不确定性

让我们从奈特质疑概率基础知识作用时（奈特，1921：220，223）揭示和简要讨论的三种情境开始。

情境 1：坛子里共有 100 个球，50 个是红色的，50 个是黑色的。观察者知道球的总数以及红球和黑球的比例。

情境 2：客观数据相同。观察者知道球的总数及其颜色，但忽略了红球和黑球的比例。

情境 3：客观数据相同。允许观察者在一个较短的时间内观察坛子。但这个时间太短，他无法计算球数。

x 和 y 分别表示出现红球或黑球的事件。$P(x)$ 和 $P(y)$ 是与 x 和 y 对应的概率测量。估计采用表述 p 的形式，这意味着"红球将以概率 $P(x)$ 出现，黑球将以概率 $1 - P(x)$ 出现"。V_{ip} 是由观察者 i 根据三种情境下的可用信息赋予 p 的真值。根据奈特的两级估计，可以在表 4-2 中列出这三种情境进行比较。第 I 列对应奈特所谓的"估计"，而第 II 列对应观察者对"估计的估

计值"。

表 4-2　概率的三种情境

情境	I		II
S1	$P(x) = 0,5$	$P(y) = 0,5$	$V = 1$
S2	$P(x) = P(y) = 0,5$		$V = 0^*$
S3	$P(x) = 0,5$	$P(y) = 0,5$	$1 > V > 0$

注：* 严格来说 V 没有值，根据给定的解释，V 相当于 0。

与奈特的说法相反（奈特，1921：223），S1、S2 和 S3 可以直接与从第七章不确定性分类中得出的三种概率情境联系起来。S1 是先验概率的一种情况，其中知道红球和黑球之间的比例提供了足够的信息来证明有且仅有一个概率值，分别与两个偶然事件 x 和 y 相关联。运用奈特的术语，该估计考虑了绝对同质的情况，如前面提到的骰子六个面的情境。

将 S2 作为奈特类型学中的估计案例，需要更多的阐述。严格来说，根据 S2 中的可用信息，观察者只知道偶然事件的发生与所有概率的分布一致，例如 $1 > P(x) > 0$ 和 $1 > P(y) > 0$。在第 I 列中的 $P(x) = P(y) = 0,5$ 是基于另一个假设的估计结果——这是一个非常古老而有问题的"不充分理由"原则，可追溯到伯努利（Bernouilli），后经拉普拉斯（Laplace）得到广泛发展。由于这个原则，估计值和其概率值可以被认为是相同的。奈特不认同该假设，并建议用"无理由"原则取代"不充分理性"原则，理想情况下必须通过实验检验（奈特，1921：222），而可用信息设置在任何情况下都阻碍了任何类型检验。

最后，尽管 S3 具有主观意味，但它可以轻而易举地归入统计概率的范畴。估计是由观察者从经验样本（坛子里的球）中通过实验归纳（观察者）构建的。由于信息是由观察者推断的，因此他获取的偶然事件信息是不精确的。那么，评估情境就不能被视为同质的。

74

将 S1、S2、S3 与奈特不确定性类型联系起来，他最初所阐述的不确定性的两个相互作用特征就变得格外重要。首先，第一栏中列出的估计值，导致概率测量值可以被无差别假设为客观或主观。客观参考不是概率，而是产生概率值的一个估计。其次，尽管三种情况（第 I 列）的概率值相同，但它们的估计值却各不相同（第 II 列）。它表明奈特类型学是在两个完全不同的基础上进行详细阐述的。

二、不确定性信息的三种情境

在奈特式原始框架中，S1、S2、S3 进行了相应改造，使得我们可以勾勒出更一般的不确定性分类，此分类系统源自对表征不确定性情境信息的语义分析。除了"估计"（动词）和"估计值"（名词）之外，不确定性情境信息有两个主要特性。对于观察者而言（观察者通常是经济决策者），它或多或少是精确的，或多或少是可靠的。精确度为风险测量提供了排序标准（第 I 列），而可靠性则是理解一个情境中不确定知识的关键（第 II 列）。因此，我们认为：（1）风险与不确定性不是互斥的而是互补的概念；（2）理解风险与不确定性之间的实际关系需要放弃先入为主的时代偏见，以便更为自由地探索其逻辑基础。

我们首先考虑一下可用的信息集合。用 S 代表世界上所有可能状态的集合，且 S 应该被决策者知道。因此，"纯粹不确定性"情境暂时被排除在此分析之外。概率分布是基于 S 定义的。这是一个基于集合 S、所有可能概率分布 π 的集合，与该情境下的信息也是相一致的。π' 是 π 的子集，与决策者掌握的信息相对应。可以区分几种情境：

（1）π' 是单项。这意味着决策者可以发现一种可能的概率分布。那么，概率测量所传达的信息非常精确。情境 1 和情境 3 体现了这种对风险的精确测量。必须注意的是，找到一个概率分布，并不足以保证其就是真实的概率分布。$P(x) = P(y) = 0,5$ 肯定是情境 1 中 x 和 y 的实际概率值，但在情境 3

中这个结果是有问题的。答案超出了精度问题范畴，而需要另外考虑信息的置信度问题。

（2）$\pi' = \pi$。决策者持有的信息是完全不准确的。情境 2 就是一个例子。由于决策者知道世界上所有的可能状态，信息的概率形式并未向决策者传达任何补充信息。因此这种情境下，决策者知晓世界上任何概率情境，与事实上忽略任何概率的考虑是一样的。[8]

（3）$\pi' \subset \pi$。决策者持有的信息是部分准确的（或不准确的）。可以通过属于 $\pi' \subset \pi$ 的元素 x 的数量将与这种信息相关联的精确度进行排序。可以通过改变先前讨论示例中的数值数据，来解释这种情境。假设坛子中红球和黑球现在分别有 70 个和 30 个，决策者只能看到红球的数量大于黑球的数量。所有与 $P(x) > P(y)$ 一致的概率分布都可以被认为是属于情境 3 中的 π'。

基于卢斯（Luce）和雷法（Raiffa）建议［利维（Levi），1980，1986][9]的延伸，已经提出了对风险测量精度的另一种解释。假设对风险的测量是一个概率函数，给世界的每个状态赋予一个相应的概率值。要么决策者知道这种概率分布，因为他持有充足的信息，如（1）所示，要么由于缺乏足够的信息而忽略了这种概率分布，如（2）所示。在这两种极端情境之间，可能存在这样的（中间）情境：决策者只知道世界所有状态中的几个概率值。埃尔斯伯格（Ellsberg）在实验展望（1961）中研究了这种情境。[10]假设有三种类型的球：分别为红球、黑球和黄球。决策者知道红球的数量，也知道黑球和黄球的总数，但忽略了各自比例。埃尔斯伯格（Ellsberg）的情境可以解释为（3）的特殊情境，即 π' 包含了所有与 $P(x) = 1/3$、$2/3 \geqslant P(y) \geqslant 0$ 和 $2/3 \geqslant P(z) \geqslant 0$ 一致的概率分布。x、y、z 表示红球、黑球、黄球，$1/3$、$2/3$ 是埃尔斯伯格（Ellsberg）例子中的数字。因此，我们对风险测量精确度的处理方法与此解释有重合的地方。

76

三、概率处理的可靠性

现在让我们继续讨论定义附加集合所需的可靠性。这种可靠性不直接应用于风险的测量，而直接应用于决策者根据该测量所提供的信息来理解命题（或陈述），包括其精确度。让我们用 P 表示决策者关于可以被建构的对世界所有可能命题的集合。真值 V 必须由决策者 i 归于每个 $p \in P$。V 的一个可能解释可以由概率值 $Pi(p)$ 得到，概率值 $Pi(p)$ 基于 i 对 p 内容可靠性的判断来衡量 p 为真的概率。

这个语义系统的逻辑机制可以在多值概率演算中找到，p 和 q 是属于 P 的两个不同的原子命题：

$$V(p) = Pi(p) \tag{1}$$

$$V(\neg p) = 1 - Pi(p) \tag{2}$$

$$V(p \vee q) = Pi(p) + Pi(q)^* \tag{3}$$

$$V(p \wedge q) = Pi(p) + Pi(q) - Pi(p \vee q) \tag{4}$$

注：如果 p 和 q 是互斥的。

如果 $V(p) = 1$，则 p 为真，这意味着决策者发现其内容完全可信赖，则 $Pi(p) = 1$。如果 $V(p) = 0$，这并不表示 p 为假，但其内容对决策者而言，根本不可信赖，因此 $Pi(p) = 0$。V 值在 1 和 0 之间变化并且采用数值概率 $Pi(p)$ 的形式，其与决策者对 p 的语义内容可靠性的判断相对应。当 $Pi(p) = 0, 5$ 时，会出现困难，因为这意味着 $V(p) = V(\neg p)$。它提出了两种问题，并且其解释需要一点技巧。可以认为，如果 $V(p) = Pi(p) = 0, 5$，则决策者无法判断 p 的内容是否值得信赖，这种情境与 $V(p) = Pi(p) = 0$ 的情况不同。此外，这种排除了通过概率值来对基于 p 中真值函数定义的情境，因为它们是事先决定的。因此，从逻辑角度来看，这里提出的可靠性概率处理仍然不能令人满意[11]。

奈特所谓可测量风险的分析意义应被理解为与不确定情境估计相对应的精确度。这种估计通常采用概率分布的形式，这种形式也恰好解释了奈特的术语："概率情境"。精度与可能概率分布的数量成反比。我们认为，当奈特谈到不确定性时，他实际上所想到的是，决策者对从对这些情境估计中得出命题归因的确定性程度。我们建议将其分析内容称为"可靠性"。许多例子，包括这里已经研究过的例子，表明对风险和不确定性的思考导致了相对独立的估计结果。我们现在必须解释它们是如何关联的。

四、风险与不确定性之间的关联

让我们考虑三组：S、π 和 P。S 是开始假设时的基本参考。如果没有 S，π 和 P 就会消失，这解释了奈特坚持强调其称之为真正不确定性与测量缺乏之间的关联，其中测量缺乏被广泛理解为没有已形成的实例。然而，人们认为这种假设可以被削弱。当我们使用模糊子集而非被明确定义的世界状态时，便为有风险的不确定性和真实不确定性之间中间情境的出现创造了可能。无论如何，无论赋予概率值何种意义，π 都是在 S 的客观基础上定义的。至于 $\pi' \subset \pi$，它严格来自决策者对情境所持有的信息。因此，π' 是奈特式概率情境分类的实际背景。P 包含决策者根据 π' 提供的信息，可以依逻辑构建所有命题。对于包含在 P 中的任意子集 p，p 由决策者根据其可信赖的主观依据进行评估。

风险与不确定性之间的关联遵循奈特提出的两级架构。在第 1 级，我们找到 π、π' 以及风险的客观估计。在第 2 级，我们找到 P 和不确定性的主观评估。此外，必须考虑到 0 级，这与 S 假设相对应。表 4-3 总结了整个情境。

表 4-3 风险与不确定性之间的关联

等级	参考集	估计值
0 = 背景	S	假设
1 = 风险	π on S 且 $\pi' \subset \pi$	（客观）估算精度
2 = 不确定性	P on π'	（主观）命题的可靠性

78 此表述似乎扭转了关于风险与不确定性之间关联的普遍观点。实际上，对不确定性评估（第 2 级）的根源在于对风险的测量（第 1 级），这表明不确定性的概念需假定预先存在一个被估计的风险。事情就是这样，因为 P 是在 π' 域上定义的。但在每种情境下，它既不必要，也不相关。例如，如果 $\pi' = \pi$ ，1 级的相关性就消失了。P 现在要在 S 上直接定义，这并不排除决策者将可信赖值归于 P 中每个元素 p 的可能性。不确定性的评估是纯粹主观的，并且还要考虑外部因素（自我信念、文化、习惯等）。它可以用概率值来表达而不用参考现代主观概率理论，因为其没有提及任何合理性概念。此外，在这种情境下谈到不确定性并不需要任何可测量的风险。然而，必须注意的是，与常见谬误相反，只要决策者应该知道 S ，这种情境的特殊性不足以证明这是一种"纯粹不确定性"。

相反情况：存在风险而没有不确定性，也与此表述一致。如果 $\pi' = \pi$ ，P 在 π' 上，且对于 P 中的任意元素 p ，$Pi(p) = 1$ ，则决策者将风险视为"确定"。在这些"真实风险"情境下，基于风险测量估计出的概率值即为"真实风险"（奈特，1921：216），且无法找到引起不确定性的原因。情境 1 和骰子的例子可以用来理解这种情境。[12] 所有这些都属于奈特类型学的先验情境。

第四节 "真正不确定性"的含义

一、不确定性与偶然性而非独特性相关

更正风险和不确定性之间的区别引致对"真实不确定性"概念的分类。当对于 P 中每个元素 p ，都有 $Pi(p) = 0$ 时，纯粹不确定性被理解为不确定性的极限。因此，"纯粹不确定性"意味着决策者所关心的不确定事件的每一种陈述，对其而言都是不可信赖的。它与第 2 级完全相关，但这并不意味着

在事件中没有概率测量（在第 1 级）。举个例子，当事件不能被定义为完全已知时，就会产生纯粹不确定性。一个人必须小心不要像奈特那样，将未知事件与独特事件混淆。实际上，只要一个独特事件属于一个决策者知晓的世界状态集合，它的出现就不能被称为"真正不确定性"。我们之前曾提到真正不确定性是不可保的。即使是尼斯湖怪物也被卡蒂萨克（Cuttysark）公司和劳埃德（Lloyds）纳入保险合同。保险公司的合同给水怪身份赋予了足够精确性，正如它必须由伦敦自然历史博物馆所鉴定的那样。如果我们同意这个惯例，那么这种情境可以由一组两种替代状态来构建：要么在一定时间内在湖中捕获怪物，要么不捕获它［布朗（Brown），1973］。[13]这种情境中的重要一点是，S 是两个承包商的已知信息。最后，用奈特的术语来说，真正不确定性与事件的偶然性而非独特性密切相关。当可以用世界状态来描述的不确定事件不是偶然事件时，S 就成为 P 的虚假参照。保险领域中众所周知的现象是，偶然性被保单持有人的行为（道德风险和逆向选择）排除。人们可以借助其行为状态的独立假设，以另一种方式提出更接近萨维奇方法的问题。

二、集体情境下不确定性的定义

尽管真正不确定性出于简洁性考虑，基于单个主体决策被正式定义，但其经济相关性主要（如果不是仅仅）涉及多个主体干预的情境，如保险例子所示。将从前为个体决策者建立的分析模式扩展到多个主体，需要考虑到他们自己对可靠性的评估。P 现在要被 Pj 替代，$Pi(p)$ 则由 $Pj(pj)$ 替代，其中 j 是 1，2，$\cdots m$ 个代理人中的第 j 个。所有 $Pj(pj)$ 不一定具有相同值，但只要 Pj 来自 S，假定关于 S 的知识被所有主体共享，就不能认为存在真正不确定性。然而，这个假设要求对于每个 j，$Sj = S$，这个条件对信息集合的要求非常高。当代理人之间没有相同信息时，不仅是 $Sj \neq S$，而且没有主体知道 S 的情况（也可能出现）[14]。在这种情境下，$Pj(pj)$ 的可靠性因此变得有问题，并且它们的含义也有问题。仅从两个层面分析风险和不确定性似乎仍不充分，这为探索真正不确定性开辟了新的途径。

这种从单个主体决策者扩展到多个主体的分析改变了真正不确定性的定义。人们无法从所有 $Pj(pj)$ 的无效性中推断出它，因为不确定性现在是一种集体情境，不能被简化为代理人 j 对其的主观估计。此外，至少在奈特式原始方法中，不确定性引发的问题从其知识转移到了对其控制。因此，集体情境下的不确定性指的是处于不确定性边界的情况，因为不确定性脱离了主体预期和控制。这种情况可归因于 Sj 和 S 的差异，前者可以得出 Pj，后者用于对空间状态的定义。在这一点上，必须区分两种情境，即：（1）没有一个代理人完全知道 S，但每个人与其他人分享相同的不确定性；（2）每个代理人 Sj 都是不一样的，并且他们与 S 的关联在每种情境下都各不相同。在第一种情况下，不确定性可以被视为"给定"的，因而与主体之间的互动无关。在阿罗-德布勒（Arrow-Debreu）模式中，世界状态和状态集合之间的关联模糊不清，在此基础上，一个组织良好的或有商品市场就是第一种情境下的一个例子。在第二种情境下，不确定性产生于各个信息集合之间差异所带来的代理人之间的相互作用。博弈论提供了这方面的例证。例如，当玩家信息不对称，或当玩家没有足够信息来知道他们正在进行什么博弈时，就是这种情境。在前一种情境下，真正不确定性可以被视为对其定义的一个概括。但在后一种情况下，其含义是不同的，且从我们对实际经济现象理解的角度来看，它（比前者）更为有趣。

三、真正不确定性是利润的来源

再次强调，奈特的直觉听起来是正确的。风险和不确定性是每个不完全已知情境下的两个独立组成部分。因此，不确定性概念，对于单一情境下的任何观察者或决策者以及众多决策者在集体情境中的互动都至关重要。但这仍然不适用于真正不确定性。真正不确定性在众多代理人情境下具有经济意义。此时，尽管（或可能是因为）个体代理人对不确定性及其所建立的有组织系统具有预期时，个体的损失和收益（仍然）无法在宏观层面得到补偿。奈特在这个方向上进行了更为深入的探讨：他认为真正不确定性是利润的来源，并且必须被视为其实质基础：

> 获取利润的唯一"风险"是由于行使最终责任而产生的独特不确定性，其本质上不能被保险，不能被资本化，也不能被工资化。利润产生于事物固有的绝对不可预测性，并产生于一个绝对残酷的事实：因为人类活动结果无法预测，仅限于概率计算是不可能且毫无意义的。（奈特，1921：310—311）

这就是为什么根据奈特对经济活动的一般看法，集体维度上的真正不确定性是根本。而无论奈特的原始论点有多少值得褒扬，显而易见其最独特的是真正不确定性可以创造利润机会这一经济属性。在前文描述的集体情境下，决策者可以单独对风险进行初始评估 $[Pj(pj) \neq 0]$。但如果不知道这一属性，他的评估必然是虚假的，甚至是无意义的（$Sj \neq S$）。如果他在这种谬误信念基础上行事，只要其信念不被修正，他就会带来不可控的集体不确定性。然而，真正不确定性带来的利润机会，并不要求所有代理人进行错误的风险评估。在信息不对称情境下，只有一些代理人是无知的，而其他人知道世界集合并进行正确的风险评估。因此，后者获得了这些真实不确定性情境下所产生的利润。日常生活中最典型的也是众所周知的例子，就是内部获利，或是非法获取证券交易所交易信息（内部交易）。

第五节　结　论

奈特在处理不确定性上的成就，直到如今还为我们提供了很多思路和可能。追溯奈特在处理不确定性上的历史贡献，极大程度地帮助我们仔细检验这些可能性，并帮助我们明确其局限性。奈特探寻不确定性的原始方法，主要有以下三个特征。

首先，奈特确信概率的逻辑意义之间存在差异，有时这在文献及其统计处理中被称为概率的"必要观点"（萨维奇，1954：161），且其对于形成客观概率的观点很有帮助。奈特似乎否认他们之间存在令人满意的关联的可能性。将其立场与凯恩斯（1921）和卡纳普（Carnap，1950）在同一问题上的观点进行比较，可知三人关于可能性的必要逻辑基础持有同样的信念。然而，与卡纳普相反，奈特仍然对其与应用统计学的关联性持怀疑态度，且并不支持将凯恩斯的理性信念（凯恩斯，1921：第 12 章）作为把概率整合到理论知识中的基石。

其次，奈特认为概率测量从未排除对其可靠性的判断，并认为后者不能简化为前者（反之亦然）。这个观点预示了综合客观概率和主观概率观点的各种尝试［库普曼（Koopman），1940；赖兴巴赫（Reichenbach），1949；卡纳普，1950］。根据奈特的两级模式，第 1 级估计（风险）可能与概率的客观概念相关，而第二级评估（不确定性）可能与概率的主观概念相关。人们可以将奈特的展望扩展到从概率的有序等级集合推导出复合概率方向（赖辛巴赫，1949）。对《风险、不确定性和利润》的一些引用在一定程度上给出了论据，例如：

> 我们认为客观和主观类型可能同时涉及，尽管毫无疑问的是大多数人到目前为止都没有考虑过这样的问题。个体对预测的看法可以被估计为一个客观概率，并且估计本身就被认为具有一定程度的有效性，因此所感受到的不确定性程度是两个概率比的乘积。（奈特，1921：237）

然而，奈特很快拒绝用这种推测性计算的关联来解释基于不确定性的真实决策过程，并以另一种方式应用其理论。决策被视为在不确定性较大的较小风险与不确定较小的较大风险之间的裁决（奈特，1921：237）。奈特多层次概念化不确定性的主要优势不在这里，因为它可以在集体情境中对不确定性进行恰当的处理。

最后，奈特没有把不确定性与效用联系起来。这与拉姆齐的开创性观点［拉姆齐，1990（1926）］形成鲜明对比，后者被公认是借助了预期效用对不确定性进行现代理解的实际起点。对于同时代的经济学家来说，这样的框架是如此熟悉，以至于迄今为止这一点仍然是误解奈特工作的主要原因。可以通过几个论证来解释奈特在不确定性分析中对效用的忽略。我们要记住，根据他自己对两级框架的解释，在不确定性下作出决策并不意味着效用最大化。此外，奈特将效用视为纯粹的静态概念，该概念源于在特定时点的个人偏好（奈特，1921：61—63）。通过效用来衡量风险（或不确定性），要求世界真实状态发生变化时，对未来不确定事件的个体偏好不会改变。这个假设仍然十分值得怀疑。无论如何，这种缺失既不能切断不确定性与决策分析之间的关联，也不能阻碍其主观处理。[15]

综上，重新审视奈特式风险和不确定性之间的关联，可以更为深刻地修正经济学中处理不确定性的方法。新的替代模型正可能脱胎于这场智识的回溯。

注　释

　　〔1〕奈特在转向经济学之前曾在康奈尔大学学习哲学课程。

　　〔2〕奈特确实涉及知识的局限性和不确定性，但他的职业重心并非绝对的哲学导向（奈特，1921：200—201，n1）。他的基本分析兴趣涉及抽象逻辑的心理过程和普通生活的差异（奈特，1921：211，230）。回想起来，这个话题似乎与西蒙的范畴非常接近。

　　〔3〕除了第七章的最后几行，他引入了"真正不确定性"作为第八章的主要论题（奈特，1921：232）。

〔4〕奈特结合了事件的独特性和偶然性，这是不同的属性。这与他偶然事件的概念有关，事件可能发生在它被认知到要发生之前。如果是这样，未来的独特事件显然是一件全新的事情。

〔5〕参见赖辛巴赫（1949）。关于不同方法的一般概念和详细讨论，参见卡纳普（1950）。

〔6〕例如，在纽科姆（Newcomb）的问题中。

〔7〕萨维奇，更令人惊讶的是沙克尔从不引用奈特的观点。至于批评，希克斯严厉攻击了奈特关于不确定性和利润之间关联的观点（希克斯，1931）。阿罗认为，除了"如果所有风险都是可测量的，利润机会将消失"这一例外，奈特的不确定性基本上可以用普通的概率语言表达〔阿罗，1951（1971）：18〕。

〔8〕所有概率分布的集合在这种情况下变得没有意义。换句话说，概率的缺失是所有概率分布都有可能发生的极限情况。

〔9〕利维重新审视风险和不确定性之间的区别，并根据沃尔德的建议提出了原始解释。他没有引用奈特的表述。这一点更加棘手，因为他详细讨论了埃尔斯伯格的例子。这些例子与《风险、不确定性和利润》中可以找到的案例有很大的相似性（利维，1986）。

〔10〕埃尔斯伯格认识到"在开始这些观察之后很久，我最近才发现奈特（早）已假设了一个一模一样的对比情况：一个男人知道在一个坛子中有红色球和黑色球，但不知道每种颜色球的数量，另一个人知道两种球的确切比例"（埃尔斯伯格，1961：254）。埃尔斯伯格正确地运用了不确定性与风险的相关性来解释奈特的例子。但他没有明白尽管两种情况有类似的概率估计，但不同的不确定性是如何使决策者的风险产生差异的（见表4-2）。

〔11〕正如雷切尔（Rescher）在 $P(p) = 1 - P(p) = 0,5$ 的例子中所指出的那样，将概率真值归因于每个陈述的可能性，并不能保证在整个领域存在一个概率真值函数（雷切尔，1969：186—187）。因此，需要探索其他类型的多值逻辑。

〔12〕这种解释可能看起来很奇怪，因为骰子和硬币都是传统中用来证明将客观和主观观点混合起来的概率综合理论的例子。实际上，这种特定概率的知识不足以对个别事件的发生作出正确的预测。但对于奈特而言，这并不是重点。他对决策中逻辑推理过程的操作优点，基本都持有怀疑态度。

〔13〕布罗奇（Borch）使用了一个由布朗（Brown）举出的有趣例子。该例子证明，保险计算完全基于贝叶斯概率，不可承受性是道德风险或逆向选择等众所周

知现象的结果（布罗奇，1989：第 7 章）。

〔14〕最近，奥曼（Aumann）在博弈论框架中研究了这种极端情况。其中一个解决方案可能是：S 只有博弈分析师知道（奥曼，1992），但这依然具有争议。

〔15〕可以从命题演算中生成完整的主观概率逻辑系统，整个过程与行动、效用和估计没有关系。在古德（Good，1950）中可以找到对这种系统的详细说明。但是，尽管自 1950 年以来古德出版了大量作品，他提出的不同构想，却仍然处于经济学家所使用的狭隘可能性之外（见古德，1987）。

参考文献

K. 阿罗：《风险承担情境中选择理论的替代方法》，《计量经济学》1951 年第 4 期，第 404—437 页。再版于 K. J. 阿罗编辑：《风险承担理论论文集》，北荷兰出版社 1971 年版。

Arrow, K. (1951), 'Alternative Approaches to the Theory of Choice in Risk-taking Situations', *Econometrica*, 19：404-37. Reprinted in K. J. Arrow (ed.), *Essays in the Theory of Risk-Bearing*, Amsterdam：North-Holland, 1971.

R. J. 奥曼：《关于互动认识论的说明》，未发表的论文，1992 年。

Aumann, R. J. (1992), 'Notes on Interactive Epistemology', Unpublished paper.

K. 布罗奇：《保险经济学》，北荷兰出版社 1989 年版。

Borch, K. (1989), *Economics of Insurance*, Amsterdam：North-Holland.

A. 布朗：《无限制的危险——伦敦劳埃德的故事》，彼得·戴维斯出版社 1973 年版。

Brown, A. (1973), *Hazard Unlimited：The Story of Lloyd's of London*, London：Peter Davies.

R. 卡纳普：《概率的逻辑基础》，芝加哥大学出版社 1950 年版。

Carnap, R. (1950), *Logical Foundations of Probability*, Chicago：Chicago University Press.

G. 德布勒：《价值论——一般均衡的公理分析》，约翰·威立出版社 1959 年版。

Debreu, G. (1959), *Theory of Value：An Axiomatic Analysis of General Equilibrium*, New York：John Wiley.

D. 埃尔斯伯格：《风险、不确定性和萨维奇公理》，《经济学季刊》1961 年第 4 期，第 643—669 页。

Ellsberg, D. (1961), 'Risk, Ambiguity, and the Savage Axioms', *Quarterly Journal of Economics*, 4: 643–669.

B. 菲尼蒂：《预测、逻辑规律与主观来源》，《庞加莱研究所年报》1937 年，第 1 页。

Finetti, B. de (1937), 'La prévision, ses lois logiques, ses sources subjectives', Paris: *Annales de l' Institut Henri Poincare*, 1.

I. J. 古德：《概率与证据权衡》，查尔斯·格里芬出版社 1950 年版。

Good, I. J. (1950), *Probability and the Weighing of Evidence*, London: Charles Griffin.

I. J. 古德：《主观概率》，载 J. 伊特韦尔等编辑：《新帕尔格雷夫词典》，麦克米伦出版社 1987 年版。

Good, I. J. (1987), 'Subjective probability', in J. Eatwell, M. Milgate and P. Newman (eds), *The New Palgrave Dictionary*, London: Macmillan.

P. J. 哈蒙德：《不确定性》，载 J. 伊特韦尔等编辑：《新帕尔格雷夫词典》，麦克米伦出版社 1987 年版。

Hammond, P. J. (1987), 'Uncertainty', in J. Eatwell, M. Milgate and P. Newman (eds), *The New Palgrave Dictionary*, London: Macmillan.

J. R. 希克斯：《不确定性和利润理论》，《经济学》1931 年第 32 期，第 170—189 页。

Hicks, J. R. (1931), 'The Theory of Uncertainty and Profit', *Economica*, 11: 170–89.

J. 赫舒拉发：《投资、不确定性下的决策——选择理论方法》，《经济学季刊》1965 年第 4 期，第 509—536 页。

Hirshleifer, J. (1965), 'Investment, Decision under Uncertainty: Choice-theoretic Approaches', *Quarterly Journal of Economics*, 79: 509–36.

J. 赫舒拉发：《不确定性下的投资决策——国家参考方法的应用》，《经济学季刊》1966 年第 2 期，第 252—277 页。

Hirshleifer, J. (1966), 'Investment Decision under Uncertainty: Applications of the State-reference Approach', *Quarterly Journal of Economics*, 80: 252-77.

R. C. 杰弗里：《决策逻辑》，芝加哥大学出版社 1983 年版。

Jeffrey, R. C. (1983) [1965], *The Logic of Decision*, Chicago: University of Chicago Press.

J. M. 凯恩斯：《概率论》，麦克米伦出版社 1921 年版。

Keynes, J. M. (1921), *A Treatise on Probability*, London: Macmillan.

F. H. 奈特：《风险、不确定性和利润》，芝加哥大学出版社 1921 年版。

Knight, F. H. (1921), *Risk, Uncertainty and Profit*, Chicago: University of Chicago Press.

B. O. 库普曼：《直觉概率的公理与代数》，《数学年鉴》1940 年第 2 期，第 269—292 页。

Koopman, B. O. (1940), 'The Axioms and Algebra of Intuitive Probability', *Annals of Mathematics*, (2nd series), 41: 269-92.

I. 利维：《知识企业》，麻省理工学院出版社 1980 年版。

Levi, I. (1980), *The Enterprise of Knowledge*, Cambridge, MA: MIT Press.

I. 利维：《阿莱斯和埃尔斯伯格的悖论》，《经济学和哲学》1986 年第 1 期，第 23—53 页。

Levi, I. (1986), 'The Paradoxes of Allais and Ellsberg', *Economics and Philosophy*, 2 (1): 23-53.

R. D. 卢斯、H. 雷法：《博弈论与决策》，约翰·威立出版社 1958 年版。

Luce, R. D. and H. Raiffa (1958), *Games and Decisions*, New York: John Wiley.

M. J. 马奇那、M. 罗思柴尔德：《风险》，载 J. 伊特韦尔等编辑：《新帕尔格雷夫词典》，麦克米伦出版社 1987 年版。

Machina, M. J. and M. Rothschild (1987), 'Risk', in J. Eatwell, M. Milgate and P. Newman (eds), *The New Palgrave Dictionary*, London: Macmillan.

F. 拉姆齐：《真理与概率》，载 D. H. 梅勒编辑：《哲学论文》，剑桥大学出版社 1990 年版。

Ramsey, F. (1990) [1926], 'Truth and probability', in D. H. Mellor (ed.),

84

Philosophical Papers，Cambridge：Cambridge University Press.

F. 拉姆齐：《数学的基础和其他逻辑论文》，基根·保罗出版社 1931 年版。

Ramsey，F.（1931），*The Foundations of Mathematics and Other Logic Essays*，London：Kegan Paul.

H. 赖兴巴赫：《概率论》，加州大学出版社 1949 年版。

Reichenbach，H.（1949），*The Theory of Probability*，Los Angeles：University of California Press.

N. 雷切尔：《模拟逻辑的一个概率方法》，《芬兰哲学学报》1963 年第 1 期，第 215—226 页。

Rescher，N.（1963），'A Probabilistic Approach to Model Logic'，*Acta Philosophica Fennica*，16：215-26.

N. 雷切尔：《多值逻辑》，麦格劳希尔出版社 1969 年版。

Rescher，N.（1969），*Many-Values Logic*，New York：MacGraw-Hill.

L. J. 萨维奇：《统计学基础》，约翰·威立出版社 1954 年版。

Savage，L. J.（1954），*The Foundations of Statistics*，New York：John Wiley.

85

第 二 篇

经济思想史的主流趋势

第五章　不确定性和主观主义：不确定性对奥地利学派的影响

皮埃尔·加雷洛（Pierre Garello）

第一节　引　言

在 20 世纪前几十年里，大多数经济学家通常都知道维也纳经济学派的著作，并将其作为重要经济学贡献之一。[1]然而今天，这些著作似乎鲜为人知。我们如何解释这种变化？是一种主动摒弃的现象，抑或是一种不自觉忽略的现象？或者，更可信的是，奥地利学派中所有"好的"成果，已被纳入其后更宏大且可能更严谨的学术分析之中？本章介绍了奥地利学派思想中不确定性和主观主义之间的关联，我们认为，这基本回答了上述问题。

奥地利学派经济思想从诞生之初便带有主观主义印记，这使之相较于其他思想学派更强调人类活动中固有的不确定性。但是，对主观主义行为和由此所产生不确定性的兴趣，是否必然意味着无法科学观察个体行为及其结果？奥地利学派认为情况并非如此，但所采取的科学方法必须足以应对这个崭新的课题。因此，经济学家的研究方法与纯粹物理现象的研究方法大相径庭。更一般地说，我们在经济学领域的知识、理解和预测能力，将以人类活动双重特征为标志：主观主义和不确定性。

奥地利学派的很多经济学家研究经济现象所采取的方式不一而同。本章不会探讨该学派不同成员之间方式的微妙差异，而将注意力集中于路德维希·冯·米塞斯（Ludwig von Mises）一人，更具体地说，集中在其主要贡献"人类行为"上。[2]

这种选择有两个原因。首先，本书中的另一篇文章将更具体地阐述卡尔·门格尔（Carl Menger）对不确定性这一主题的贡献。其次，针对"人类行为"的研究虽然可追溯到 1949 年，但这是伊斯雷尔·柯兹纳（Israel Kirzner）、马里奥·里佐（Mario Rizzo）、杰拉德·奥德斯里科尔（Gerald O'Driscoll）或拉里·怀特（Larry White）等真正奥地利学派成员的代表性贡献。

88　　本章主体旨在阐明奥地利学派研究不确定性方法的基础（第二至四节），随后将简要回顾（第五节）奥地利学派摒弃当代经济学家所普遍使用的数学形式化、概率论、"基数"效用等一些"工具"的原因。最后（第六节），我们将尝试根据一些新近经济分析成果来评估奥地利学派的贡献，从而部分答复开篇所提出的问题。

第二节　不确定性：既是主观选择的原因也是其结果

为了详细研究不确定性对经济现象的影响，必须首先分析不确定性的起源和本质。

一、主观性与不确定性的关联

奥地利学派的显著特征是突出人类行为的主观性。[3]其对主观选择的分析强调了人类选择中不确定性的重要性。因为经济现象是人类行为的结果，行为本身依赖于主观基础，不确定性自然成为经济生活的基本要素，因而也成为经济学分析的基本要素。以上是我们在本节中将尝试探讨并深化的观点。

奥地利学派认为经济学是主观的，因为个体所想要达到的"目标"被视为经济学家无须解释和判断的"数据"，因为"目标"是主观的、个体的而无争议的。从这个意义上讲，新古典经济学也是主观的。但是对于新古典学派经济学家而言，主观主义仅限于目的。[4]然而，对于奥地利学派而言，主观主义必须延伸到手段。因此，对决策问题的全部认知也是主观的。

事实上个体认为某种物质是一种资源，更不用说赋予其以特定价值，并不是该物质存在的结果。个体并非被"给予"资源，而是"认为"某种物质是有价值的资源。[5]

如果我们列举某种物质或某种思想被认为是资源的一些必要条件，那么主观性和不确定性之间的关联就会显而易见。究竟什么是将物质或知识转化为资源的必要条件呢?[6]首先，个体应该有目标。[7]如果没有改善个体状况的愿景，任何东西对个体而言都是没有价值的。但是，如果个体没有关于目标的准确知识，那么我们（作为外部观察者或经济工作者）对其理解方式的客体和信息集合也只会有不充分的知识。所有经济学家都同意目标的主观性，因此，我们很可能永远不会确切知道这个集合包含的具体内容。

二、不确定性是经济生活的根本

至少存在两个被视为资源的条件。即使看似微不足道，但我们必须记住：个体必然会意识到某一物质的存在。必须重申，我们不能完全认知他人的意识，这是不确定性的另一个来源。最后，个体必须意识到使用该物质与达成目标之间存在一个因果链条，并且他必须确信他能够利用这个链条。

以奥地利学派的观点来看，最后一个条件极为重要，因为它比其他条件更突出了个体决策制定的时间性。[8]只有通过事后观察才可以确定手段运用和目标达成之间的关联。在作出决定的当时，结果是不确定的，因为它们只有在未来，哪怕是不远的未来，才会出现。另外，个体决策时认识到的手段—结果之间的因果链条可以在很多方面被推翻。可能出于一种意料之外的纯自然因素（即物理上的不确定性），抑或可能出于被另一个人行动的意外

89

结果所打断。一旦我们考虑到行动的主观层面，特别是任何行动都以改变环境为精准目标这一事实，那么这种意外就是完全合理的。因此，"变化的概念与时间的概念密不可分。行动之所以依时序发生是因为其本身旨在改变"（HA：99）。

所以，通过坚持选择的主观性，奥地利学派赋予了不确定性在经济生活中的根本地位。不确定性来源于"手段—目的"这一框架中所表现出来的主观性，主观性本身亦是不确定性的来源——我们无法了解自身及他人行动的未来结果，这使我们不得不运用我们的想象力。

讨论完"基于不确定性的主观主义和行为是两个不可分割的概念"之后，[9]让我们现在看看奥地利学派，特别是米塞斯是如何分析这个充满显著主观性和不确定性的世界的。

第三节　对人类行为的研究

一、人类行为学：研究犯错之人的科学

如果所有人都接受绝对有效的哲学指引，并拥有全部技术知识，那么无论在应然层面还是在实然层面，人类行为学和经济学解释人的价值和行为的方式都将不同。在绝对有效性和全知性这些概念下，那些以犯错之人为研究对象的科学就没有存在意义。人类之目标即为结局，万物奥义即如人类所认知。（HA：92—93）

如此谨慎地遵循选择的主观性和不确定性结果的思想学派，如何成为所谓纯粹选择逻辑或者行为学的起源（及其后强大的助推）？本节将试图澄清这一显而易见的悖论。因此，我们将有机会回顾米塞斯先验主义所指的确切范围。[10]事实上，对于米塞斯而言，纯粹选择逻辑基于这样一个先验假定，

90

即"所有行为都是理性的且这是众所周知的常识"。根据米塞斯的说法，仅仅有目标的行为才有资格被认为是理性的。在米塞斯的演绎中，任何行动都直指目标和结果，而这一事实在生活中也是众所周知的。

以下是米塞斯对这一观点的表述："对于人类行为学"，他说，"足以证明这样一个事实：只有一种逻辑能够被人类思维所掌控，也只有一种行为模式能够属于人类且能够被人类心智所理解。"（HA：25）在此之后，他指出其所构想的逻辑类型："人类为了实现对现实的精神掌握，只存在两种原则，被称为目的论和因果律。"（HA：25）

因此，采取行动就意味着运用手段来达到目的（这是目的论原则）和"手段和目的的范畴预设了原因和结果的范畴"（HA：22；当然，这是因果律原则）。如此定义之下的人类行为学，是一种纯粹的演绎科学，恰如数学或者逻辑学，都是建立在这种理性行为假设之上的。

当然，人们可以并且必须思考这个行为先验知识的起源。

> 我们如何得知所有行为都具有目的性？通过内省还是观察。我们对自己及他人行为的了解程度，受制于通过自我反省和理解他人举止过程中所获得的关于行为范畴的熟悉程度。[11]

在这种理解方式下，纯粹选择逻辑科学可以与主观性共存，且不会产生任何悖论。事实上，人们可以在任何行为中声称存在结果—手段范畴，同时坚持结果和手段的主观性。

虽说这种观点并非自相矛盾，其仍有一个不合常理的推论：经济主体可能在犯错的同时仍然是理性的（这解释了本节的副标题），这种可能性需要一些解释说明。从主流经济学家出发，奥地利学派[12]认为错误是现实的一个重要特征，并必须成为科学解释的一部分。当然，严格来讲，他们并未提供错误理论。[13]但他们提供了经济过程中错误的原因和影响程度。错误的源头显而易见。前述我们得知任何错误—事后我们所认知的错误—来自结果的主观性—意味着拟定其他选择。它包括把事实上并不存在的事物视为一种手段，或者不把可能存在的事物视为一种手段。在这两种情况下，连接手段和结果的因果链将被误读。

在继续介绍奥地利学派的观点时，错误的影响将愈加明显。实际上，行为学所教导的是必要的，但还不够充分。如果不能驳斥从纯粹选择逻辑中得出的结论，[14]那我们对具体经济现象的分析也就没有意义。实际上，后者在不质疑行为学贡献情况下，还需要对于经济主体主观预期的新假设。这是因为我们的经济学分析超越了研究犯错之人的人类行为学。现在，我们转向研究经济学分析的另一个要素。

二、诠释：处理不确定性的恰当方法

用拉赫曼（Lachmann）的话来说，经济学分析中"诠释"（verstehen）的引入，是奥地利学派对这门学科的首个贡献。那么，诠释是什么？

对人类行为的研究包括两个主要分支：行为学和历史学（HA：30）。正如前文所述，人类行为学是一个基于先验假设的纯粹演绎分支，即行动皆有目的。而历史学则指向过去，当然，其不仅包括狭义上的历史（历史事实、历史统计学、历史思想史等），也包括心理学、民族学、人类学等。其主题是对历史事件（过去行为）的独特性、特殊性进行研究。其研究方法被德国认识论者描述为诠释。[15]诠释是指试图通过寻求行为主体主导某一事件所追求的结果以及行为主体赋予这一事件的意义和想法，来试图理解该事件。

但正如我们所指出的，对于结果和目的的认知是主观的，这种研究是否还可行？米塞斯给出了肯定的答案，熟悉行为使我们可以理解他人的选择。我们本身也是行为人，可以理解他人的动机，即使由于知识不完全，我们永远不能确定这种理解是否正确（HA：112）。因此，两位历史学家和两位具有相同知识、相同观察并与其所采用的人类行为学准则一致的经济学家，可以对同一事件给出两种截然不同的解释。即使这种"诠释"是恰当的行为研究方法，由于主观性和不确定性的双重影响，[16]而无法完全消除这种不确定性，只能是让我们尽可能与不确定性和谐相处。

这种在行为学和历史学、逻辑和直觉之间的交叉研究，不仅是奥地利学派方法论的一个特征，也存在于每个人的决策过程中。从更深刻的意义上讲，理解奥地利学派的认识论就是理解他们的决策理论。因此，在文章末尾，我们将探讨经济学家和个体行为人对"诠释"的相似之处。

这种相似之处在米塞斯的工作中非常明确："诠释不是历史学家的特权，这是每个人的事。在观察周边环境与条件时，每个人都是历史学家。"他进一步补充道，"行为目标必然指向未来，因而是不确定条件下的预测。行为个体看似拥有历史学家的眼睛，能够透视未来"。（HA：58）

因此，不只历史学家和经济学家可以有不同的解释，两个经济主体也可能对共同的经济环境有不同的看法，这意味着认知可能会产生误导。上一节所提及的犯错可能性，在这里再次出现。

在决策分析中，现代奥地利学派追随米塞斯（Mises），用企业家精神取代了诠释的概念，但观点是完全一样的。任何决策都必然在某种维度上赋予企业家精神，因为任何决策都取决于对现实的主观感知。人们由此可知，经济领域部分由"好"的企业家完成，即那些计划得以实现并且其行动以获取利润告终的企业家；部分由"不好"的企业家完成，即那些计划与结果大相径庭的企业家。

这种企业家精神的概念，是奥地利学派市场过程理论的根源，并在目前价格体系中扮演着新的角色。

第四节　基于不确定性的价格调整

本节我们将来到奥地利学派关于不确定性论述的最后一点。它旨在展示：人类行为的更宏大视野——整合了对于结果和手段的全部认知，使得我们对于市场和价格体系的运作，有了更深刻，甚至截然不同的理解。

一、对于均衡状态的批判

第一点需要注意的是在市场分析中，均衡概念并不发挥主体作用。但让我们首先看看他们如何定义均衡。[17]这个定义再次指向人类行为和知识的主观性。如果没有任何个体计划受挫，所有个体计划都完美地实现，就表明达到均衡状态。这需要经济个体代理人的看法并不会改变且认为无须执行新计划，特别是不能有任何意外出现。当经济代理人认为他们对市场环境的理解是正确的时候，就意味着达到了均衡状态。

米塞斯坚持这一点。当构建的一个均衡运转的经济模型时，"消除了时间流逝和市场现象的恒常变化"（HA：247），所以，"事实上已经没有任何行为"（HA：249）。个体仅仅是呈现着之前构思好的计划。

现在，人们可以看出为什么均衡概念并不发挥主体作用，因为它只是帮助我们定义了一个与市场过程相反的东西，市场就是变化和预测。市场是"由劳动分工合作之下不同个体行为相互作用来驱动的过程"（HA：257）。

因此，哈耶克（Hayek）对竞争均衡概念提出了严厉批评。正如新古典主义所设想的那样，竞争均衡描述了竞争不再起作用的情况，其假定排除了知识扩散所带来的问题。哈耶克说，竞争与均衡恰好相反：竞争是一个发现的过程。[18]

二、趋向均衡的动力来自价格调整

但是，事情并非如此简单。事实上，奥地利学派并不仅仅将均衡概念作为市场过程对立面来呈现，他们还是认为存在均衡趋势。"市场每时每刻都在走向最终的静止状态，因而才有必要采用这种假想的结构［均衡运转的经济］。此后的每一个新的瞬间都可以创造新的事件来改变这种最终的静止

状态，但是，市场总是因为绝对静止状态之后的行动而改变。"（HA：245）
随之而来的问题是在不确定世界中，知晓这种趋向平衡的原因。是什么力量
在系统协调个体计划？答案恰恰在于其价格理论，或者更确切地说，是其价
格调整理论。

　　毫无疑问，所有经济学家都同意价格会传达信息，但通过哪些方式？有
三种可能的答案。[19]首先，仅观察相对价格本身，就可以让经济主体"知
晓"商品的相对稀缺性。这是瓦尔拉斯系统中非常重要的功能。其次，价
格传达信息还有另一种方式，现代经济学家也已经分析了价格的另一个功
能，即观察相对价格变化。这种观察要求经济主体必须从价格变化中"提
取"信息。[20]最后，价格可以通过第三种方式揭示信息：同一商品的两种
不同价格对于敏感的经济主体而言是不均衡状态的标志，即意味着有利可
图。这第三种方式对奥地利学派理解市场过程至关重要，它只有在一个真正
不确定的现实世界中才有意义。在这个世界中，误判可能会导致产生这种不
均衡状况。[21]"企业家获利与否的终极原因，是未来需求和供给的不确定
性"（HA：293）。

　　因此，企业家进行决策就是发现个体计划之间的不协调，并能形成推动
其向均衡状态转化的趋势。然而，只有当企业家这种发现与市场环境变化速
度相比足够重要时，这种趋势才会有效。因此，终极问题是：是什么决定了
这种发现利润机会的倾向？

　　根据奥地利学派的说法，这种倾向是一种理性行为理所当然的结果。
"人类行为理论告诉我们，人们很容易发现对其有用的东西……这个被灌输
入人类意识的过程并不完全不受人类行为逻辑的控制。"[22]

　　这些最后的评论远没有为获得知识、形成认知的过程提供明确的解释。
与其他经济学家一样，奥地利学派似乎意识到我们普遍忽略了这个领域。尽
管如此，他们坚持一点：企业家并不比其他人更精于计算，也并没有获得更
好的先验知识，但企业家是最警觉的。正是这种警觉性，使企业家能够更好

94

感知其所处的经济环境。[23]

第五节　运用数学分析基于不确定性的交互作用

在明确奥地利经济学派思想中不确定性的确切作用后，由于没有提及其他经济学家在同一主题上所作出的贡献，我们可能会略感不适，[24]与这个专业（经济学）的一般趋势相反，大多数奥地利经济学家普遍对其观点转化为数学形式表现出完全缺乏兴趣的姿态。[25]对这种态度的某种解释，将使我们能够以不同方式来思考他们对不确定性的处理方式。

我们将集中讨论三个问题：他们在运用数学方面的立场是什么？他们支持什么样的效用概念？如果有，他们是如何运用概率论的？

一、对运用数学及量化效用的批判

他们对数学化的忽视可以找到两个理由。第一个是"数理经济学学派"。对门格尔和米塞斯来说就是洛桑学派，他们认为其主要是均衡学派。但是，正如我们所示，从奥地利学派角度来看，均衡模型只是具有次要意义的精神建构。我们为什么要研究永远不会达到的均衡状态特征呢？相反，我们应该把注意力集中于推动均衡状态出现的力量，以及推动市场进程的因果关系链上。

这引出了奥地利学派对于运用数学的第二个主要批评。他们说，这种（数学）语言并不适用于研究人类的行为及其结果。实际上，我们理解这些现象最至关重要的是因果律之间的关联。当我们写下方程时，不太可能恰当的解释因果律。方程与思维过程相比有点"不那么丰富"。[26]

奥地利学派也反对在经济理论中进行任何量化（虽然他们没有看到其在应用经济学或经济史研究中的运用）。让我们给奥地利学派的效用方法做一个释例。米塞斯写道："价值判断不能测度，它可以借由程度排序并区分等级，这是对偏好和序列的表达，但不是对测度和度量的表达。"（HA：97）他忠实于门格尔的思路，实际上并未使用"效用"一词，而是更倾向于使用"重要性"一词，意思是"重要意义"（德语中的 bedeutung）。米塞斯再次写道："在人类行为学中，效用这一术语等同于重要性，并与认为相信消除焦虑相关联。"（HA：120）

因此，门格尔之后，他们认为效用就是一个序列概念。与大多数当代作者不同，门格尔并不认为这个概念举足轻重。我们现在所知道的关于个体偏好的一切，就是他偏爱 x 而非 y（在我们确信他能够同样认知 x 和 y 的条件下）。此外，我们必须记住，这只能揭示他在特定时期的偏好。因为所有人都没有永恒不变的价值序列，这个序列将随个体知识和其对周边环境看法的变化而发生变化。[27]

二、概率无用论

也因为价值判断"无法衡量"的特性，除在特定情况下，奥地利学派认为概率论毫无用处。米塞斯区分了两种概率：类别概率和个案概率。第一种类型旨在对一类事件进行描述。在这里，米塞斯似乎要将概率定义为相对频率极限的概念。然而，这种类型不提供关于特定事件的信息，而只能提供其所属特定类型的信息。他说，一般来讲，这种类型的知识对决策者没有太大帮助，除非他直接受到整个类型事件的影响，例如保险代理机构。

第二种概率，个案概率，旨在表征精准的唯一事件。在某些场合下，米塞斯说，"就特定事件而言，我们知道决定其结果的一些因素，但对其他决定因素我们什么都不知道"（HA：110）。这个概念正是为此种情况而设计的。因此，其似乎更接近于主观概率的概念，或者更接近于凯恩斯对概率的"必要考察"。但是，如果精准事件概率对决策者非常有帮助，那么很遗憾，米塞斯认为，对其进行赋值是不可能的。[28]当然，我们会恰巧作出类似判断的陈述，例如，"根据我的估计，罗斯福（Roosevelt）很可能以 9 比 1 赢

95

得胜利",但这样数字的运用是纯属隐喻性的。它只是以不正确的方式表达了基于我们行为所作出的更复杂判断。[29]

总结一下本节对于阐释奥地利学派关于其他经济学家所提出的处理不确定性方法的简要考察,我们必须提及奥地利学派所赋予的通常所谓决策理论的重要性。同古典经济学家们一样,他们的目标是致力于解释市场的一般性功能。为此,他们从个体选择开始入手。但他们只关心选择的主要特征——特别是纯粹逻辑要素和主观要素的共存,并确信这是他们理解市场过程所需的全部内容。因此,他们以在某种意义上十分丰富的决策理论收场——将大量主观性选择纳入考察范畴,但其他方面尚处于萌芽阶段。

第六节 对奥地利学派贡献的终评

从上述这个简要阐释看来,奥地利学派处理不确定性依赖于以下两个命题:

96

1. 即便在充满不确定性情况下,也存在一种普遍的行为逻辑。

2. 在任何行为中都存在一个主观维度:品味和知识都是主观的,这些主观成分内容部分地超出了逻辑范畴,因此无法预测。[30]

从这两个命题出发,可得到两个推论:

1. 我们的计划经常会受挫,世界永远不会处于均衡状态,因此——

2. 在任何时候,都会有机会改善我们在社会中的状况。

最后,对现实的考察告诉我们,正如奥地利学派试图阐释的那样,由于我们认识有限,机会的发现更倾向于是一种错误的影响。这种影响通过两个要素的结合来实现:市场价格体系代表了不均衡状态,以及一种探求如何改善我们生活的倾向——一种铭刻于人类思维方式中的倾向。

在我们看来,这项研究揭示了与其他思想流派最新理论成果的显著相似之处。以下是其中三个:第一,奥地利学派采用了广义理性的定义:理性并不一定能令个体效用最大化，它只是一种有目的的行为；第二，在不确定情况下的行动，会导致理性人犯错误（因为这些决定并不是具有无限计算能力且无所不知的个体所作出的）；第三，在不确定世界中采用均衡概念可能会产生问题。

为了检验这种理论与其他经济学家结论的相似性，我们只需要引用罗伊·拉德纳（Roy Radner）的一段话，他在最近研究一般均衡理论发展时写道：

> 如果我们并未完全抛弃经济理论中的理性假设，那么我们必须详细阐述理性行为更复杂的、经验意义上的相关概念——如果你愿意，可以称之为有限理性行为……一旦我们在发展有限理性理论领域取得一定进展，那么我们可能不会再对均衡感兴趣了。[31]

这表明，罗伊·拉德纳的研究在很多方面与多年来奥地利学派的主张相互贯通，尽管人们更多使用主观理性、有限认知而不是有限理性来描述奥地利学派的思想。

如果我们对奥地利学派研究方法的理解是正确的，那么按照这种方法，两个研究领域应该被证明是卓有成效的，这是我们的研究成果。首先应当尝试更好理解认知过程：是什么决定了我们对环境的感知？我们通过什么程序进行决策？该领域的显著进展可能来自正在快速发展的跨学科研究。研究者还应当进行另一项研究，这与前一个领域也有关联。更准确地说，研究者（在更大维度上包括宪法、法律、商业规则、合同和各种社会制度领域的研究者）在多大程度上通过自身及其研究促进主观认知的融合并由此减轻不确定性的影响。[32]

注　释

〔1〕熊彼特（Schumpeter，1954：827）写道："（维也纳学派）的国际影响力

直到 20 世纪 30 年代（暂时）消逝了。"1950 年，奈特撰写了第一本关于门格尔《原理》（*Principles*）英文译本的序言，这本书被威克塞尔（Wicksell）认为是自李嘉图（Ricardo）《原理》以来，最伟大的经济学著作。博姆－巴维克（Böhm-Bawerk）和维塞尔（Wieser）在 20 世纪初已经拥有了国际性声誉〔维塞尔的《自然价值》（*Natural Value*）是第一部被翻译成英文的奥地利作品〕。在伦敦政治经济学院举办了一系列讲座之后，哈耶克于 1931 年在伦敦的一所大学开始担任讲师。由于作品中几乎没有采用数学公式，奥地利学派思想的传播速度非常快。

〔2〕使用的是 1966 年出版的第三次修订版。由于该来源的引用数量众多，参考书目将遵循引用，并使用字母"HA"代表米塞斯的《人类行为：经济学论著》（*Human Action—A Treatise on Economics*）。

〔3〕米塞斯有时使用"现代主观经济学"，而不是"经济科学"这一表达（HA：21，64）。我们认为，这种对主观主义的坚持是奥地利学派思想的一种特殊性，但这并不是否认其他经济学家都强调选择的主观性。〔例如，在拉赫曼（Lachmann）1976 年的作品中，可以看到他是如何看待沙克尔和米塞斯之间的联系的〕当然，除了主观性，个人主义方法论是奥地利学派思想的另一个主要因素，但其得到了更广泛的认同。

〔4〕根据拉赫曼的说法，这是帕累托（Pareto）思想的体现："一个人只要留下他的照片，就可以消失了。"〔帕累托，《政治经济学教材》（*Manuel d'économie politique*）第二版，巴黎，1927：260。引用自拉赫曼（Lachmann），1977：56〕。关于新古典主义经济学家对各种旨在扩大主观主义的范围、突破目标和个人品味的界限的反感态度，可参见奥曼（Robert John Aumann，1987：13—14）。

〔5〕门格尔（1976：58）写道："商品的特性并非商品本身所固有"，同样，"因此，价值不是商品固有的，不是商品的特有属性，亦不是某种独立的存在。价值只是一个经济主体的判断：他们对于为了维持生命和福祉而所消耗物品的重要性的判断"（门格尔，1976：120—121）。

〔6〕关于这一点，参见例如门格尔（1976：52）或米塞斯（HA：13—14，92）。

〔7〕"任何商品或活动，都是从消费者需求中获得价值。"这有时被称为门格尔定律〔见柯兹纳（Israel Kirzner），1979：162〕。

〔8〕所有奥地利学派的经济学家都坚持时间维度，尤其是时间的不可逆性。门格尔第一章的整个部分都是关于时间的。米塞斯承认贝雷森（Bergson）在这一点上

的影响力，在 HA 中有一整章也是关于时间的。另见里佐（Mario Rizzo，1979）和最近杰拉德·奥德斯里科尔和里佐（Gerald P. O'Driscoll，Mario Rizzo，1985）共同对奥地利经济理论中时间作用的详细研究。

〔9〕马里奥·里佐和杰拉德·奥德斯里科尔（1985：2）。

〔10〕人们在这里找不到米塞斯方法先验论的详细论述。我们的目的是更加谨慎地回顾其在米塞斯框架中的确切功能。

〔11〕米塞斯，1978：71。

〔12〕从门格尔开始，1976：120。

〔13〕参见柯兹纳（1979）题为"经济与错误"的第 8 章，特别是与施蒂格勒（Stigler）就错误理论可能性所进行的辩论。

〔14〕根据门格尔、博姆－巴维克（Böhm-Bawerk）和米塞斯的说法：一个行为学法则或者理智真相的典型例子是边际效用递减法则，这对于戈森（Gossen）和韦伯（Weber）定理都没有任何价值。

〔15〕门格尔（1985）关于认识论的著作中，没有提及诠释。有关奥地利学派成员之间方法差异（有时是分歧）的进一步发展，请参阅劳伦斯·怀特（White）对门格尔《调查》（*Investigations*）英文版第二版的介绍。另见拉赫曼（1977：47—49）。米塞斯在介绍诠释的概念时，引用了贝雷森（Bergson）（的说法），并注意到他对"直觉"和"同情"这两个词的使用（HA：49）。

〔16〕"理解，是处理未来条件不确定性的唯一适当方法。"（HA：118）

〔17〕关于这个定义，参见哈耶克（Hayek），1937。

〔18〕参见哈耶克：《竞争作为一个发现的过程》，载哈耶克，1978：182。

〔19〕在这一点上，见汤姆森（Thomsen），1992。

〔20〕显然，如果所有人拥有完全相同的知识并且在各方面都相同，他们会以同样的方式解释价格变化。这可能会导致非常不切实际的结果，例如，格罗斯曼和斯蒂格利茨（Grossman，Stiglitz，1976）。但奥地利人会补充说：个体并不相同，并且坚持将企业家精神这一元素，纳入这个价格变化的解释过程。

〔21〕在大多数现代方法中，这个作用大都不被考虑，因为它预先假定了一些无法感知现有机会的经济主体所犯下的错误。

〔22〕柯兹纳：《哈耶克，知识和市场过程》，载柯兹纳（1979：29，30）。

〔23〕如果在进行仔细搜索时，发现了机会，这样一来，事先作出的搜索决定是包含企业家精神要素的。这些观点尤其于 1979 年在柯兹纳处得到发展。

〔24〕当然，通过直接查看他们的作品，可以找到参考资料。

〔25〕熊彼特认为这是一个令人遗憾的事实。在评论门格尔对经济学的贡献时（熊彼特，1954：827），他写道："因为缺乏适当的数学工具，他的天才仅仅让人眼前一亮。"在《经济分析史》（*History of Economic Analysis*）的作者看来，这是件憾事。这也解释了为什么门格尔没有能够达到瓦尔拉斯所达到的高度。

〔26〕拉赫曼（1977：48—49）提醒我们，门格尔在1883年和1884年写给瓦尔拉斯的两封信中解释了他的立场。在这些信中，门格尔坚持认为，不仅要建立数量关系，还必须思考经济现象的本质。他还在信中发问，应该如何在数学帮助下定义事物的本质，如价值、收入或企业家利润。

〔27〕关于这一点，请看米塞斯（HA：103）。其中，他特别坚持将一种符合逻辑且永恒的一致性概念，应用于对必然以时间顺序发生的行为的研究这一做法的危险性。

〔28〕参见米塞斯（HA：110—117）。米塞斯在这一点上的立场似乎不清楚，因为他谈到了概率，但同时否认其存在。关于奥地利学派对于概率的观点——尤其是关于潜在概率的另一个讨论，请参阅兰卢斯（Langlois，1982）。

〔29〕这个问题似乎与我们对概率判断的置信程度有关。值得注意的是，当萨维奇处理"确定"或"不确定"判断的问题时，他也举了总统选举的例子："个体概率的假设意味着，我可以在任意准确程度上决定（对我而言）下一任总统是民主党的概率。现在显而易见的是，我无法准确地确定这个数字，只有一个大概。"（萨维奇，1972：59）

〔30〕许多认真对待不确定性对于人类行为和福祉可能后果的科学家们，也非常认真地对待这两个主张。萨维奇曾经认为逻辑无法完全指导生活！（萨维奇，1972：59）。

〔31〕拉德纳（1990：16）。

〔32〕如前所述，米塞斯呼吁进行这种跨学科研究，以提高我们对经济现象的理解。同样有趣的是，哈耶克在心理学基础上，写了一本重要的书——《感觉的秩序》（*The Sensory Order*）。

99   **参考文献**

罗伯特·约翰·奥曼（Robert John Aumann）：《相关均衡——贝叶斯理性的表达》，《计量经济学》1987年第1期，第1—18页。

Aumann, Robert (1987), 'Correlated Equilibrium as an Expression of Bayesian Rationality', *Econometrica*, 55: 1–18.

罗宾·科万、马里奥·里佐：《经济理论中的遗传因果关系》，工作论文，纽约大学，1990年。

Cowan, Robin A. and Mario J. Rizzo (1990), 'The Genetic-Causal Moment in Economic Theory'. Working paper, New York University, September.

桑福德·J. 格罗斯曼、约瑟夫·E. 施蒂格利茨：《信息有效市场的不可能性》，《美国经济评论》1980年第3期，第393—408页。

Grossman, Sanford J. and Joseph E. Stiglitz (1980), 'On the Impossibility of Informationally Efficient Markets', *American Economic Review*, 70: 393–408.

弗雷德里希·哈耶克：《经济学和知识》，《经济学刊》新系列，1937年第13期，第33—54页。

Hayek, F. A. (1937), 'Economics and Knowledge', *Economica*, new series, 4: 33–54.

弗雷德里希·哈耶克：《竞争的意义》，载弗雷德里希·哈耶克：《个人主义和经济秩序》，芝加哥大学出版社1948年版。

Hayek. F. A. (1948), 'The Meaning of Competition', in F. A. Hayek, *Individualism and Economic Order*, Chicago: The University of Chicago Press.

弗雷德里希·哈耶克：《复杂现象理论》，载弗雷德里希·哈耶克：《对哲学、政治学和经济学的研究》，芝加哥大学出版社1967年版，第2章。

Hayek, F. A. (1967), 'The Theory of Complex Phenomena', in F. A. Hayek, *Studies in Philosophy, Politics and Economics*, Chicago: The University of Chicago Press, ch. 2.

弗雷德里希·哈耶克：《感性秩序——对于理论心理学基础的问询》，由海因里希·克鲁沃尔引入，芝加哥大学出版社1976年版。

Hayek, F. A (1976) [1952], *The Sensory Order-An Inquiry into the Foundations of Theoretical Psychology*, introduction by Heinrich Klüver, Chicago and London: University of Chicago Press.

弗雷德里希·哈耶克：《对哲学、政治学、经济和思想史的新论》，芝加哥大学出版社 1978 年版。

Hayek，F. A.（1978），*New Studies in Philosophy，Politics，Economics and the History of Ideas*，Chicago：University of Chicago Press.

W. 加菲：《莱昂·瓦尔拉斯未公开的手稿和信件》，《政治经济学杂志》1935 年第 2 期，第 187—200 页。

Jaffe，W.（1935），'Unpublished Papers and Letters of Léon Walras'，*Journal of Political Economy*，187－200.

伊斯雷尔·柯兹纳：《经济学的观点》，D. 范诺斯特兰德出版社 1960 年版。

Kirzner，Israel M.（1960），*The Economic Point of View*，New York：D. Van Nostrand.

伊斯雷尔·柯兹纳：《感知、机会和利润——企业理论研究》，芝加哥大学出版社 1979 年版。

Kirzner，Israel M.（1979），*Perception，Opportunity and Profit-Studies in the Theory of Entrepreneurship*，Chicago and London：University of Chicago Press.

伊斯雷尔·柯兹纳编辑：《主观性、知晓性和经济理解》，纽约大学出版社 1986 年版。

Kirzner，Israel M.（ed.）（1986），*Subjectivism，Intelligibility and Economic Understanding*，New York：New York University Press.

路德维希·拉赫曼：《从米塞斯到沙克尔：一篇关于奥地利经济学和不确定性社会的文章》，《经济学著作通讯》1976 年第 1 期，第 54—62 页。

Lachmann，Ludwig M.（1976），'From Mises to Shackle：An Essay on Austrian Economics and the Kaleidic Society'，*Journal of Economic Literature*，14：54－62.

路德维希·拉赫曼：《资本、预期和市场过程：论市场经济理论》，由怀特·E. 格林德引入，希德·安德鲁斯和麦克梅尔公司 1977 年版。

Lachmann，Ludwig M.（1977），*Capital，Expectations and the Market Process-Essays on the Theory of the Market Economy*，introduction by Walter E. Grinder，Kansas City：Sheed Andrews and McMeel，Inc.

理查德·兰卢斯：《主观概率和主观经济学》，工作论文，纽约大学经济学系，1982 年，第 82—109 页。

Langlois，Richard N.（1982），'Subjective Probability and Subjective Economics'，Working paper，82-109，New York University，Department of Economics.

卡尔·门格尔：《经济学原理》，詹姆斯·丁沃、伯特·何塞里茨译，由 F. A. 哈耶克引入，纽约大学出版社 1976 年版。

Menger，Carl（1976）［1871］，*Principles of Economics*，translated by James Dingwall and Bert F. Hoselitz，introduction by F. A. Hayek，New York：New York University Press.

卡尔·门格尔：《特别参考经济学的社会科学方法研究》，由劳伦斯·怀特（White）引入，英语译本由弗朗西斯·诺克翻译，纽约大学出版社 1985 年版。

Menger，Carl（1985）［1883］，*Investigations into the Method of the Social Science with Special Reference to Economics*，introduction by Lawrence H. White，English translation by Francis J. Nock. New York and London：New York University Press.

路德维希·冯·米塞斯：《人类行为：经济学论著》第三次修订版，当代书局 1966 年版。

Mises，Ludwig von（1966）［1949］，*Human Action-A Treatise on Economics*，3rd revised edn，Chicago：Contemporary Book，Inc.

路德维希·冯·米塞斯：《经济科学的根本基础》，希德·安德鲁斯和麦克梅尔出版社 1978 年版。

Mises，Ludwig von（1978），*The Ultimate Foundation of Economic Science*，Missian，KS：Sheed Andrews and McMeel Inc.

劳伦斯·莫斯编辑：《路德维希·冯·米塞斯的经济学——关键的重新评估》，希德和沃德公司出版社 1976 年版。

Moss，Laurence S.（ed.）（1976），*The Economics of Ludwig von Mises：Toward a Critical Reappraisal*，Kansas City：Sheed and Ward，Inc.

杰拉德·奥德斯里科尔：《经济学作为一个协作问题——哈耶克的贡献》，希德·安德鲁斯和麦克梅尔出版社 1977 年版。

O'Driscoll Jr，Gerald P.（1977），*Economics as a Coordination Problem：The Contribution of F. A. Hayek*，Kansas City：Sheed Andrews and McMeel，Inc.

杰拉德·奥德斯里科尔、马里奥·里佐：《时间和无知的经济学》，罗格·盖里森亦有贡献，巴兹尔·布莱克维尔出版社 1985 年版。

O'Driscoll Jr, Gerald P. and Mario J. Rizzo（1985），*The Economics of Time and Ig-norance*，with a Contribution from Roger W. Garrison，Oxford and New York：Basil Black-well.

罗伊·拉德纳：《跨时期的一般均衡》，1990 年。该文章在纽约大学的一次研讨会上展示。

Radner，Roy（1990），'Intertemporal General Equilibrium'. Paper presented at a seminar at New York University.

马里奥·J. 里佐编辑：《时间、不确定性和不均衡——对奥地利学派主题的探索》，列克星敦书局 1979 年版。

Rizzo，Mario J.（ed.）（1979），*Time，Uncertainty and Disequilibrium：An Exploration of Austrian Themes*，Lexington，MA and Toronto：Lexington Books.

莱纳德·吉米·萨维奇：《统计学基础》第二次修订版，多夫出版公司 1972 年版。

Savage，Leonard J.（1972）［1954］，*The Foundations of Statistics*，2nd revised edn，New York：Dover Publication，Inc.

约瑟夫·A. 熊彼特：《经济分析史》，牛津大学出版社 1954 年版。

Schumpeter，Joseph A.（1954），*History of Economic Analysis*，New York：Oxford University Press.

埃斯特班·汤姆森：《价格和知识——市场过程视角》，劳特利奇出版社 1992 年版。

Thomsen，Esteban F.（1992），*Prices and Knowledge：A Market Process Perspective*，London and New York：Routledge.

第六章　卡尔·门格尔经济思想中的货币与不确定性

蒂里·艾马尔（Thierry Aimar）

第一节　引　言

学界通常十分强调卡尔·门格尔（Carl Menger）在认识论层面对于价值理论的贡献。[1]然而鲜少有人探讨过其货币分析，以及货币分析融入其整体思想的方式。[2]尽管如此，对这一主题的探讨却不可或缺，因为"货币"主题可以让我们将奥地利学派经济学家不同方面的成果相关联。

卡尔·门格尔写过一些货币相关的论文。除文章《货币》（Geld）（1900）之外，我们还须关注到其另外两篇重要论文，它们值得立即被翔实地翻译为外文广为传播。这两篇论文分别是：《货币、价值尺度》（Money, Measure of Value）（1892b）和《货币的起源》（The Origin of Money）（1892a）。然而，通过阅读其两部著作：《经济学原理》（The Principles of Economics）[1981（1871）]和《社会科学方法研究——经济学特别参考》（Investigations into the Method of the Social Sciences, with Special Reference to Economics）[1985（1883）]，我们可以大致了解：货币在其思想中扮演了重要且特殊的角色。事实上这与门格尔最喜欢的论题之一——信息直接相关。然而，其观点在该领域也表达出一定的矛盾性：如果货币可以帮助我们应对不确定性，那么它同时也构建了一个无意识领域。

寻求解决这个问题的方法，必须从门格尔的认识论出发。只有通过这一点，我们才能理解：一方面，经济活动的关键问题是信息问题；另一方面，经济理论的唯一目的是如何回答这个问题，尽管它无法为经济主体提供一个没有不确定性的保护性的世界（第二节）。门格尔货币分析理论中的很大一部分是围绕这个问题构建的。对于门格尔而言，货币是极佳的流动资产。但是我们必须为这一基本属性增加两个典型职能：一个是衡量价格，调节日常生活中的所有交易；另一个是贮藏价值。由于后一个因素，即使货币实际上并不能减少不确定性，但其至少为经济主体提供了更好处理不确定性的手段。事实上，它可以使经济主体充分应对并掌握市场环境的起伏变化（第三节）。然而，与此同时，对于门格尔而言，货币在社会中扮演一定角色，使其遵循有机自然过程运转。以上这些须从进化角度分析，并牢记这种进化是自发的。而进化结果事实上是个体行为无法预料的产物，因此将产生一定范围内的无知。由此，货币作为一种有机现象将产生不确定性（第四节）。

货币是产生信息匮乏问题的原因之一，同时也是解决问题的主要条件。它既是管理不确定性的一个主要因素，同时也产生不确定性。因此，门格尔的货币分析理论非常具体：它代表了经济领域中两个信息管理层面之间冲突的核心矛盾。

第二节　经济学和信息

一、精准方法（exact approach）与经验主义—现实主义方法（empirico-realist approach）

门格尔认为，经济学属于社会科学（或伦理科学）领域。他给出了如下定义："我们通过经济来理解人类为满足其物质需求所进行的预测活动。"（门格尔，1985：63）

他的目标是与经济现象达成"普遍"共识，以使我们便于预测和控制。这也正是他阐述此经济理论的目的。这意味着要确定这些现象的形式和经验规律，以便发现"交换的一般方式、价格、地租、供给、需求以及这些现象之间的典型关系。例如，供求增加或减少对价格的影响，人口增加对地租的影响，等等"。作为一种发展"一般"知识分支的方式，它分为两个方面："精准"调查和"经验主义—现实主义"调查（门格尔，1985：42）。

精准方式的目的是确定经济现象之间的良好典型和良好典型关系（精准法则）。就精准法则而言，分析不应仅简单阐明现象之间关联的性质，还应当进行量化处理。他们确定"测度到需求上涨，必然随之而来测度到价格上涨"（同上：72）。其目的是以这种方式获取无瑕疵的精确度和普适性的维度，"适用于所有时代和所有进行商品展销的国家"（同上）。因此，这些精准法则"不仅无一例外，还基于主导我们思想的原则，除无一例外之外，无需多想"（同上：61）。它们是精准且绝对的。然而，它们只能以牺牲一定限制为代价，以三种假说为代表：第一种假说是认为经济主体只专门追求自己的物质利益。因此，门格尔与现代分析相比严格定义了私人利益；第二种假说是代理人享有如上所述追求其经济利益的自由；最后一个假说是要求他们在活动过程中不犯任何错误。因此，经济过程既取决于经济主体的态度，也取决于其对于信息的处理。在这里，门格尔含蓄地强调意志（利己主义行为）和认知（排除无知）概念。这两种因素将决定精准法则的运行特征。

与"精准"方法相反，"经验主义—现实主义"调查，旨在阐释"实际经济过程和现象"的规律性（同上：57）。由于缺乏上述假设，它可以与"精准"调查区分开来。经验主义—现实主义法则可适用于任何态度或行为的经济主体。因此，其可操作性将大大增加。然而，每一枚硬币总是有两面。放弃制定精准法则的限制显然会导致精度上的损失。经验主义—现实主义法则可以并通常会遇到例外情况。而事实上例外易于被找到这个问题变得至关重要，"就测量需求对价格影响而言，即使是一个确定国家的确定市场，仅仅基于观察也可以得到不同的结论"（门格尔，1985：72）。

二、共同的局限性

"精准"经济理论旨在处理由严格假设框架决定的现象；"经验主义—现实主义"理论旨在揭示经济事实之间的规范关系。门格尔认为，这两种方法是互补的，且对应于两种认知、预测和控制方式。如此一来，理论科学是"纯粹的问题，即使在不同意义上，它不仅提出了理论研究层面上的解决方式，也提出了现实层面上的解决方式"（门格尔，1985：67）。它们共同影响经济实践活动。

但它们尽管是必要条件，但并非充分条件。实际上，一般理论规律知识对经济主体来说几乎没有作用。仅就经济学领域而言，即使基本假设在现实中是真实的，其也只不过拥有完美的信息，缺乏确定性将使经济主体无法确定精准法则是否生效。在经验主义—现实主义经济学领域，虽然了解基础数据不再如此重要，但它也仅能提供经济活动结果的可能知识。因此，"绝对严格的经验法则在人类活动现象领域是不存在的"（门格尔，1985：214）。从《调查》（*Investigations*）一书序言，门格尔就已经高度认识到具体应用经济理论的限制和制约因素。其分析恰恰表明，不确定性和无知必须被视为经济活动中不可或缺的重要因素。经济理论无法充分指导企业家和消费者的经济行为。这可以解释门格尔持续不断在指责"自然科学和与实践指导准则科学相关联的经济现象和经济发展"之间的混淆（同上：46；参见门格尔，1961）

在实践中，这种不确定性现象以对价格结构无知的形式出现。实际上，我们已经知道，经济理论最首要以及最重要的目标是确定关于表述经济类别关联的法则。这些类别之间最常见的关联类型是以一系列价格表达的市场交换。因此，不确定性经由价格显现。

不确定性对经济主体而言是事实。这是否意味着，我们必须被动地向它（不确定性）低头，而无法通过处理它而获益？门格尔的货币分析回答了这个关键问题，并填补了理论法则在实际应用时的缺口：货币的主要职能之一是为经济主体处理不确定性提供方式。

第三节　作为应对不确定性方式的货币

一、货币的产生

对于《原理》（*Principles*）一书的作者而言，将货币作为价值贮藏媒介的动机源自不确定性这个普遍问题。由于我们对于价格体系及其演变的无知，因此有必要用货币来尽可能减少风险损失，或另一方面利用其从中获利。在生产和投资领域，这个问题尤为明显地关乎成败。因为正如伯尔施（Borsch）所强调的那样，生产"取决于要素投入和随机变量"（伯尔施，1973：65）。的确，价格波动幅度导致了对成本和利润的忽视。

在这一点上，我们必须更加细致地关注门格尔关于货币分析的主要内容。他认为，货币经济的逻辑应该与交换经济的限制相关联。因此，他进而试图通过对后者的研究来阐明货币的本质。他的论点基于人类永恒而普遍的满足个体需要的欲求。如果这些需求不能由其所拥有的商品直接满足，唯一的解决方案就是通过交换获取。以物易物极大限制了交换的可能性，并由此产生了极大的障碍："以物易物自然而然受限于这样一种情况：经济主体 A 必须拥有对其而言使用价值较小的物品 a 却需要物品 b，而物品 b 对其拥有者经济主体 B 而言价值却比物品 a 更小……在人类交易的初始阶段，事实上执行的所有交易都受限于此类情况"（门格尔，1981：258）。由于难以在一个群体中找到拥有所需物品的人，且这个人必须同时愿意将其换成交易对方所拥有的物品，显而易见，潜在交易少之又少，而寻选成本却十分高昂。

有一种方法可以部分减少此种情况下的限制。事实上，个体在任何时候都希望有可能将其财产换成某种物品，"虽然这些（物品）会带有某些商品属性。然而，这些物品却比他自己的财产具有更强的流动性"（门格尔，1981：259）。这个过程是完全理性的，因为"对于这些更畅销物品的所有者而言，他在市场上有更大可能可以找到愿意出售其所需物品的人"（同上：260）。通过这种方式，个体能够比前述情况更快（尽管是更间接的方式）获得现值。从"综合法"角度看，[3] 即：对流动性更强物品的普遍追求导致了货币的出现，这是由其"超流动性"属性决定的。

二、货币的职能

但重要的是，必须在货币的基本特征中添加两种典型职能才能使其成为超流动资产。一方面它可以衡量价格。这种价格尺度的概念，并不意味着货币本身不是交换过程的重要组成部分。在估价过程中，货币的作用与任何其他类型的商品没有区别。从这个意义上讲，货币的价格尺度职能并不是基本的。然而，在发达社会中直接交换的过程越来越少，并且大多数商品都被换成货币，交换的价值在绝大多数情况下以货币的形式表示。实际上，个体很难用其他商品来表达自己财产的价值，[4] 于是货币在惯例意义上承担着价值尺度的角色。

相应地，货币也具有价值贮藏职能。"在惯例中使货币成为唯一用于估值的商品的那些特征，也使货币成为个体积累部分财富以购买其他商品（消费品或生产资料）最适合的媒介"（门格尔，1981：278）。很显然，这个职能不是货币的特有属性，其他形式的商品同样可以贮藏价值。但是，为了尽可能快地适应环境变化，理性要求（我们）保留普遍被接受的商品以尽可能降低交易成本。"经济主体"因而能够更好地应对波动或更好地从盈利机会中获利。《货币》（*Geld*）一文中，门格尔甚至认为，对于个体而言，货币作为价值贮藏的典型职能比其超流动属性更为重要，货币被保留下来更多是出于这一原因。然而，他首先表明，这一职能对于经济健康运行至关重要，因为其允许个体根据不断变化的情况调整（自己的）策略（参见门格尔，1936）。

货币的价值贮藏职能在其当前和未来应对不确定性事件时具有重要作用。它的职能是弥补预测中犯下的错误，同时应对周围环境的变化。施特莱斯勒（Streissler）总结道："在很大程度上，现金是用来在突发事件、无计划的交易和与新数据、新信息兴起伴生的交易等情况下进行应急服务的。"（施特莱斯勒，1973：168）。

因此，很容易理解门格尔与均衡概念保持距离的原因。他认为均衡概念是一种必要的思想工具，但其必须被排除在对社会领域的分析之外。这为米塞斯和哈耶克的后续发展铺平了道路。首先也是最重要的，经济生活是被不断改变它的运动和变化所主导的。

货币的贮藏职能可以通过缓和或缩小变化对目前预测的影响来进行调整。然而，正如我们已经观察到的，货币在门格尔思想中的位置相当模糊。例如，在信息领域，其表达了冲突或矛盾。在现实中，很显然，尽管货币的价值贮藏职能有助于控制不确定性，但作为一种有机现象，货币却产生了不确定性。

第四节 作为不确定性生产者的货币

一、货币作为有机现象的历史维度

对有机过程的处理是《调查》的一个主要方面。该著作四卷中的第三卷完全致力于"对社会现象的有机理解"。其中门格尔所开启的分析领域，虽然在很多年后都无人问津，但是半个世纪后在哈耶克的发掘下，"自发秩序"成为当代奥地利学派理论的核心（尤其参见哈耶克，1988，1967，

1978a，1980）。

有机现象被定义为"历史发展的意外结果"（门格尔，1985：130）。对于门格尔而言，其可以被视为我们社会中的现实。其实，现实可以以多种形式出现：法律、社区、国家……在经济领域，其不仅代表市场和竞争，还代表货币。

作为一种有机现象，必须首先将货币视为演变过程的一个结果。因此，在《原理》中，门格尔用了很多篇幅阐述"适合特定人群和特定历史时期的货币种类"（门格尔，1981：262—271；参见门格尔，1892a）。作为一名著名经济史学家，他详细梳理并分析了不同社会选择不同商品作为货币的特征及其更替变化。在运用历史资料支撑其论点时，他特别注意到，在希腊、古代日本和小亚细亚的某些小部落，各种货币体系主要支付方式经历了从牛到金属的逐渐演变。他认为，在整个演变或进步过程中，选择不同种类的货币构成揭示了特定经济结构和文明程度的基础。金属逐渐成为主导货币形式的趋势揭示了某种社会生产方式：在小部落生产方式中，在社区内以及不同部落群体之间的交换发挥着越来越重要的作用。使用金属作为牛的替代品，不仅使交换的时间和空间得以扩展，还使其日益复杂化成为可能，从而导致越来越错综复杂的分工，这也为现代资本主义奠定了基础。因此，门格尔认为货币问题的时间维度至关重要，这在其分析中自然非常关键。很显然，就这个问题而言，门格尔提到了许多历史著作，并特别尊重德国学术的贡献。这可以解释《原理》中对于德国历史学派主要人物罗雪尔（Roscher）[5]的极大敬意。然而，通过货币起源于有机过程的理念，门格尔旨在强调过程的自发性。实际上，货币首先是许多个体行为无计划的产物。[6]

有机现象源于理性行为和个体策略，并通过其在社会层面归总为参与其中的所有人提供额外有利因素。因此，就货币而言，个体使用具有更大流动价值的商品对其来说自然是有益的。但是当这些商品被其他人普遍使用时，此有利因素就变得更加重要。挑选一个特定商品使其成为货币的过程，即是

（找到一个）公众使用的流动资产的过程，为社区中的每个成员带来了额外的有利因素——与初始设想的有所不同。因此，我们可以看到其正在产生积极外部性，这使得门格尔在论证中反复强调，这种类型的制度"服务于公共福利"（参见门格尔，1985：156）。

然而，现代奥地利理论在信息方面所具有的优势并未被定义。相反，很显然，门格尔认为，有机过程并不是信息的提供者，而是不确定性的主要来源，并且在本质上阻碍了理论法则运用条件的确立：通过产生无法预料的结果而在事实上产生了无知。哈奇森（Hutchinson，1973）成功掌握了门格尔有机理论中这个必不可少但经常被忽视的方面："门格尔强调个体行为意外结果的重要性，尽管人类行为中通常称之为疏忽而不是委托的错误，（他）明显认识到人类行为中无知甚至是错误的程度。"问题与主体对现有信息供给的不准确处理并没有本质关联。在更深层次上，其来自于不确定性领域，与自发结构的存在以及自身产生的连续变化都密不可分。基于不准确预测，这种不可避免的无知因素"本质上是这种'有机的'、无意识的行为或制度存在和运作的基础"（哈奇森，1973：25—26）。

该理论影响相当大，并且对价格和不确定性如何演变的问题有了新的认识。现在我们很清楚这种不确定性只不过是市场制度自发性的结果或表现形式。在对"有机现象"的讨论中，门格尔明确指出：

> 我们指的是商品社会价格的例子。众所周知，这些是关于个体的例子，它们全部或至少部分是积极社会因素的结果，例如受税收和工资法影响的价格等。但是，作为一种规则，价格在其形成和改变过程中，没有受到任何想要规范它们的国家的影响，没有受到任何社会协议（的影响），而是（一种）社会运动的意外结果。同样的道理也适用于资本利息、土地租金、股票利润等。（门格尔，1985：146）

107

二、货币价值变化与公共干预

在《调查》的一个启发性段落中，门格尔将货币与价格进行了比较，因为它们都受到了变化的影响：

> 法律、语言、国家、货币、市场，所有这些社会结构，无论是它们的各种经验形式还是它们的不断变化，都在很大程度上是社会发展的意外结果。商品价格、利率、土地租金、工资和其他上千种社会生活（尤其是经济）现象，表现出完全相同的特点。（门格尔，1985：147）

因此，货币也受到支配有机现象准则的影响：货币是一种与其他商品一样的商品，我们不能指望其"内在价值"，[7]即这种商品由于其自身固有因素而不受波动的影响。1892年，门格尔明确指出了这一点："货币本身的价值并不是固定的，而是根据时间和地点的不同不断发生变化。"（门格尔，1892b：159）但是问题的关键就在这里。我们已经看到货币的超流动性如何赋予其价值贮藏的典型职能，然而，这种至关重要的管控不确定性的职能，只能在货币无法改变商品与货币之间交换条件的情况下运行。否则，经济主体会发现自己丧失了一种借助一类具有稳定"内在价值"的商品来处理不确定性的手段。

在经常被评论家忽视[8]的文章《货币、价值的度量》中，门格尔明确提出了对这个问题的看法。他屡次重申：所有商品的价值天然地取决于变化，因此，我们不能指望其自身保持不变。但与此同时，他解释说：

108

> 控制某些商品在市场上出现数量的可能性，可以抵消这些商品所固有其他因素的影响——这些因素可能会改变它们同其他商品的交换条件。没有任何内在的交换价值是保持不变的。但是，某些商品的价值可

以通过调节它们在市场上出现的数量而使之保持不变。（门格尔，1892b：173）

这种操作特别适用于货币。事实上，货币是一种交换手段，"立法者将其作为支付手段加以实施，货币的流通（因而）属于立法者的职权范围。一个国家，或一组联邦，可以控制金属货币发行的数量"（同上：173）。

门格尔在这方面的立场与"货币产生的首要动因不是国家"的典型观点并不矛盾。早在1871年，在《原理》的附录J中，他就非常坚决反对鼓吹"货币是公共权力产物"的传统认知。货币首先是"人类经济的自然产物"而不是"立法行为"（门格尔，1981：262）。然而，公权力机构将特定支付方式确定为法定货币，可以扩大其在社区之外的使用范围。事实上，"国家批准赋予一种特殊商品以交换中一般等价物的属性，虽然国家不是商品货币属性产生的原因，但它显著改善了其货币属性"（门格尔，1981：262）。但是，这一过程使公权力机构能够调节货币的流通。因此，由于国家对货币发行量的控制，"当没有外力干预时，消除改变价格的因素并不是不可能的，从我们理解这一术语的意义上说，这就产生了一种具有内在价值不变的流通手段"（门格尔，1892b：173）。在整个货币章节中对货币具有"有机"或自发起源的肯定，与门格尔思想中对货币价值进行实用或计划性管理的可能性密切相关。

门格尔毫不犹豫地陈述并捍卫这样一个事实：即有机现象必然存在积极的一面。相反，我们不应该额外考虑规范性维度——对于该维度，理所当然要进行更微妙的处理。实际上，如果这些过程通过产生正外部性来"为公共福利服务"，那么它们同时也给社会和经济领域带来了不确定性。门格尔概括性地对这些现象提出了独特观点，并对货币进行了详细阐述，这使我们能够理解他不仅对于盲目实用主义（即系统干预主义）怀有敌意，也同时敌视完全的自由放任。巴里（Barry）正确地指出，对于奥地利学派的经济学家而言，"有机观点不应被解释为：以放任方式发展的规则必然比制定或设计规则更加优越"（巴里，1982：33）。因此，门格尔声称自己对德国历史学派的方法没有任何兴趣，他对苏格兰传统也没有给予更多无条件赞扬——苏格兰传统由伯克（Burke）上升到典范高度，其德国代表人物有萨维尼（Savigny）。事实上，因为他们过于极端，门格尔自己远离了这两种倾向并且同时摒弃他们的理论。理想情况下，他希望在每个案例中检验干预有机现象的可取性。门格尔很少讲述这种检验的实际内容，然而，通过其论证的隐含逻辑，我们目前能够看到它的基本原理：有意识干预有机现象可以减少不确定性，而对经济理论的构成要素进行任意国家干预会增加不确定性，论证的唯一目的似乎是，权衡这两者的利弊，并特别评估在货币领域进行公共干预的后果。

第五节 结 论

对于门格尔而言，经济理论是一门知识的重要工具。然而，这种知识的实际应用遇到了许多限制，并且永远无法消除经济主体所面临的不确定性问题。那么问题就变成了如何为经济主体提供手段：即使不能减少不确定性的范围，但至少尽可能有利于其主体利益的方式进行处理。门格尔认为，货币满足了这种需求。它的价值贮藏职能，确实可以减少无法准确预测的负面影响，并使经济主体能够充分利用新的获利机会。然而，作为一种"有机"要素，货币在本质上是历史性的。因此，奥地利学派学者认为，回溯货币的演化过程不可或缺，并且也必须被视为货币现象一般方法的补充。这些过程的自发属性催生了一个无知领域，而正是这种无知带来了经济生活中最主要的不确定性。

注　释

〔1〕特别参考阿尔特（Alter，1990）、巴里（Barry，1982）、博罗奇（Bloch，1940）、盖洛特（Guilot，1907）、哈耶克（Hayek，1934，1968）、哈奇森（Hutchinson，1973）、米尔福德（Milford，1990）、熊彼特（Schumpeter，1951，1983）、施蒂格尔（Stigler，1937）、怀特（White，1984）、耶格尔（Yeager，1954）……

〔2〕据我们所知，只有施特莱斯特（Streissler）在这方面做了部分尝试。

〔3〕门格尔在《调查》中，定义了"综合"方法，旨在展示复杂社会现象的结构是如何源于个体逻辑的。在这个问题上，它有助于解决这样一个显然的悖论：社区范围内有某种特定商品作为货币时，社区内却没有一个成员有这样的打算。

〔4〕在发达贸易的条件下，唯一可以在没有迂回过程的情况下，对所有其他商品进行估值的商品，就是货币。如果以物易物从狭义上消失了，并且（绝大多数情况下）只有货币实际上能成为各种商品的价格，（在这种情况下）以除货币以外任何方式进行的估值，都缺少一个可靠的基础。例如，羊毛或谷物的估值是相对简单的货币价值。但直接交换这两种货物的情况永远不会发生，或者仅在最罕见的特殊情况下（才发生），并且结果是这种估值的基础，即各自有效价格是缺乏的。使用粮食对羊毛进行估值，或者使用羊毛对粮食进行估值则涉及更大的困难。因此，这种估值通常只能在计算的基础上进行，而两种货物以货币表示的预先估值是先决条件。在另一方面，货币的估值可以在现有有效价格的基础上直接形成。（门格尔，1981：276—277）

〔5〕这项工作是献给威廉·罗雪尔博士的——"尊崇之至"。

〔6〕对于货币起源的分析，体现了整个奥地利学派传统：特别参见米塞斯（1953，1985）、罗斯巴德（Murray Rothbard，1976）、哈耶克（1978b）。

〔7〕在决定价格波动的原因中，有些依赖于商品，有些依赖于货币本身，有些因素则同时影响两者。因此，我们必须考虑货币在价格变动中的作用。在没有更合适术语的情况下，我们可以将其称为货币中内在价值的变化问题（门格尔，1892b：163）。

〔8〕施特莱斯特（1973）为我们提供了此现象的一个重要例子。为了融入与门格尔一系列关于不确定性和货币问题的思考，他完全忽视了这篇对该问题至关重要的文章。

110

参考文献

麦克斯·阿尔特:《卡尔·门格尔与奥地利学派的起源》,韦斯特维尤出版社1990年版。

Alter, Max (1990), *Carl Menger and the Origins of Austrian Economics*, Chicago: Westview Press.

诺曼·巴里:《自发秩序的传统》,《自由文学》1982年第5期,第7—58页。

Barry, Norman (1982), 'The Tradition of Spontaneous Order', in *Literature of Liberty*, V (5): 7-58.

亨利-西蒙·博尔奇:《卡尔·门格尔:奥地利学派的开山鼻祖》,《政治经济学通讯》1940年第3期,第428—433页。

Bloch, Henri-Simon (1940), 'Carl Menger: The Founder of the Austrian School', *Journal of Political Economy*, (June): 428-33.

卡尔·布罗奇:《奥地利学派理论中的不确定性》,载《卡尔·门格尔和奥地利经济学派》,克拉伦登出版社1973年版。

Borch, Karl (1973), 'The Uncertainty in the Theories of the Austrian School', in *Carl Menger and the Austrian School of Economics*, Oxford: Clarendon Press.

查尔斯·盖洛特:《奥地利学派的价值论》,法律论文,1907年。

Guilhot, Charles (1907), 'Théorie de la valeur d'après l'école autrichienne', thèse de Droit, Lyon.

弗雷德里希·哈耶克:《卡尔·门格尔》,对卡尔·门格尔的介绍,《经济学原理》,纽约大学出版社1934年版,第11—36页。

Hayek, Friedrich A. (1934), 'Carl Menger', introduction to C. Menger, *Principles of Economics*, New York and London: New York University Press, pp. 11-36.

弗雷德里希·哈耶克:《哲学、政治学与经济学研究》,芝加哥大学出版社1967年版,第124—126页。

Hayek, Friedrich A. (1967), *Studies in Philosophy*, *Politics and Economics*, Chicago: University of Chicago Press, pp. 124-126.

弗雷德里希·哈耶克:《卡尔·门格尔》,载《社会科学百科全书》第10卷,

麦克米伦 和自由出版社 1968 年版，第 124—126 页。

Hayek，Friedrich. A. (1968),'Carl Menger', in *Encyclopedia of the Social Sciences*, vol. 10, London and New York：Macmillan and Free Press, pp. 124-6.

弗雷德里希·哈耶克：《竞争，作为一个发现的过程》，《对哲学、政治学、经济学和思想史的新论》，劳特里奇出版社 1978 年版，第 179—190 页。

Hayek，Friedrich A. (1978a) [1968],'The Competition as a Discovery Procedure', in *New Studies in Philosophy*, *Politics. Economics and the History of Ideas*, London：Routledge and Kegan Paul, pp. 179-90.

弗雷德里希·哈耶克：《货币的去国有化——一个精炼的论点》，《流通货币理论与实践的分析》，经济事务研究所 1978 年版，霍巴特专题论文 70。

Hayek. Friedrich A. (1978b), Denationalisation of Money-The Argument Refined. An Analysis of the Theory and Practice of Concurrent Currencies, London：The Institute of Economic Affairs, Hobart Special Paper 70.

弗雷德里希·哈耶克：《法律、立法和自由》第一卷，法兰西大学出版社、自由贸易出版社 1980 年版。

Hayek，Friedrich A. (1980) [1973], *Droit*, *législation et liberté*, vol. 1, Presses Universitaires de France, Libre-Echange.

弗雷德里希·哈耶克：《社会信息的使用》，《政治经济评论》1988 年第 1—2 期，第 117—140 页。

Hayek，Friedrich A. (1988) [1945], 'L'utilisation de l'information dans la société', *Revue d'Economie Politique*, 1-2 (Autumn)：117-40.

特伦斯·哈奇森：《〈方法研究〉中的一些主题》，载《关于卡尔·门格尔和奥地利经济学派》，克拉伦登出版社 1973 年版，第 15—37 页。

Hutchinson. T. W. (1973),'Some Themes from "Investigations into Method..."', in *Carl Menger and the Austrian School of Economics*, Oxford：Clarendon Press, pp. 15-37.

卡尔·门格尔：《论货币的起源》，《经济通讯》1892 年第 6 期，第 239—255 页。

Menger, Carl (1892a),'On the Origin of Money', *Economic Journal* (June), pp. 239-55.

卡尔·门格尔：《货币：价值的度量》,《政治经济评论》1892 年第 6 卷，第 159—175 页。

Menger, Carl (1892b), 'La monnaie, mesure de la valeur', *Revue d'Economie Politique*, vol. VI, pp. 159-75.

卡尔·门格尔：《贡赋》，载《卡尔·门格尔文集》第 4 卷，伦敦政治经济学院 1936 年版。

Menger, Carl (1936) [1900], 'Geld', in *The Collected Writings of C. Menger*, vol. IV, London: London School of Economics and Political Science.

卡尔·门格尔：《对经济科学的系统分类》，载《经济思想文集》，范·诺斯特兰德出版社 1961 年版，第 1—38 页。

Menger, Carl (1961) [1889], 'Towards a Systematic Classification of the Economic Sciences', in *Essays in Economic Thought*, Princeton: Van Nostrand, pp. 1-38.

卡尔·门格尔：《经济学原理》，纽约大学出版社 1981 年版。

Menger, Carl (1981) [1871], *Principles of Economics*, New York and London: New York University Press.

卡尔·门格尔：《特别参考经济学的社会科学方法研究》，纽约大学出版社 1985 年版。

Menger, Carl (1985) [1883], *Investigations Into the Method of the Social Sciences, with Special Reference to Economics*, New York and London: New York University Press.

卡尔·米尔福德：《门格尔的方法论》，载《卡尔·门格尔和他的经济学遗产》，杜克大学出版社 1990 年版，第 215—239 页。

Milford, Karl (1990), 'Menger's Methodology', in *Carl Menger and His Legacy in Economics*, Durham and London, pp. 215-39.

路德维希·冯·米塞斯：《货币与贷款理论》，耶鲁大学出版社 1953 年版。

Mises, Ludwig v. (1953) [1912], *The Theory of Money and Credit*, New-Haven: Yale University Press.

路德维希·冯·米塞斯：《人类行为：经济学论著》，自由贸易出版社 1985 年版。

Mises, Ludwig v. (1985) [1966], *L'action humaine: traité d'économie*, Paris: Li-

111

bre-Echange.

默里·罗斯巴德：《奥地利学派的货币理论》，载《现代奥地利经济学派的基础》，希德和沃德出版社 1976 年版，第 52—56 页。

Rothbard，Murray（1976），'The Austrian Theory of Money'，in *The Foundations of Modern Austrian Economics*，Kansas City：Sheed and Ward，pp. 52-6.

约瑟夫·熊彼特：《卡尔·门格尔（1840—1921）》，载《十位伟大经济学家：从马克思到凯恩斯》，牛津大学出版社 1951 年版，第 80—90 页。

Schumpeter，Joseph（1951），'Carl Menger，1840 - 1921'，in *Ten Great Economists：From Marx to Keynes*，New York：Oxford University Press，pp. 80-90.

约瑟夫·熊彼特：《经济分析史》第三卷，伽利玛出版社 1983 年版。

Schumpeter，Joseph（1983）[1954]，*Histoire de l'analyseéconomique*，vol. III，Paris：Gallimard.

乔治·约瑟夫·施蒂格勒：《卡尔·门格尔的经济学》，《政治经济学通讯》1937年第 2 期，第 229—250 页。

Stigler，Georges（1937），'The Economics of Carl Menger'，*Journal of Political Economy*（April）：229-50.

恩里克·施特莱斯勒：《门格尔的货币和不确定性理论：一种现代诠释》，载《卡尔·门格尔与奥地利经济学派》，克拉伦登出版社 1973 年版，第 164—190 页。

Streissler，Erich W.（1973），'Menger's Theories of Money and Uncertainty：A Modern Interpretation'，in *Carl Menger and the Austrian School of Economics*，Oxford：Clarendon Press，pp. 164-90.

拉里·怀特：《奥地利经济学派的方法论》，奥本大学路德维希·冯·米塞斯研究所 1984 年版。

White，Larry（1984）[1977]，*The Methodology of the Austrian School of Economics*，Auburn，AL The Ludwig von Mises Institute of Auburn University.

利兰·B. 耶格尔：《亨利·乔治和卡尔·门格尔的方法论》，《美国经济学与社会学通讯》1954 年第 3 期，第 233—238 页。

Yeager，Leland B.（1954），'The Methodology of Henry George and Carl Menger'，*The American Journal of Economics and Sociology*（April）：233-8.

112

第七章 奈特和凯恩斯的完全
不确定性及其经济范畴

莫里斯·内特（Maurice Netter）

第一节 引 言

作为一整套反对新古典综合学派的阐述，对未来不确定性具体概念的探讨是凯恩斯主义革命的一个基本方面。概率一般被认为无法简化，而现在和未来的事件不能用通过研究过去估计的统计概率来预测［戴维森（Davison），1989］。此前的理论假设认为，在经济运行过程中，经济主体至少对于"数值概率"（根据凯恩斯的术语）知晓所有的选择并可以预测所有由此产生的后果，而在此介绍的完全不确定性（radical uncertainty）与其有质的不同。根据科丁顿（Coddington，1976）"原教旨主义"的解释，"凯恩斯革命"甚至可以简化成对于这种完全不确定性的思考。

一些认为凯恩斯主义对于不确定性理解具有决定性重要影响的作者，将其与奈特（1921）进行了比较；他们认为，奈特对于"风险"和"不确定性"概念的区别可以整合到凯恩斯主义的方法中［巴吕雷（Barrère），1985］。相反，劳森（Lawsot，1988）强调了奈特和凯恩斯在理解概率和不确定性概念之间的显著差异。这就是本章提及比较奈特和凯恩斯各自方法的原因，进而比较其不确定性（和概率）的性质及对经济系统运行的影响。

奈特和凯恩斯对预期及其不确定性赋予了极强的经济意义。这使他们都将对不确定性的理解与对概率的理解相关联，且他们都早于科尔莫哥洛夫（Kolmogorov）概率数学理论的当代公理化，并早于主观概率理论的发展。

第二节 奈特的怀疑论

一、奈特关于概率的观点

奈特（1921：212）将概率定义为一项事物既具有属性 X 也具有属性 Y 的比例。对其而言，概率是真实的。正如罗森（Rossen，1988）指出的那样，他用形容词"真实的"（real）（第 219 页）、"实际的"（actual）（第 215 页）和"真正的"（true）（第 235 页）来表征概率。他认为"真实概率"的概念是基于某些基础的不可能认知的因素，而不仅仅是忽略他们（奈特：219）。因此，正如罗森（1988）所假设的以及作者所使用的"客观概率"这一表达所带给我们的思考一样，奈特的"真实概率"事实上描述了人与外部现实的关系特征，而不仅仅是外部现实本身。

从奈特（1921：214—215，224—225）的观点来看，只有两种具体情况可以推断出真正的"概率判断"：

1. 可以计算的"先验概率"情况（例如在机会游戏中）：在这种情况下"概率判断"具有数学状态；

2. 可以通过基于过去经验（保险领域的常见情形）频率的实证性评估来确定的"统计概率"情况。

笔者指出，第一种类型推论表明一组相等概率的"基本"备选方案是由于缺乏足够理由来赋予不同概率（奈特，1921：219—222），他的想法与维恩（Venn）和埃奇沃思（Edgeworth）一样，认为将概率判断的数学推论简化为单一统计推论是错误的。在第二种情况下，随机事件不能被足够均匀的进行分组以定义这种同样可能的替代方案（同上：224—225）。

113

二、奈特的不确定性和风险观点

然而，对于我们每天所做的大多数决策，甚至是那些业务经理，这种详尽分析或准确测算通常都是没有合理基础的：这些决策仅仅是基于单独见解的预期，而不是基于由上述两种推论生成的概率判断，因此这种"估计"必然具有不确定性（同上：225，230）。造成这种情况的原因之一是情境的独特性质。在这些条件下，客观测量概率概念是不适用的（同上：231）。作者承认估计（在他之前使用该术语时的含义）具有与严格意义上的概率判断相同的形式（即分数）。然而，对于他而言，内容是不同的，因为相应的不确定性不能简化为"定量的、确定的、客观的概率"（同上：231—232）。

这种观点导致奈特（1921：233）认为，在可以作出概率判断的情况下，后者构成了对不确定性的度量。基于此，他在其著作的某些段落中，辨别了"不确定性"和"不可测量的不确定性"，并把可测量的不确定性称为风险。[1]与此相反，从作者的角度来看，真实不确定性相对于概率和风险是主观的；它涉及判断本身以及对其信任的程度（同上：227—229）。[2]与庇古（Pigou）的观点相反，这种不确定性对于作者而言，无法简化为概率游戏中的不确定性，其与已知概率相对应，并且内生于"人类生存状况"。他认为，一般意义上的有意识行为都旨在改变未来境况，而关于未来的图景源于对现实的部分认知，且无法通过相同形式的行动精确执行原有计划等因素纳入考虑（同上：200—202）。

作者对经济理论中没有考虑到严格意义上不确定概率的不可约性提出了批评（同上：231—232）。

第三节　凯恩斯的观点

凯恩斯在其《概率论》（*Treatise on Probability*）（与上面提及的奈特的

著作都出版于 1921 年）中提出了概率理论基础的原始概念。但是，凯恩斯（1937a；1936：第 12 章）指出，对其而言，"不确定性"并不是"可能"甚至"不可能"的同义词。他断言，对于某些不确定的偶发事件，没有科学依据来评估其"可计算概率"。与奈特一样，他在严格意义上的不确定情境中赋予预测置信度以重要意义。虽然这篇论著与凯恩斯在 1936 年和 1937 年所表达的不确定性反思之间确实存在关联，但许多"凯恩斯主义原教旨主义者"强调，这两者之间也有许多不同之处。例如，该论著强调了概率"客观性"的合理性；在《通论》（General Theory）中对于不确定性的思考，由于其与预期紧密相关而根植于暂时性（戴维森，1984），将个体的主观性计算在内（戴维森，1991），包括其非理性维度［温斯洛（Winslow），1989］和社会环境（罗森，1985）。这些在与奈特方法进行比较时均应纳入考虑。因此，本节将相继分析 1921 年概率理论中与不确定性方法相关的元素，以及 1936 年和 1937 年涉及后者的评论。

一、凯恩斯理性主义概率论的要素（1921）

在论著中，凯恩斯阐述了概率基础的本源和逻辑重建，并进一步拓展了其始于 1906 年的博士论文内容［阿罗斯（Arrous），1982］。

作者将概率论作为一种形式逻辑的延伸，来处理结论为不确定性的推断，[3] 并首先通过归纳或类比进行推断（凯恩斯，1921：第 18 章）。对于作者而言，并不足以认为归纳法（引入实证科学以及在决策中被经验支配）只能导致可能的问题：严格来讲借由归纳法来处理问题不能证明一种现实确定且唯一，从可获得且确定证据的角度是存在对其有利的概率（同上：第 7 节）。[4]

这导致凯恩斯（1921：第 2 章）将概率定义为对两个命题之间假定关系和结论（一个比罗素公理逻辑蕴含关系更为普遍的关系）的"理性信念的程度"，相对于尽管未经证实的问题多少都是正确的这样一种观点。换言

115

之，正如罗瑟姆（Rotheim，1988）所观察到的，一种在凯恩斯主义价值世界中的概率，是基于证据角度，个体可以理性信赖推论的程度。因此，逻辑范畴的状态使概率不可能具有一种独立外在事实属性甚至是非凡经验。新数据无法为过去的概率提供更好的认知，却能修正认知（凯恩斯，1921：第3章，第11节）。这个结论与经验主义者将概率视为频率的观点互相矛盾。[5] 对于作者而言，只要从独立于个体的一系列假设和逻辑关联（即使后者有证据）中提取的结论是理性的，那么概率仍然是"客观的"（凯恩斯，1921：第2章，第11节）。

在这种宽泛的概率概念中，尽管坚称任何概率都处于"不可能性和确定性之间"有一定的意义（凯恩斯，1921：第3章，第8、14—15节），但后者并不必然具有可比性。[6] 可以推论，所有概率都是无法测度的。对于任何"我们具有一定认知"的一组给定结论，我们都不可能认为其与理性信念程度之间存在数值关系。这代表了与"频率论者"或更具限制性的当代形式主义者对于概率概念的根本区别。事实上，作者责备数学家将其局限于可测量概率的特定情况（同上：第8节），凯恩斯重新阐述了"不充分理性原则"（将其戏称为"无差别原则"），即在若干可供选择事物中，若缺乏任何理由赋予其不相同概率，则只能赋予相同概率（凯恩斯，1921：第4章）。他在重新梳理中充分考虑了"频率论者"对于该原则的反驳意见［康尼夫（Conniffe），1992］。他还特别强调了后者只能适用于一些替代方案，即他曾具体提及的基于所有相关证据都互不相容且"不可分割"的情况。[7]（精确）[8]测量概率的可能性取决于在相关证据的基础上降低逻辑的可能性，一系列不相容利益主张替代方案可适用于"无差别原则"（凯恩斯，1921年：第5章，第11节）。

在普遍情况下，概率在无法用数字估计时通常仅被认为是未知的（事实上对于此观点奈特并无争议，这是他区分"风险"和"不确定性"的基础）。从凯恩斯的观点来看（同上：第3章，第10—11节），上述实际上可

116

以对应于四种可能情况：不存在的概率、不可测的概率、未知可测的概率以及我们原则上而非实践中可测并可确定的概率。严格来讲，只有当证据足以支持某种程度的知识，但我们（有限）的推理能力使我们无法得出这个程度具体是多少时，概率才可以被认为是"未知的"。一些人理性上和实际上持有信念程度的任何差异可以表明这种情况（同上，第 12 节）。

证据在很大程度上决定了概率测量的可能性，这是应用"无差别原则"的前提条件，其价值在于在替代性假设中引入不对称性。做个比喻，可测量概率的重要性取决于证据利弊之间的差异（同上：第 6 章，第 8 节）。然而为了作出决定，考虑相关证据的"总量"也十分重要（同上：第 7 节）。这个想法促使凯恩斯引入了与体量相关的"论据权重"概念。然而作者承认，比较结论不同或基于互不包含的相关证据的论证权重通常是不可能的。

对于凯恩斯（1921：第 26 章，第 13 节）而言，概率值只能从对问题的理性处理中推断出来。我们尝试的结果十分不确定，且我们对遥远的未来一无所知。尽管如此，即使证据微乎其微，我们依然有概率（同上：第 4 节）。基于数学预期概念的选择标准假定概率是可测量的并因此具有可比性。从作者的观点来看，这构成了其重要性的限制。最终，当替代结果的概率甚至不具有可比性时，就只能主观武断地作出选择。在这种情况下，心血来潮的选择是合理的，因为这样可以避免在无用的思考中浪费时间（同上：第 3 章，第 8 节）。然而，即使概率是可测量的，数学预期一方面忽视了"论据权重"，另一方面也忽视了风险（同上：第 6—8 节）。事实上作者主张除了"好"的数学预期，还应将这两个因素纳入考量（他设想了此种情况下的道德问题，而不是经济效率）。

二、20 世纪 30 年代凯恩斯与预期不确定性相关的观点

凯恩斯（1937a）以缺少任何"形成可计算概率的科学基础"来表征不

确定性。与奈特一样，该定义强调不存在运用概率计算来处理意外事件的"科学依据"。但是，如果我们考虑到凯恩斯在 1921 年论述中所提出的概率观点的特殊性（《通论》第 12 章注释中明确提到），"凯恩斯主义不确定性并没有因为排除凯恩斯主义概率的不可测量而排除不可计算的相关性"。换言之，1937 年的定义与 1921 年论著的论述是兼容的，如上文，用以处理我们行为的不确定性结果，并就最大限度利用数学预期定义可能性的普遍性提出异议。根据凯恩斯（1921）无法用数值估计概率的四种情况的区别（参见上文），可以区分出许多不同的凯恩斯主义不确定性程度（罗森，1985）。

与奈特一样，对于凯恩斯而言，我们对未来的认知总体来说是不确定的（未来越遥远，显然，不确定性越大）。凯恩斯（1937a）列举了不确定性对于铜的价格、未来 20 年的利率和新发明的逐渐废弃等的影响。对于凯恩斯（1937b）而言，不仅"未来永远不会与过去相同"，我们的知识（和我们的想象力）也太过有限而无法让我们真正预测到变化。因此，凯恩斯主义不确定性主题可以回溯到两个论题：一个（几乎不明确）是有关经济系统的重要变化（实际上与静态或一般均衡相反）；另一个是有关预测能力的局限性。正如戴维森（1989）所指出的那样，这些理念与他所谓的"遍历"假设 [萨缪尔森（Samuelson，1969)[9]从统计力学中借用的一个术语] 相矛盾。根据该假设，过去经济规模受同样掌控未来的概率法则的支配（因此只是对过去统计的简单反映）。凯恩斯和奈特对这种普遍性的遍历假设都是拒绝的，然而它并没有使得前者对后者在模型问题上产生全面怀疑。在1938 年 7 月 4 日给哈罗德（Harrod）的信中[10]，凯恩斯宣称，如果考虑到应用对象的时间异质性，就可以选择相关经济科学模型。在一定时期内，各个对象恒定或"半永久"的方面须视为模型的外生因素，而可变的方面须视为内生的。凯恩斯（1939）事实上明确地驳斥了廷伯根（Tinbergen）在一项以统计检验循环论为目标的工作中对经济环境现实"同质"的假设。根据作者的说法，他应该调查后者对于过去的相关特征（除了他特别检验

过的波动之外）是否"合理地统一"。如果它们已经存在，那么将结果投射
到未来将会有一些归纳基础。这些立场事实上与 1921 年论著中提出的归纳
概念和拒绝将概率理解为频率是一以贯之的。

凯恩斯（1931）在批评拉姆齐（Ramsay）对概率主观方法的详尽阐
述[11]时承认，除了形式逻辑之外，还存在一个与"有用心理习惯"相关
的"人类逻辑"，其在主观置信度方面的应用是卓有成效的。这可以与凯恩
斯对不确定性的常规定位进行比较。一方面，不确定性是焦虑的源泉，这种
焦虑来自于迫使我们隐瞒自己对未来的无知甚至是对自己的无知，或囤积货
币来贮存财富（凯恩斯，1937a，1937b）；另一方面，然而，我们必须应用
关于未来的假设作为行动指南。在实践中，我们倾向于用惯例替代无法切实
获取的知识。其中一个主要的惯例[12]是：假设未来与现在更加相似，这种
相似性甚至超过了对"过去经验的真实考察"。作者遵从其在 1921 年论著
中的分析，个体决定不仅基于假设概率，还基于"权重"，这是明智的。因
此，建议不仅要将最可能发生的预测情况纳入考虑，还应对类似可能会发生
的情况抱有信心（凯恩斯，1936：第 12 章，第 2 节）。因此，如果发生巨
变，变化形式却不确定，置信度就会很小。因此，现在的情况通常被投射到
未来，并且只有在或多或少有充分理由期待出现变化的情况下才会进行修
正。另一个惯例是依赖他人的判断（凯恩斯，1937a），这导致个体遵循一
般行为或主流。作者非常重视这一惯例，认为在某一给定时刻，其会导致呈
现一种"长期预期状态"、一种"信任状态"（凯恩斯，1936：第 12 章，第
1—2 节），或一种"舆情状态"，尤其是在价格体系和当前生产中[13]（凯
恩斯，1937a）。作者认为，对未来的描述只能基于经受突发和剧烈变化这一
原则，并迫使一个新的常规评价依据突然幻灭。奥林斯（Orleans，1987）
认为，惯例是规范个体行为的社会规则，并确保"经济运行的连续性和稳
定性"。这一观点与凯恩斯的观点不同，尽管在其上述第二种惯例的分析中
表明他在理论上超越了个人主义方法论和"整体论"之间的对立（罗森，

1985）。

对于凯恩斯（和奈特）而言，根据主流功利主义概念，并没有科学依据可以将未来简化为与现在相同的"可计算状态"[14]，即不能将所有可能的可选择行为都归因于"首先用一个数字表征比较优势，其次用另一个数字表征概率"的结果，以便个体可以通过最大化数学预期来决定如何行动（凯恩斯，1937b）。凯恩斯的概念更为丰富：一方面，部分得到了他独特的概率理论的支持；另一方面，其赋予惯例以重要作用，而惯例是预测的基础，预测则是决策的基础（而奈特对决策方法失去了兴趣）。与戴维森（1991）或法国作者使用"非概率不确定性"（incertitude non probabilisable）（例如，巴瑞，1990 或奥林斯，1987）这一表达所预设的相反，定义两位作者的概念并不恰当，而考虑到他们认定概率观点基础的根本差异，试图尝试整合二者也是徒劳的。如果这个表达相当于奈特将"不确定性"作为"风险"相反观念的用法，那么他确实与凯恩斯的观念相反："不可计算的不确定性"这一表达似乎更适用于对其的称呼。

第四节　不确定性的经济影响：根据奈特和凯恩斯

一、奈特的观点

对于奈特（1921）而言，其主要相关经济理论来自马歇尔（Marshall）的完全竞争。奈特首先阐述了后者的简化形式，并致力于证明其主要条件是假定经济代理人具有完备知识（第 86 页）。在文章的最后部分，奈特（1921）坚持风险和不确定性导致不完全竞争的论点。

作者强调在自由市场中，生产商必须预测生产的结果（这需要一些时间）和需求，这两种预测都受到不确定性的影响（奈特，1921：237—238）。理性行为倾向于通过使手段和结果相匹配来将所涉及的不确定性降低到最小。较好的做法是 L. 菲舍尔（Fisher）所称的"合并"，即组织或机构构成可以依据相似性对危险进行分组。这些组织或机构即使在严格意义上的不确定性情况下依然具有规律性倾向。对于将巨额损失配额转换为较小固定费用的保险公司来说，这当然尤其奏效（奈特，1921：246）。一般来说，保险代理人承担与已知概率相对应的风险，并且能够设定保费的价值以维持偿付能力。更一般地说，降低不确定性的可能性，甚至是通过整合将其转变为可测量风险的可能性，其往往会使企业成长壮大，并有利于公司的形成（同上：252—253）。

奈特（1934）现在恰当地称之为"不可保风险"，此前在 1921 年称之为"不确定性"。对其而言，这种风险对应与经济变化相关的决策失误。他认为，在一个稳定竞争经济中，一个完全知情的经理永远不会遭受损失，如果他的竞争对手也完全知情的话，他也永远无法盈利。他主张这种观点可以扩展到经济扩张的情境。从其观点来看，这表明如果竞争是完全的，利润和风险（广义上的）[15]与经济变化相关联，本文中他似乎忘记了在其 1921 年著作中对完全竞争的质疑。

奈特（1946）采用了马歇尔以短期和长期来区分讨论利率决定。从短期来看，效用是主要因素。因为需求是弹性的，供给或多或少是稳定的。从长期来看，情况是相反的，主要因素是成本、利率与"实际"资本回报率（也就是说，作者认为"生产设备被视为以商品数量的增加和减少为准"）。就商业周期而言，这并不排除储蓄的突发和意料之外的变化而导致利率与之相反的短期变化，并因此导致错误预期，但这个问题必须单独考虑。从奈特的观点来看，凯恩斯主义革命在短期范围内是有效的。值得注意的是，他没有考虑凯恩斯彻底颠覆了储蓄与投资之间关系的事实。

二、1936 年和 1937 年凯恩斯的观点

凯恩斯所设想的机制，是基于不可计算不确定性预期将对经济系统运行产生影响，该机制通过货币在后者中充当媒介角色来运行［由凯恩斯，1936：第 21 章）明确其构成现在和未来之间的联系］。

凯恩斯（1937a）指出，这种不确定性首先影响了货币作为财富贮存媒介的职能，[16]并且赋予其与交换媒介相比更强的重要性。事实上对现金储备的需求增强了理性流动性偏好的动因（基于正统经济学理论基础是不可想象的），可预测兑现和在《通论》第 15 章中探讨的与"收入动机""商业动机"[17]相关的支付之间会产生时滞，上述现金储备的需求则与此时滞相关联。一方面，拥有一定数量的闲置货币（取决于可以获得临时贷款的难易程度）是作为用于处理意外开支的预防措施；另一方面，与未来利率变化相关的不确定性，[18]是驱使人们储蓄以寻求投机机会的动因。公众将流动资产用于预防和投机的潜在倾向，取决于预测惯例的状态[19]（凯恩斯，1936：第 15 章）。因此，无论是部分理性、惯例抑或是"本能"都令我们渴望持有货币来贮存财富，后者揭示了我们在某种程度上不信任我们对未来的预测或惯例（凯恩斯，1937a）。这种不信任在担心更不稳定的惯例被削弱时将会增强。

121 然而，这些对未来预测的状况和我们对其的信任及其变化，[20]借由利率和当前投资量会对当前宏观经济形势产生重大影响。考虑到流动性偏好，利率必须被视为一种只能作为激励的附加费，不是储蓄而是以另一种形式贮存财富。对于凯恩斯（1936：第 15 章）而言，利率是一种惯例现象，其效用取决于预测其未来价值的普遍观点。此外，长期利率既取决于"货币当局的现行政策"，也取决于对未来政策的预期。此外，基于惯例的预测水平可以被视为"植根于客观基础"。投资者可以选择放贷或购买资产，后者的成本取决于对收益的预期和利率（凯恩斯，1937a）。

投资量取决于与资本设备相关的资产成本，因此取决于两种预期（相应地放大了其波动）。这些原因不同于个人的储蓄倾向和有形资产的技术特征。更具体地说，根据凯恩斯（1936：第11章）的理论，投资水平取决于利率与他所谓的"资本边际效率"之间的关系（随风险而变化）。这本身取决于资产供应价格与其预期收益率之间的关系，而后者尤为不确定，因为其取决于未来价格演变的长期预测[21]（因此也取决于技术、工资和货币价值等[22]）。这些预测只能具有非常明显的惯例特征，特别是预测现状或趋势的重要性（凯恩斯，1936：第12章）。商业的连续性和稳定性假设个体依赖于维持惯例。但即使没有任何能引发变化的真正理由，后者的不稳定性也会使市场面临乐观和悲观的非理性波动。那些能够预测到基于普通大众或来自其他专业投机商（损害他们利益）的预期惯例即将发生变化的投机商，即使忽略长期，仍然能够从中渔利。[23]这些机制的重要性因结构性和制度性的演变而提高[（某些）公司的合并损害个体企业以至于更大范围的金融市场]。凯恩斯当时认为这在很大程度上是美国的特征。但公共干预可以限制这些机制的运作及其负面的影响（尽管这会对投资者的"信心"程度产生直接和负面影响）。

这一分析主要是通过利率的作用，揭示并假定了货币的非中性（由于预期变化的影响被放大）——在有效需求水平上的非中性，和由此产生的生产层面以及使用生产设备和劳动人口能力层面的非中性。这应该与凯恩斯（1933）所指相关联：在"企业家经济"中，只有当预期（货币）收益超过可规避的货币成本时，生产过程才能启动。凯恩斯对整体有效需求的重视[通过其对马尔萨斯（Malthus）的解释]可以与马克思主义关于生产过剩、再生产模式[肯威（Kenway），1980]或卡莱斯基（Kalecki）商业周期模型[阿西马克普洛斯（Asimakopoulos），1990]普遍危机的可能性理念进行比较。凯恩斯学说的一个最基本特征是将预期及其不可计算的不确定性融合到整体需求理论中。不充分就业均衡模型使其表明对未来看法的变化可以影

122

响就业量。但其推论是相对静态的。事实上，模型预设的预期是外生的，但其不可避免发生变化（由于情况不是确定的，因此它们通常不会实现）。因此，这种虚拟均衡模型不可避免是静态的 [维卡列里（Vicarelli），1985]。

第五节　结　论

奈特和凯恩斯在两次世界大战之间都坚持：

1. 区分可测量不确定性的情况（这是使用概率计算的条件）和不可测量的情况是有价值的。特别是因为新情况[24]阻碍了基于过去统计数据推导出的概率法则有效外延（戴维森定义的无效的遍历假设）的情况下，人们对预测抱定信心非常重要。

2. 这意味着（与主流理论相反）经济系统的运转与完美预测假设或基于数值概率测算的不确定性在本质上是不同的。受经济主体的影响，不确定性是经济现实自身的特征[25]，而不仅仅是对其认知具有不确定性。

然而，与奈特相反，凯恩斯的完全不确定性观点是建立在其原创的、逻辑的、基于归纳法认识论发展的概率概念基础之上的（凯恩斯，1921：第三和第五部分）。在这个广义概率概念中，概率并不是必然以数字表示的（因此可能是计算的对象）或甚至并不必然是可比的。不确定性是以缺乏形成概率计算的任何科学依据为典型特征的，凯恩斯的概率理论可以区分四种程度的不确定性。因此，数学预期方面的决策标准是相对的，或者因为后者无法定义，或者因为其必须通过数据（或权重）的"量"指标或相关风险来完成（这与奈特不同）。关于这一点以及采取行动的必要性，凯恩斯提出了这样一种观点，即经济主体被迫"基于"惯例来作出预测——他们只有作出了这些预测，才可以进行其他决策。而他们所参考的惯例，都只有有限理性，有些还具有模仿的特征。

对于奈特（1921）而言，完全不确定性所引起的合并往往有利于经济集聚并挑战完全自由竞争的概念。尽管他将不确定性与经济变化联系起来，却并没有放弃在长期经济分析中假设一个稳定状态（短期经济周期和货币影响被视为是"不相关的"）。至于凯恩斯，他关于模型中归纳法作用的理念，使其在 20 世纪 30 年代意外经济事件之后作出了相反的理论选择［明斯基（Minsky），1975：63—64］。他将其不确定性理念和惯例预期纳入对货币职能和宏观经济形势的分析中（通过重新解释利率和投资率以及对有效一般需求的考量）。他分析的精妙之处在于，只有忽略对完全不确定性的考量，或者甚至在后者的定义中，只保留凯恩斯和奈特观点的共通之处（即排除基于预期的惯例影响分析），它们才会不名一文。经济不稳定的动因将因此无法被完善认知。另一方面，此种分析框架使其无法规避比较静态（预期惯例被认为是外生的）和短期。

两位著者关于完全不确定性理念的融合虽然很重要，却最大限度限制了不恰当的彼此混为一谈，这些限制也限制了对他们的理念进行整合的可能性。

注　释

〔1〕作者本人将这一术语的范围相对化，指出或有事件不仅包括消极方面（对应于"风险"一词的普遍使用），也包括积极方面（要去抓住的机遇）。他后来修改了这个术语（参见本章第四节）。

〔2〕作者批评菲舍尔（Fisher）无视第二个方面。

〔3〕在这种背景下，法弗罗（Favereau，1988）对凯恩斯关于形式逻辑的概率和不确定性的某些方面的解释，应该被替换。

〔4〕对于作者而言，一般说来，"一个基于自身可能性来开展的科学研究，往往会带来真相"这一事实，"充其量只是可能的"（凯恩斯，1921：13，26）。

〔5〕凯恩斯（1921：第 8 章）非常准确地将自己置于维恩（Venn）所提出"频率论"概率理论中。

〔6〕正如阿罗斯（Arrous，1982）观察到的那样，在此基础上，概率只能是部分有序的。

〔7〕凯恩斯，1921：第 4 章，第 15—21 节。当这组替代方案是无限时，凯恩斯的方法假设趋向极限（凯恩斯，1921：25）。对于奈特（1921：1.1 节），这个原则建立了"先验概率"的计算。

〔8〕在某些情况下，有可能在数值上逼近不可测量的概率（奈特，1921：第 15 章，第 5—7 节）。

〔9〕这位作者将这一假设与货币中立的长期均衡经典观点联系起来。

〔10〕《文集》（*Collected Writings*）第 14 卷：第 296—297 页。作者在这封信中表示，"经济进步几乎完全取决于模型选择的逐步改进"。经济模型的科学应该通过选择与当代世界相关的科学来完成；统计研究的目标是测试这种相关性，而不是进行预测。

〔11〕凯恩斯（1931）在承认这种方法优点的同时，还指出："理性信念程度"和"一般信念"之间的区别不允许"归纳原则的底线"出现（1921 年论文目的中必不可少的部分）。因此，人们可以认为凯恩斯采用了拉姆齐（Ramsey）的方法，即 1939 年他对廷伯根（Tinbergen）的批评，与论文中的归纳论题保持一致。

〔12〕最终，正如温斯洛（Winslow，1989）指出的那样，这种"主要传统"导致人们也会采纳那些有理由证明为错误的预测。

〔13〕对于作者而言，与其认为相应的预测是正确的，不如说它是另一种类型的传统。

〔14〕同样，对奈特来说，不确定性也影响了现在。

〔15〕奈特（1921：第 9、10 章）试图证明这一点的尝试是相当混乱的。

〔16〕凯恩斯（1936：第 16 章，第 1 节）的"财富"是"在未指定的时间点，消费一项未指定物品的潜力"。

〔17〕在此基础上，凯恩斯后来加入了（对于支出增加项目的）"融资"动机［瑞伊（Wray），1992］。

〔18〕或者更确切地说，关于"未来将处于主导地位的不同期限利率的复杂性"的不确定性（凯恩斯，1936：第 13 章，第 2 节）。

〔19〕以及货币政策。

〔20〕建立在静止状态假设基础上的正统经济理论都无法考虑（凯恩斯，1936：第 11 章）。

〔21〕作者解释说，这种依赖性是经济周期的原因。

〔22〕这会以相反的方式影响借款企业和贷款人的风险（凯恩斯，1936：第 11

章）。

〔23〕凯恩斯（1936：第 12 章，第 5 节）从中推断出传统财政现金拜物教的反社会性质。对他而言，流动资产与社会实用性无关。其过度性质带来了负面影响，使资本开发成为赌场活动的副产品（同上：第 6 节）。

〔24〕这样，对两个作者而言，这个观点很常见：不确定性具有"根植于实际社会过程的客观特征"［卡迪姆·卡瓦略（Cardim de Carvalho），1992：631］，因而（不确定性）"不仅仅是有缺陷方法的结果"。

〔25〕正如卡迪姆·卡瓦略（1992）所说的那样，它虽然独立于观察者的思想而存在，但也取决于经济主体感知它的方式。

参考文献

J. 阿罗斯：《概率与凯恩斯——凯恩斯的原教旨主义》，《经济学评论》1982 年第 5 期，第 839—861 页。

Arrous, J. (1982), 'Keynes et les probabilités: un aspect du "fondamentalisme" Keynésien', *Revue économique*, 5 (September): 839-61.

A. 阿玛希科普洛斯：《卡莱斯基和凯恩斯——他们的一致之处》，《政治经济史》1990 年第 1 期，第 49—63 页。

Asinakopoulos, A. (1990), 'Kalecki and Keynes: Their Correspondence', *History of Political Economy*, 22 (1): 49-63.

A. 巴列里：《货币产出理论的基础》，载《今日凯恩斯：政治经济理论》，经济出版社 1985 年版。

Barrère, A. (1985), 'Les fondements de l'économie monétaire de production', in *Keynes aujourd'hui: theories et politiques*, Paris: Economica.

A. 巴列里：《凯恩斯宏观经济学》，迪诺出版社 1990 年版。

Barrère, A. (1990), *Macroéconomie Keynésienne*, Paris: Dunod.

卡迪姆·卡瓦略：《凯恩斯与后凯恩斯：货币产出经济体的宏观经济学原理》，爱德华埃尔加出版社 1992 年版。

Cardim de Carvalho, F. (1992), *Keynes and the Post-Keynesians: Principles of Macro-economics for a Monetary Production Economy*, Aldershot: Edward Elgar.

A. 科丁顿：《凯恩斯经济学：探索首要原理》，《经济文学期刊》1976 年第 4 期。

Coddington, A. (1976), 'Keynesian Economics: The Search for First Principles', *Journal of Economic Literature*, XIII (4), (December).

D. 康尼夫：《凯恩斯：论概率和统计推断及其与费雪的联系》，《剑桥经济学通讯》1992 年第 4 期，第 475—489 页。

Conniffe, D. (1992), Keynes: 'On Probability and Statistical Inference and the Links to Fisher', *Cambridge Journal of Economics*, 16, 475-89.

保罗·戴维森：《凯恩斯革命的复苏》，《后凯恩斯经济学通讯》1984 年第 4 期。再版于戴维森：《货币与就业》第一卷，麦克米伦出版社 1990 年版，第 389—407 页。

Davidson, P. (1984a), 'Reviving Keynes's Revolution', *Journal of Post-Keynesian Economics*, 6 (4). Reprinted in Davidson (1990), vol. I, pp. 389-407.

保罗·戴维森：《凯恩斯与金钱》，载 R. 希尔·凯恩斯：《货币与货币主义》，麦克米伦出版社 1984 年版。再版于戴维森：《货币与就业》第一卷，麦克米伦出版社 1990 年版，第 567—580 页。

Davidson, P. (1984b), 'Keynes and Money', in R. Hill Keynes, *Money and Monetarism*, London/Basingstoke: Macmillan. Reprinted in Davidson (1990), vol, I, pp. 567-80.

保罗·戴维森：《文集》，麦克米伦出版社 1990 年版。

Davidson, P. (1990), *Collected Writings*, London/Basingstoke: Macmillan.

保罗·戴维森：《概率与不确定性相关吗？一种后凯恩斯视角》，《经济视界通讯》1991 年第 1 期。

Davidson, P. (1991), 'Is Probability Theory Relevant for Uncertainty? A Post-Keynesian Perspective', *Journal of Economic Perspectives*, 5 (1) (winter).

J. 戴维斯：《凯恩斯对穆尔的批判：凯恩斯经济学的哲学基础》，《剑桥经济学通讯》1991 年第 1 期，第 61—77 页。

Davis, J. (1991), 'Keynes's Critiques of Moore: Philosophical Foundations of Keynes's Economics', *Cambridge Journal of Economics*, 15: 61-77.

125

O. 法弗罗：《概率和不确定性：凯恩斯终归是对的》，《经济与社会》PE 系列，1988 年。

Favereau，O.（1988），'Probability and uncertainty："After all, Keynes was Right"'，*Economies et Societes*，PE series（October）.

P. 肯威：《马克思、凯恩斯与经济危机的可能》，《剑桥经济学通讯》1980 年第 1 期，第 23—36 页。

Kenway，P.（1980），'Marx, Keynes and the possibility of crisis'，*Cambridge Journal of Economics*，4：23-36.

约翰·M. 凯恩斯：《概率论》，《文集》第 7 卷，1921 年。

Keynes，J. M.（1921），'A Treatise on Probability'，*Collected Writings*，vol. VIII.

约翰·M. 凯恩斯：《作为哲学家的拉姆齐》，1931 年，载《文集》第 10 卷，第 336—339 页。

Keynes，J. M.（1931），'Ramsay as a Philosopher'，*Collected Writings*，vol. X，pp. 336-9.

约翰·M. 凯恩斯：《合作经济和个体私营经济的不同》，1933 年，载《文集》第 29 卷，麦克米伦出版社、剑桥大学出版社 1979 年版，第 76—87 页。

Keynes，J. M.（1933），'The Distinction between a Co-operative Economy and an Entrepreneur Economy'，*Collected Writings*，vol. XXIX，pp. 76-87.

约翰·M. 凯恩斯：《就业、利息与货币通论》，1936 年，载《文集》第 6 卷。

Keynes，J. M.（1936），'The General Theory of Employment Interest and Money'，*Collected Writings*，vol. VII.

约翰·M. 凯恩斯：《就业通论》，《经济学季刊》1937 年第 2 期，载《文集》第 19 卷，再版于《收入分配理论文集》，布莱克斯通公司，1946 年。

Keynes，J. M.（1937a），'The General Theory of Employment'，*Quarterly Journal of Economics*（February），Collected Writings，vol. XIX. Reprinted in Readings in the Theory of Income Distribution，The Blakistone Company，1946.

约翰·M. 凯恩斯：《人口减少的若干经济后果》，《优生学评论》1937 年 4 月，载《文集》第 14 卷，麦克米伦出版社、剑桥大学出版社 1979 年版。

Keynes，J. M.（1937b），'Some Economic Consequences of a Declining Population'，

Eugenics Review（April），*Collected Writings*，vol. XIV.

约翰・M. 凯恩斯：《廷贝亨教授的方法》，《经济学杂志》1939 年 9 月。

Keynes，J. M.（1939），'Professor Tinbergen's Method'，*The Economic Journal*（September）.

约翰・M. 凯恩斯：《约翰・M. 凯恩斯文集》，麦克米伦出版社 1973 年版。

Keynes，J. M.（1973），*The Collected Writings of John Maynard Keynes*，London：Macmillan.

弗兰克・奈特：《风险、不确定性与利润》，河畔出版社 1921 年版。

Knight，F.（1921），*Risk，Uncertainty and Profit*，Boston and New York：Houghton，Cambridge：Riverside Press.

弗兰克・奈特：《利润》，《社会科学百科》第 12 卷，1934 年。再版于《收入分配理论文集》，布莱克斯通公司，1946 年。

Knight，F.（1934），'Profit'，*Encyclopaedia of the Social Sciences*，vol. XII. Reprinted in *Readings in the Theory of Income Distribution*，The Blakistone Company，1946.

弗兰克・奈特：《资本和利息》，《大不列颠百科》第 4 卷，1946 年。再版于《收入分配理论文集》，布莱克斯通公司，1946 年。

Knight，F.（1946），'Capital and Interest'，*Encyclopaedia Brittanica*，vol. IV. Reprinted in *Readings in the Theory of Income Distribution*，The Blakistone Company，1946.

托尼・罗森：《不确定性和经济分析》，《经济学杂志》1985 年第 380 期，第 909—927 页。

Lawson，T.（1985），'Uncertainty and Economic Analysis'，*The Economic Journal*，95（December）：909-27.

托尼・罗森：《经济分析中的概率和不确定性》，《后凯恩斯经济学通讯》1988 年第 1 期，第 38—65 页。

Lawson，T.（1988），'Probability and Uncertainty in Economic Analysis'，*Journal of Post-Keynesian Economics*，XI（1）：38-65.

海曼・菲利普・明斯基：《约翰・M. 凯恩斯》，哥伦比亚大学出版社 1975

年版。

Minsky, H. (1975), *John Maynard Keynes*, New York：Columbia University Press.

奥林斯：《不确定性下的预期和惯例》，《政治经济杂志》1987 年第 1 期，第 153—172 页。

Orlean, A. (1987),'Anticipations et conventions en situation d'incertitude', *Cahiers d'Economie Politique*, 13：153-72.

R. 罗瑟姆：《凯恩斯与概率和不确定性的阐述》，《后凯恩斯经济学通讯》1988 年第 1 期，第 82—99 页。

Rotheim, R. (1988),'Keynes and the Language of Probability and Uncertainty', *Journal of Post-Keynesian Economics*, XI（1）：82-99.

保罗·萨缪尔森：《古典与新古典理论》，载罗伯特·克劳尔编辑：《货币理论》，企鹅出版社 1969 年版。

Samuelson, P. (1969),'Classical and Neo-Classical Theory', in R. W. Clower, *Monetary Theory*, Harmondsworth：Penguin.

F. 维卡列里：《均衡和概率：普遍原理的理性基础之阐述》，载 A. 巴列里：《今日凯恩斯：政治经济理论》，经济出版社 1985 年版。

Vicarelli, F. (1985),'Equilibre et probabilités：Une interprétation des fondements logiques de la Théorie Générale', in A. Barrère, *Keynes aujourd'hui：théorie et politiques*, Economica.

E. 温斯洛：《有机相互依赖性、不确定性和经济分析》，《经济学杂志》1989 年第 398 期，第 1173—1182 页。

Winslow, E. (1989),'Organic Interdependence, Uncertainty and Economic Analysis', *The Economic Journal*（December）：1173-82.

L. 瑞伊：《货币与利率的替代方法》，《经济学问题通讯》1992 年第 4 期，第 69—89 页。

Wray, L. (1992),'Alternative Approaches to Money and Interest Rates', *Journal of Economic Issues*, XXVI（4）（December）：69-89.

第八章　康德拉季耶夫(Kondratiev) 著作中的不确定性

阿兰·凯里（Alain Carry）

第一节　引　言

在相当长一段时间内，长期波动分析与资本主义经济演变的决定论解释相关联。这些分析提出了周期过程的暂时规律性以及一系列稳定的因果关系。这个逻辑链条证明了长期经济环境中（经济）上升和下降交替出现的必要性。通常所选择的统计材料和所使用的处理技术强化了长期波动理论的决定论特征。

尽管并不是出自康德拉季耶夫本人的意愿，他的名字还是与长期波动理论联系在一起。人们倾向于认为，他是与经济结构转型带来波动这一力学概念密切相关的人之一。由于其很多著作翻译质量不佳，并且只有一部分得到了传播（凯里，1992），因此，人们往往只将他的思想简化到这一概念范畴上。

我们现在可以看到包括他在狱中继续写作部分[1]在内的所有成果[2]。因此，我们应该通过重新评估他的思想，特别是关于相变（phase changes）发生条件的基本问题来重新考量其观点。通过对这些著作的回顾，我们清楚地发现，康德拉季耶夫认为不确定性问题本身就是一个重要的理论课题。

因此，在此我们想要表明：对"大周期"存在的证明，是如何促使康德拉季耶夫使用概率方法研究经济环境，从而对经济动力学行为的稳定规律与社会真实波动中不确定性之间的关系产生疑惑的。他在著作中对这种关系进行了明确阐释，特别是关于"预测问题"（1927），他指出，只有在对社会变迁分析不断进行理论深化的基础上，对长期波动经济意义的讨论才是严肃的。

这导致他与其前辈之间关于长期波动的本质产生了严重分歧，也与那些关注预测和/或改进统计方法的同代学者之间产生了严重分歧。通过他的"狱中作品"，我们可以看出他是如何走向一个非常现代的、系统的经济生活概念［他称之为"遗传经济学"（genetic economics）］的。本章分析了他思想中的这种趋势。

第二节 "大周期"（Large Cycles）理论

一、"大周期"的概率和"趋势"的意义

当康德拉季耶夫将其对大周期的思考形式化为经济变化过程的条件时，经济学家对"不确定性的看法"还几乎没有形成体系。它似乎更像是一种源于风险的概念，特别是源于个体风险（经济主体或公司）——由于个体可以在几种可能行为方式之间进行选择所带来的风险。在当时，关于该论题唯一的实质性综述［切萨（Chessa），1927，1928］清楚地表明，不确定性往往被视为成本，或者更确切地说被简化为货币成本。[3]

康德拉季耶夫在经济学［师从于巴拉诺夫斯基（Tougan Baranovski）学说］和哲学［师从于丹尼洛夫斯基（Lappo-Danilevski）学说］方面的早期学习，并没有使他形成对长期波动问题的意识。在这些长期波动中，包含着经济计算理论原则中的不确定性。他对不确定性的首次引用尤为经典，因为这些引用直接建立在他的方法论预设（论述确定程度的问题）之上。然而，

随着他对长期波动经济意义的不断反思，他逐渐将不确定性置于其分析经济形势时的核心位置。

二、"大周期"作为"物理特定事件"

起初，他对于不确定性的阐释非常传统。这些阐释源于传统的概率论定义［古诺（A. Cournot）］以及当时其在物理学中的应用。值得注意的是，他总结了自己关于"大周期"的理论[4]，指出他们"极有可能……存在于……资本主义经济的动态（运动）中……"。我们应将"极有可能"一词，理解为他描述所得结论时所表现出的极端严谨，但并非科学界之严谨——这一点很容易解释：对于他的批评，有一些非常激烈（因而无法体现严谨性）。

从众多文献资料中可以看出，他完全了解物理学中所描述理论结果的条件，并且使用经典的表达方式来证明其准确定性（quasi-certainty）——这种现象存在并且不依赖于观察中可能出现的严重错误。副词"极有可能"的限制，是指其观察所依据的相对较短的时间段（2—2.5 个周期），这一限制影响了对结果进行无懈可击的论证。古诺的措辞明确指向其使用"物理特定事件"这一术语所描述的情况：当一个事件的概率，尽管非常接近于完整，"只相差无穷小的量"，（我们也）不能说（它）是绝对确定的（古诺，1843：88）情况。因此，康德拉季耶夫的措辞意味着大周期是一个物理意义上确定的事件。

三、"大周期"和测量误差

显然，在这里使用不确定性概念是非常受限的，它仅限于科学成果可以被肯定属实的条件。事实上，在他的著作中第二次使用这个概念的位置，也同第一次一样传统。这一部分出现在 1926 年和 1928 年的文章中，且明确回应了来自莫斯科的危机状态研究所（Conjuncture Institute）的反对观点。它源于对误差（当个体对现象进行测量时可能产生的误差）程度的评估，也受到在社会真实波动中我们对所产生现象之间关联采取不同程度忽略的影响。

我们知道，他的大波动（研究）年表及其用来研究此问题的方法，（就）是他招致大部分批评原因之所在。他的批评者沉浸在一种"商业周期文化"中，即根据短周期的特征进行类比：精确的追溯、同步的波动、基于原始数据的观察、稳定的明确的因果关系等，从而提出他们的观点。康德拉季耶夫的文章似乎都没有达到这些标准。[5]

实际上，他明确反对精确确定每一次转换的日期，只提供（它们之间的）间隔而非特定年份。他在每一篇作品中都未雨绸缪，强调他只能"勾勒出长周期最可能的极限"[6]。为什么是可能的极限？最重要的原因是，他需要容许所采取统计方法可能引起的计算误差。实际上，他采用的原始数据集和通过调整所获得的理论集之间的平滑偏差，证明了所检验每一序列中的（都存在）大波动。正如他在与奥巴林（Oparine）的辩论中指出的一样（康德拉季耶夫，1992a：274），他所提出的最终注明日期，实际上只是各种"不确定性最长达7年"的理论曲线和原始曲线运动的综合体。

四、理解"大周期"

此种得出结论的方法揭示了康德拉季耶夫的方法论。即使实验程序的制定取决于此前已获得的知识，他也明确区分了观察和与其理论解释相关的"新"现象的阐释。[7]这一程序，包括了对一系列大周期的统计工作必须是完整的，即必须考虑不同的重要情况。但是，并不（用）详尽无遗地收集数据。对数据的检验工作，可能要使用复杂的处理和代表性方法，旨在揭示而非解释"新"现象。

因此，康德拉季耶夫完全将实验程序与对概念和理论发展的解释分离开来。他并不认为仍留待构建[8]的长期波动理论是对所获取的一系列数据的简单描述，或是对这一系列数据以或多或少规律的方式最终结合在一起的条件的简单描述。他并没有试图根据如西米昂（Simiand）所尝试的周期间的"局部连接"来解释长期波动。

相反，下一阶段的工作，主要包括对结果的批判分析。这里可以看出，不确定性问题呈现出一种全新的、完全不同的含义。它不再是与科学工作组织有关的不确定性，而是反映经济动态表达条件的不确定性，即不确定性成为理解大周期的组成部分。

他对实证结果的解释，提出了两个主要概念问题：一是如何解释"理论长波动"的存在，二是如何理解本质上不同种类的系列数据却呈现收敛的现象。更广泛地说，这个问题是如何确定能够描述经济动态条件的抽象模型。他认为，证明大周期的存在——他称大周期为"极其复杂"的现象——为他开辟了一个全新的理论研究领域。

五、经济环境概念朝着更加概率化的方向改变

古诺之后，我们已经知道，我们对所研究现象组成部分之间的关联缺乏了解，导致了解释现象过程中的不确定性。因此在目前的情况下，康德拉季耶夫指出，不确定的并非是大周期，而是由于经济变化内部过程中缺乏显著联系，导致他所能对大周期作出的解释是不确定的。这与概述中提到的康德拉季耶夫的传统观点有很大的不同。

"大周期"以及对经济发展中因果关系的忽视

这些问题是康德拉季耶夫制订补充研究计划的一个契机。其中最重要的一项是旨在明确趋势的经济意义。这一任务被交托给斯卢茨基（Slutzky）[9]，拉伊诺夫（Rainov）和切特韦里科夫（Chetverikov）等著名数学家也参与其中。他还希望改进他的计算技巧，因为通过调整年度数据所获得的理论曲线，只被视为简单近似于"长期波动的真实趋势"。[10]

在这项工作中，他于1926年发表了一篇专门讨论"预测问题"的长篇

文章（康德拉季耶夫，1992c）[11]，旨在说明：对过去趋势观察的经验结果，是如何用于预测在或远或近的未来它们再现的时间、地点和强度的。康德拉季耶夫承认，"社会经济学中的预测是可能的"（康德拉季耶夫，1992c：103—104），但他的分析结论是"我们只能预测在该领域与长期（在时间长度上）近似的时间段内的一般趋势"，即：基于目前"我们对因果动态原则的了解"，不论是一般经济变化的时刻，还是地点，抑或是强度，我们都无法预测。他甚至在其文章中更具体地说，他认为根据如大周期这样的实证规律性特征来进行"长期预测"是不可能的——这将是"一种不合理的思维跳跃"（同上：81）。

这一论点似乎只是对前面著作中观点的一种简单发展，因为预测演进的不确定性，仍然首先由于我们对经济动力学的现有知识——不论是关于它的实证规律还是关于经济波动的内在联系，还非常不充分。然而，这是一个方法论和概念意义上的双重前进——这导致（我们）对经济环境作出了更多概率性的解释。

康德拉季耶夫首次正式确定了他的研究方法。他研究了经济学家在观察实际情况的基础上所展示他们理论成果的方式——因为这是他们必须解决的一类问题。这使他将自然科学中使用的技术与"人文科学"中使用的手段进行了比较。他指出，将前者的经典归纳法转换为后者的问题，并不是非常有效。而以纯粹的演绎方法取代，也几乎没有更好的效果。他观察到社会经济科学的一个趋势："社会经济科学大量使用了本质上属于归纳法的工具，但这些工具具有某些特殊特征使它们与经典归纳法不同"（同上：75）。摒弃历史比较的方法，他更专注于统计方法，并观察到：尽管它们可以粗略地代表某些规律，但（我们）"不能以这种方法作为唯一的依据，来确认变化的关系是严格的因果关系，且所揭示的规律是真正严格的因果规律"（康德拉季耶夫，1992c：77）。一旦归因于内生的具有启发性的优势，康德拉季耶夫由此明确表达了其对于所有基于统计学的方法（甚至是最简单的类型，

130

如当时常用的浮动均值）的怀疑。

他还批评了这些方法应用的资料。他评论说，这些数据大多微不足道且存在瑕疵，某些现象无法被囊括或无法被量化。值得注意的是，这些批评与当时摩根斯特恩（Morgenstern）的先进观点非常相似且高度一致。这些观点可以参见摩根斯特恩在哈佛大学学习之后发表的一系列作品（摩根斯特恩，1928a，1928b）[12]。（不过）摩根斯特恩在其后更著名的作品中也再度涉及了这些观点。

六、"大周期"和"事件范围的自主程度"

经济动力学中的"不完备信息"是科学中不确定性的根源，（但）康德拉季耶夫并没有因此感到遗憾。他亦开始考虑"事件范围的自主程度"，这是他打算其后继续进行的一项研究。[13] 我们所研究的事件范围变化的内在规律与各种不同外部因素的不确定性之间的关联，直接决定了"事件范围的自主程度"。"自主程度"这一概念带来了一种新的不确定性——"自主程度"意味着"事件的正常发展"所采取的形式并不是严格的动力学内在逻辑的结果。这意味着我们无法作出绝对准确的预测。

因此，如果不可能作出可靠的预测，就不可能出于同样的理由认为过去的事实是唯一可能的事实。它们只是"客观上必要的"，因为它们是"一般原因影响的结果"。康德拉季耶夫在此将一件已经完成的事件的发展称为"可能的"发展（康德拉季耶夫，1992c：67），即其中一种可能的发展。这给不确定性带来了一个新的维度：不管我们观察变化时会遇到何种问题，变化原因的条件（的变动）使得变化是不确定的。他将由此产生的事件范围的可变性，定义为事件范围必须经历的"在内部条件和一整套周围因素影响下的变化"，并认为事件范围的可变性可能是发展中分支假设的开始。因为这种"可变性程度"（因此被定义为与"自主程度"相反）表达了常规特征相当稳定的性质。在这种意义上，"可变性"不仅影响常规特征本身的表现方式，还影响其内部条件的发展以及康德拉季耶夫所形容的"令人深感不安"的变化（康德拉季耶夫，1992c：84）。

事实上，康德拉季耶夫没有转向这一方向，也没沿着这种思路继续深入。他只是陈述了"规律性"的可能性，对其而言最重要的是这种可能性与变化无关。他在此处反对古诺的部分观点——古诺假定存在"一系列独立的因果事件或一系列独立事件"（同上：58），认为某些事件可能是由于单独原因的偶然组合造成的。[14]他在预测工作中，并未深化这种批评的认识论基础，[15]只是简单说明了（在假设）"社会生活的行动规律"（异质的外部因素）（存在的前提下），这些行动规律不能被准确地认知（同上：83）。他从根本上认为，这种不确定性的基础与一系列因果事件的独立性无关，这使得他比起"内生的""外生的"，更喜欢使用"异质的""外部的"和"内部的"，这一点可从他作品的各种引证中看出。

"令人不安的因素"或多或少不仅仅是自然的超经济因素（例如生物或宇宙）。相反，康德拉季耶夫认为，其主要来源于"人类自身在事件自发演变中的干预，换言之，是理性因素的作用"（同上：84）。干扰并非完全来自理性预期——理性预期只是一个简单的用于衡量"人类对外部世界控制力和生活理性化指标的增长"（同上），他认为这几乎不可能。他基于"有意识或无意识的群体利益压力以及其他原因"，使更多的责任归咎于人为干预（同上）。因此，他回应了这样的论点，即大周期可能是由外部因素（战争、科学进步或矿藏发掘）而不是内部因素引起的。他明确保留了其对所有这些现象缺乏因果独立性的看法。然而，通过进一步研究社会发展过程中的人为干预模式，康德拉季耶夫明确提出了经济环境的概率构想。

七、从"经验性规律"到"经济环境的概率特征"

康德拉季耶夫对大周期研究的一个关键思想，是证明经济演变的动态行为存在"规律性"。由于假设事件发生存在某种"一致性"，所涉及的因果

132

关系也存在某种"重复",因此应该存在可能证明这种动态的内在规律。因为从经验性规律中推断出一系列因果关系,需要基于"其他一切都是等同的"假设,所以康德拉季耶夫指出这只是一种潜在的可能。由于每个真实事件都是独一无二的,条件也在不断变化,因此他得出结论:"乍一看,我们有一个无法克服的矛盾",但又立即指出"事实并非如此"(康德拉季耶夫,1992c:62)。

康德拉季耶夫详细分析了事件出现的条件,以证明规律存在的原则与实际事件的单一性之间不存在矛盾。他观察到,只要有可能将真实波动分解为两个子波动,真实波动的单一性似乎就是相关的。第一个子波动是对所有同类事件共同的一般特征的定期重复。它是"种"(species)概念的客观基础,也是将现象分为不同"类型"(types)和"种类"(kinds)的可能性(同上)。第二个子波动表达的事实是,某一事件是与其他可能同种类型、也可能不同类型的事件相互关联的结果。例如,经济环境形成了一种独特的现象。它是每个组成社会的个体的独特行为相结合的结果。社会中个体之间的关系会影响每个个体的行为,尤其是具体行为方式。由此产生的实体(经济环境)反映了所有这些关系和不断变化的差异化的影响。

在此分析基础上,康德拉季耶夫注意到,可以用完善的概率论理论[博雷尔(Émile Borel),1914]进行类比。他通过从坛子中随机取出白色球和红色球的例子证明了双重决定:"如果一个人在记录取出球的颜色后,一个接一个地取出它们,每个球的不同外观都将被单独预先确定,但对于观察者而言,仍然是相对随机的"(康德拉季耶夫,1992c:64)。已经证明,"通过大量的取出操作……红色球或白色球的出现频率将是完全规律的:其将非常接近在理论上出现的概率……规律的结果,表现出了名为大数定律的基本特征"(同上)。他更倾向于使用概率论的结果,因为这些结果在物理学理论问题中的应用促使玻尔兹曼(Boltzman)和吉布斯(Gibbs)提出了他们的空气动力学理论。因此,已经通过实验证明,在个体行为呈现明显随机性的条件下，可以显示给定行为集的规律一致性。这恰恰是他对经济动力学的看法。

　　然后，他提出了以下基本假设："在坛子中可能会出现的情况，也出现在了现实的自然界和社会中，出现在了有大量单独确定个体且相对随机事件的任何地方。"（康德拉季耶夫，1992C：65）当他将此应用于其最初的问题时，他提出了一个新的经验性规律，定义如下："事件的规律性是大量基本现象相互作用的结果，可被视为一个真实的集合。"（同上：66）因此，他开创了其所谓的"规律性概率特征"，他认为这对解决调查方法的内在矛盾至关重要——调查方法的基础是揭示从事件的真实过程中推导出的理论规律。

　　这些进展也体现了斯卢茨基影响的痕迹，康德拉季耶夫经常与他进行讨论。我们知道，他并不同意斯卢茨基的主要理论，即只看到一个按时间顺序排列的集合随机波动的演变。他在其文章"预测问题"中提到了这种意见分歧："有观点认为，相对随机事件相互作用的结果也是随机的。"（同上：64）根据之前提到的方法论和认识论预设，他并不赞同这一观点也就不足为奇了。

　　可惜我们无法找到其他有关这一争议的书面痕迹。现在，许多学者利用斯卢茨基的论著来反驳经济环境中大周期的存在，这是非常令人遗憾的。形成对比的是，受到舒尔茨（Schltz）启发的库兹涅茨（Kuznets），对这些论著迅速作出了反应。我们可以认为，对斯卢茨基理论的许多反对意见都是与康德拉季耶夫共通的。因此，所有波动——尤其是经济变量的波动，并不是因为周期性波动可以从随机收集的数据中追踪到，而也是偶然的结果（库兹涅茨，1929：273）。

八、从与大数定律的不充分类比到经济动力学系统概念的开端

　　诚然，康德拉季耶夫的理论存在一定缺陷，但这种与概率论类比的可能

性是值得挖掘的。在随机抽样条件下使用的大数定律适用于一系列不连续事件。因此，这种类比仅适用于对单独取得的按时间顺序排列集合中的年度数据来解释其数据特点，而不适用于解释它们之间的关联。当简化到这个层面时，经济环境的概率特征不再与玻尔兹曼的概率特征相同。在这个著名情况下，概率论用于解释组成分子的矛盾运动（碰撞）中，气体向均衡状态的连续运动。然而，正如康德拉季耶夫的文章中所描述的那样，经济环境的概率概念，不能被视为特定条件下动力学的概率概念。因此，根据某些陈述来判断，[16]康德拉季耶夫有时倾向于将他对经济环境的概率概念简化为一个简单的趋同过程——所有个体行为趋于平均化。这当然与经济动力学内部规律的研究并不十分相容。他似乎已经注意到这一观点的缺陷，并指出在给定经济条件下，"抽签"的理论概率尚不清楚[17]，并且无法计算。

事实上，康德拉季耶夫建立了一种平等——他没有在确定某一特定经济状态所需的概率条件与其后随之而来的行为变化的规律性之间进行评价。他没有解释自己是如何从第一个命题转移到第二个命题的。的确，他的讨论可能会导致事件之间的关联中存在持久的自相关效应。但这究竟是一个趋于均衡的传统调整过程，还是一个其他类型的过程呢？由于对事件单一性的分析，他无法设想第一种假说。因此，他为长期经济动力学构建了系统方法的基础，以解决这种不一致性。尽管如此，他的分析仍处于早期阶段，并以大量离题的形式散布在他的文章中。

康德拉季耶夫旨在将其之前所概述过的、真实波动决定的双重波动联系起来，以整体呈现经济动力学。因此，他试图将整体（whole）[总体（overall）运动]与其组成部分（真实个体行为）之间的关系进行系统化。他将前者命名为"总体实体"，将后者命名为"构成要素"（库兹涅茨，1929：63）。关键在于要证明个体行为的再次发生是整体规律性的根源。

他推理的起点包括：对每个显然"既作为一个整体出现，又作为全部整体的一部分出现"的（同上）独立事件的观察。他立即推断出"现实世界的构成，可以通过相继交互复杂化的事件范围来代表"。结果，每个给定的集合都可以被认为是"由较低级别先发事件所形成的大量元素组成的特定集合"（同上：原文强调）。可以看出，这种表达方式，本身并不是原创性的。它潜藏于历史唯物主义理论之中，在当时的德国社会学中也有所体现，特别是桑巴特（Sombart）的理论中。但是，更令人惊讶的是，有言论认为"每个整体都包含着一些新的东西，一些特别的东西——它们只能自动地被简化为更加基本的现象"（同上：原文强调）。他解释说，"总体实体"不仅仅是"构成要素"的总和，并由此定义了一种极具创新性的经济现象研究方法，并对熊彼特（Schumpeter，1926）当时提出的概念进行了独特的改进。

然而这些观点最初只能证明他自己已经表明的立场——使用大数定律的可能性，以及对事件之间的所有联系明显存在不完备信息是合理的。这随后使他重新思考了当代经典的二分法：静态和动态，并赋予其更加现代的意义。他将"静态规律性"定义为"整体构成的一致性或各组成成分的一致性"（同上：68），而"动态规律性"包括"事件变化序列的一致性及其时间关系的一致性"（同上：69）。

康德拉季耶夫在当时的著作中，并没有提供关于两种规律性之间的关联类型的信息，也没有提供与经济条件中大周期相关的联系范围的信息，特别是从一方对另一方追溯的角度。然而，可以注意到，他的方法具有某种"经验唯物主义"的清晰印记，因为他没有考虑到可以将不同的规律特征定义为矛盾因素的应力表达。因此，他选择非常实证主义的"共识"概念——意为"人与人之间的一致"——来描述静态规律性中组成部分之间关系的本质，也就不足为奇了。

第三节　"狱中著作"的进一步贡献

然而我们可以注意到，康德拉季耶夫的方法，朝着关于系统的一般理论的最初形式［贝塔郎非（Bertalanffy，1973：99）称为"经验直觉方法"］不断发展。毫无疑问，他被捕前著作中的方法论调查，正向着一种"进化论者"甚至"管理者"的经济动力学概念方向发展。

他对研究中两个互补方面的思考进展（使用农业和工业的联合演化解释大周期，以及对经济学目标和方法的认识论考量），鼓励其去完成以特定社会经济活动变化的形式和条件为中心问题的综述。因此，他计划写一本关于这一主题的书，标题令人感到意味深长：《静态经济学和动态经济学中的基本问题》（*Essential Problems in the Statics and Dynamics of Economics*）。[18]他希望"系统描述他对政治经济学基本问题的看法"。

康德拉季耶夫在一封信中描述了这项工作。[19]他计划完成一部五卷本著作。第一卷是经济学的"通用方法论导论"；接下来一卷是专门讨论"趋势"；然后，他计划写一本关于大周期的书；其后再研究大周期与"小周期和经济危机"的联系；最后一卷将是"涵盖遗传与社会经济发展关系的一般综述"。他最终没能完成这项工作，但很明显，他对于大周期的研究工作，只是其更大研究野心的一小部分。不幸的是，只有第一本书未完成的草稿——现在正在被翻译成法文——得以呈现于我们面前。

一、"遗传经济学"是作为阐释经济生活转变方式的概念？

由于"狱中著作"存在一定缺漏，因此条理清晰地探讨康德拉季耶夫实际所指的动力学概念比较困难。尽管如此，他似乎肯定地认为，经济活动影响无疑存在不可逆转性，在社会结构的变化形式和条件方面造成了不确定性，这可能导致他已经说明过的生产基础长期扩张和收缩的交替。然后，他详细阐述了"遗传经济学"的概念，以提供整个过程的分析与描述。

他从生物学中借鉴了这一概念。他认为生物学在概念化时，遇到了与经济学同样的困难。其长处在于分析长期波动，并独立于使用这种概念所涉及的哲学和认识论的问题。它必须描述社会转型过程中，不能简化为价值或数量集合的周期的简单统计证明。在目前对"狱中著作"手稿的检视中，无法对这一概念作出精确的、综合性的定义。我们知道，他打算将最后一卷全部用于书写遗传学及其在社会经济学中的可能应用，以解决经济发展问题。不幸的是，他没有完成这一卷书的写作。我们只得到了第一卷第九章关于"经济的静态学、动态学和遗传学"的片段。他明确提出了静态与动态之间关系的问题，认为这两种不同的研究经济演化的方法，必须在同一框架中紧密关联。静态学从"社会生活组成部分的特定结构"角度来定义社会状态[20]；动态学描述了其在不断修正其组成部分之间关系过程中的演变。因此，"遗传经济学"似乎是一种将结构再生产和结构转化相结合的尝试。

　　这种方法标志着康德拉季耶夫思想的进步。他似乎不再从共识的角度来定义静态，而是转到一个特定的内部结构的角度。这意味着，他没有把静态规律性与朝着均衡状态的收敛结合起来。其他可以证明这一进步的证据，可以在其对同一时期、同一研究领域的学者的评论中找到。例如，他批评熊彼特把"静态学"和"均衡趋势"等同起来（同上），他对于马歇尔（Marshall）的批评也非常相似：他认为人们不能从交易价格中推断出"供需之间的正常平衡"（同上）。相比之下，虽然他自称不是马克思主义者，但他却认为马克思（Marx）学派比当代其他理论更优，因为其能够通过功能条件来看待演化。[21]

二、"反向因果关系"与可能性

　　使用"遗传经济学"的概念，也意味着康德拉季耶夫此后将社会视为一种结构，而不再仅仅是组成部分之间相互作用的结果。该术语的选择表明，他认为动态学（历史分析）和静态学（同步）具有同等重要性。这使得他在使用术语（例如"集合"而不是"集合实体"）时更加精确。当试图检验转换问题（集合的自主性、集合之间的关系等）时，（他开始）审视系统分析的经典问题。我们可以通过阅读本文附录中"狱中著作"第 1 卷

137

的内容，看到他对此作出的努力。

人们已经看到，康德拉季耶夫在经济环境概率定义中的一致性问题是如何引致其对经济发展制定系统方法的。还是从"狱中著作"第六章，题为"相关逻辑的范畴，社会经济学中的必然性和可能性"部分，（可以看出）他显然从中获得了启发，提出了不确定性和可能性的问题。他认为"可能性类别的问题……在社会经济学理论的方法论中非常重要"。

他首先提醒我们，所有科学的目标——包括理论经济学——是"将（一种现象的解释）纳入到必要的、明确的关系体系中，这种体系代表着我们已知的现实"[22]。但是，如果这样"必要的、明确的（unambiguous）关系体系"被简化为一种"必要的、清晰的（unequivocal）关系体系"，可能性的存在将被作为必然的结果。它的客观必然性源于这种因果关系的单一性原则。当它是两个独立集合的交集结果时，则其难以对事实进行解释。换言之，利用可能性来解释某些经济现象，取决于先验固定的现实解释假设。这点他已经认为是完全错误的。[23]的确，因果关系不是简单的因与果之间的关系。康德拉季耶夫强调，"因果关系原则总是意味着相继发生的真实现象之间的依赖性"。因此，没有理由将限制设置在最"接近"（最明显）或最"迫切"（最新近）的原因之处，或两者重合的位置，因为原因的选择将决定事件是否可以被"明确地确定"。他指出：一个事件"影响其他现象，也影响决定它的原因，并由此产生……一个事件不仅是其原因的结果，也是它们的原因"，这显然是"明显的""无可争辩的"。将这种"反向因果关系"纳入考量是必要的，"以便理解一系列极其重要的现象和过程"，[24]因为"我们面临着现象不断变化的过程"（原文强调）。

研究"集合之间因果关系的连续过程"[25]，以及"各种形式的因果依赖性"之间的连续过程，成为经济学家的研究目的。但是，这些过程不能与理解事件所需的、将"因果分解为其组成部分"（这一过程）遮盖起来的"多种原因"相混淆。康德拉季耶夫在论证的末尾写道："每个特定事件的背后，并不是一个封闭集合形式的因果链，而是一个不断增长的网状复合体。"

他从逻辑上推断出"客观意义上的可能性不存在，可能性类别也不能与因果必然性并列"。因此，他对因为"我们无法跨越整个复杂原因集合"而不存在的客观可能性，即模糊性，与构成一个实体的众多部分所导致的不确定性，进行了明确区分。

第四节　结　论

随着研究的进行，康德拉季耶夫对不确定性的处理方式发生了变化，但这种变化不是通过观念的变化发生的。随着他的深入研究，经济动力学的内容得到了进一步的丰富。

一、康德拉季耶夫著作中不确定性的类型学

康德拉季耶夫在其作品中提出了几种类型不确定性的定义，但每种类型的定义都涉及不同的方向。虽然前三个可以与科学论述限定联系起来，但其他几个则源于理论论题本身，因为它是理解经济动力学的一部分。各种定义可以归纳为以下五种不同类型：

类型 1：涉及可以肯定实验结果的或大或小的确定性，在这种类型下，可以确认大周期形成的事件在物理上是确定的；

类型 2：涉及对现象测量中误差程度的估计；

类型 3：这种类型是认知性的，在一个被观察和测量的现象中，不可能知道所有可以解释该现象的决定因素；

类型 4：这是类型 3 的变体，理解一个现象发展过程的模糊性，是由于构建单一和反向原因的复合体十分困难，康德拉季耶夫也称之为"主观机会"；

139

类型 5：这是概念性的，这种现象初始的概率特征，导致其外观和演化的形式和条件是不确定的。

前三种不确定性属于经典类型，而最后两种更具创新性。它们倾向于将不确定性（uncertainty）视为衡量不同社会经济系统之间某些关联所采取的形式的无法决定性（indetermnation）。然而，这并不是对可能性概念的回归，因为并不存在独立原因的偶然组合。

二、康德拉季耶夫分析的现代性

毫无疑问，将康德拉季耶夫描述为英语世界经济学家中的变革理论之父，甚至法国制度理论之父，有些夸大。然而必须承认，关于资本主义长期经济变革条件这一相同主题的早期著作与当代著作之间，不再可能假设缺乏理论起源。康德拉季耶夫所面临的问题，与今天的研究人员大致相同。

分析康德拉季耶夫对不确定性的处理，揭示了三个重要的"现代"特征：

1. 预测第二次世界大战后确立的经济环境的概率概念；

2. 结合开放系统及溯及力理念的系统性方法；

3. 寻求建立系统之间以及内在结构变化之间稳定关系的"遗传经济学"的概念。

对康德拉季耶夫关于不确定性思考的批判性分析，使我们脱离了其传统形象，因为这展示了现代经济学中一位真正理论家的形象。其所展示的各种特征，一起概括了当今许多作者共用的"大周期"[26]概念，即表达了经济结构转变的条件。这种方法意味着，在长期经济波动所引发上升和下跌过程中，没有严格的因果决定论。

140　　**注　释**

〔1〕他在 1928 年被捕、第二次审判之前的几个月以及 1938 年被处决之间，所

有在监狱中所写的作品，此处称之为"狱中著作"。他的书稿由其妻子和女儿进行保管。本章的附录，提供了由该著作"内容"未公开的法文译本翻译而来的英文译文（仅作为指南）。这些文本于 1991 年在莫斯科部分出版（Naouka）。法语的翻译工作正在进行中。

〔2〕康德拉季耶夫主要作品第一部最终版的法语版本，是从俄语原文翻译而来的（康德拉季耶夫，1992a）。

〔3〕康德拉季耶夫本人似乎并不熟悉这项工作。

〔4〕参考 1928 年文章的结论，他在文章中以有序的、系统的方式，描述了他对长期波动的分析。特别需要提醒读者的是，经常引用的 1926 年文章（首次由德语译本翻译的英文译本）只是一个初步的临时版本（康德拉季耶夫，1935）。1928 年的版本最近才以法文出版（康德拉季耶夫，1992a）。

〔5〕参见凯里（1992）对康德拉季耶夫方法的描述，以及对他推理中内部矛盾的论证。

〔6〕当确定他所描述的每个系列中趋势变化的时间时，他使用相同的术语（"可能"）。

〔7〕他在 1924 年的文章《经济静态学、动态学和条件的概念》（*The Concept of Economic Statics, Dynamics and Conditions*）中对此进行了讨论。他在其中设定了他的研究框架（康德拉季耶夫，1992b）。

〔8〕他曾多次指出他的解释只是一个假设："总之，在我们看来，被称为第一次尝试的假设提供了解释……"后来"作为解释的第一个假设，可以提出以下概念……"（康德拉季耶夫，1992a：164，167；强调原文）。

〔9〕第一版由危机状态研究所（Conjuncture Institute）于 1927 年出版。康德拉季耶夫在期刊《经济条件问题》（*Problems of Economic Conditions*）第 3 卷第 1 期，担任主任。1937 年发表在美国期刊《计量经济学》（*Economertrica*）的著名文章就是以此为研究框架。

〔10〕第二个研究领域，重点关注工业与农业之间关系的长期变化，以描述经济学中大周期的内在机制，以及后者与商业周期之间的关联（康德拉季耶夫，1992d；凯里，1992）。这对他关于不确定性的研究并没有带来太多帮助。

〔11〕这很快就发表在德国期刊上，其标题略有不同，即《预测的问题，社会波动的特殊性》（*Das Problem der Prognose, in Sonderheit der Sozialwirtschaftlichen*）[《预测问题，尤其是社会科学问题》（*Problems of Forecasting, Especially in Social Sci-*

ence）〕（康德拉季耶夫，1927）。俄语版本是在斯卢茨基发表一系列文章，以及奥巴林（Oparine）发表《更具体的预测问题和详细阐述的方法》（*On More Specific, Concrete Questions of Forecasting and Methods to Elaborate This*）（康德拉季耶夫，1992c：47）的前几个月发表的。

〔12〕他们似乎并不了解彼此的工作。

〔13〕正如他所说，"许多条件使现实领域复杂化。因为我们的目的不是分析所有条件，我们只能在两个主要条件处停下。"（康德拉季耶夫，1992c：82）

〔14〕看到这个定义："属于按因果顺序排列的独立序列现象，它们互相结合或者并列而产生的事件，就是我们所谓的偶然事件或偶然结果。"（古诺，1843：73；强调原文）

〔15〕用他的话说："无法深入分析这个问题，注意到……"（康德拉季耶夫，1992c：58）

〔16〕"从这个意义上说，一个常规特征可以被认为是整个事件过程中必然的进化过程，也是平均下来最可能的过程。"（康德拉季耶夫，1992：67）

〔17〕"单一事件相同概率的条件，没有比我们所观察到的在游戏中或是在对大数定律进行验证的实验中的条件更严格的了。"（康德拉季耶夫，1992c：65）

〔18〕这里的第一稿被称为"狱中作品"。

〔19〕出自1934年11月7日给他妻子的信中。康德拉季耶夫没有提及的引文来自其"狱中著作"的未公开译本。

141

〔20〕"狱中著作"（*Writings in Prison*），第九章（来自一版未发表的法语译本）。

〔21〕他观察到"历史学派，尤其是社会主义学派和马克思主义学派，是理论经济思想中最活跃的学派"，因为我们基本上处于静态理论体系中。它不是像这样割裂开来，而是与动态学理论有机地联系在一起。马克思主义学派最具原创性和最有价值的特征，在于它是唯一一个提出动态学理论的学科（而迄今为止，理论经济学学派主要是条理清晰地研究了静态经济问题）。这是"狱中著作"第九章的最后一句。

〔22〕"狱中著作"之后，第六章（未发表的译文）。

〔23〕康德拉季耶夫将这些假设描述为"一个宇宙的概念——这个宇宙是可能会或可能不会交叉的独立因果集合的总和"。

〔24〕他详细证明了这一点："所有经济学家经常遇到的一个事实——需求、供

给和价格之间的关系。"

〔25〕他称之为"二维或甚至多维因果依赖"，作为"技术、科学、社会经济系统、法律和宗教之间的依赖"的一个确切例子。

〔26〕值得注意的是，康德拉季耶夫没有使用这个表达，而是更喜欢"大周期"一词。

参考文献

贝塔朗非：《系统通论》，迪诺出版社 1973 年版。

Bertalanffy, L. von（1973），*Théorie générale des systèmes*，Paris：Dunod.

E. 博雷尔：《风险》，阿尔坎出版社 1914 年版。

Borel, E.（1914），*Le Hasard*，Paris：Alcan.

A. 凯里：《从康德拉季耶夫的统计方法到循环：经济学思想中的长周期运动》，1992 年。（载《政治经济评论》1995 年第 5 期）

Carry, A.（1992），De la méthode statistique de Kondratieff aux 'cycles Kondratieff'?, Colloquy on 'Les mouvements de longue durée dans la pensée économique', Montpellier.（To be published in *Revue d'Economie Politique* in 1995, 105（5）.（September-October））

F. 切萨：《风险的经济概念》，《经济刊物》1927 年第 2 期，第 65—91 页。

Chessa, F.（1927）. 'La nozione economica del rischio', *Giornale degli Economisti*, Year XLII LXVII, February, pp. 65-91.

F. 切萨：《经济改进中的案例、联系和风险》，《经济刊物》1928 年第 2 期，第 130—159 页。

Chessa, F.（1928），'Il caso, la congiuntera ed il rischio nell'evoluzione economica', *Giornale degli Economisti*, Year XLII, LXVIII, February, pp. 130-59.

A. 古诺：《机会和概率理论展示》第 8 卷，阿歇特出版公司 1843 年版。

Cournot, A.（1843），*Exposition de la théorie des chances et des probabilités*, vol. VIII, Paris：Librairie Hachette.

N. D. 康德拉季耶夫：《社会科学中的预测问题》（sic），《业务分析》1927 年第 1 期，第 41—64 页；第 2 期，第 221—252 页。

Kondratiev, N. D. (1927), 'Das Problem der Prognose, in Sonderheit der sozialwissenschaftlichen' (sic), *Annalen der Betriebswirtschaft*, (1): 41–64 and (2): 221–52.

N. D. 康德拉季耶夫：《经济运行中的长期波动》，由沃尔冈夫·斯托尔博译自德文，《经济统计评论》1935 年第 6 期，第 105—115 页（进一步翻译于《评论》1979 年第 4 期，第 519—562 页）。

Kondratiev, N. D. (1935), 'The Long Waves in Economic Life', translated from German by W. F. Stolper, *Review of Economic Statistics* (17/7), (November): 105–15 (with further translation in Review, II (2), 1979, (Spring): 519–62).

N. D. 康德拉季耶夫：《大周期的预测》，路易·丰特维耶伊尔编辑，经济出版社 1992 年版。

Kondratiev, N. D. (1992a), *Les grands cycles de la conjoncture*, ed. by Louis Fontvieille, Paris: Economica.

N. D. 康德拉季耶夫：《论经济中的静态学、动态学及其交汇》，载路易·丰特维耶伊尔编辑：《大周期的预测》，经济出版社 1992 年版。

Kondratiev, N. D. (1992b), 'Sur les concepts de statique, de dynamique el de conjoncture en économic', in *Les grands cycles de la conjoncture*, ed. by L. Fontvieille, Paris: Economica.

N. D. 康德拉季耶夫：《预测的问题》，载路易·丰特维耶伊尔编辑：《大周期的预测》，经济出版社 1992 年版，第 47—104 页。

Kondratiev N. D. (1992c), 'Problèmes de prévision', in *Les grands cycles de la conjoncture*, ed. by L. Fontvieille, Paris: Economica, pp. 47–104.

N. D. 康德拉季耶夫：《工农业价格动态》，载路易·丰特维耶伊尔编辑：《大周期的预测》，经济出版社 1992 年版，第 377—492 页。

Kondratiev N. D. (1992d), 'La dynamique des prix industriels el agricoles', in *Les grands cycles de la conjoncture*, ed. by L. Fontvieille Paris: Economica, pp. 377–492.

S. 库兹涅茨：《随机事件与周期摆动》，《美国统计学协会通讯》1929 年第 167 期，第 258—275 页。

Kuznets, S. (1929), 'Random Events and Cyclical Oscillations', *Journal of the American Statistical Association* (September), 258–75.

O. 摩根斯特恩：《经济预测和稳定》，《经济服务》1928 年 11 月。

Morgenstern，O.（1928a），' Pronostics économiques et stabilisation '，*Wirtschaftsdienst*，23 November.

O. 摩根斯特恩：《经济预测——前提条件与可能性检验》，尤利乌斯·施普林格出版社 1928 年版。

Morgenstern，O.（1928b），*Wirtschaftsprognose：Eine Untersuchung ihrer Voraussetzungen und Möglichkeiten*，Wien：Julius Springer.

J. A. 熊彼特：《经济发展理论：企业利润研究》《资本、信贷、利息和信贷周期》，邓克和汉布洛出版社 1926 年版；《经济理论之改进：利润、信贷研究、兴趣和周期性循环》（法语译本），由弗朗索瓦·佩鲁引入，达罗斯出版社 1935 年版。

Schumpeter，J. A.（1926），Theorie der wirtschaftlichen Entwicklung, Eine Untersuchung über Unternehmergewinn, Kapital, Kredit, Zins und Konjunkturzyklus, Leipzig：Duncker and Humblot, 2nd edn, French translation published in 1935 as *Théorie de l'évolution économique：recherches sur le profit，le crédit. l'intérêt et le cycle conjoncturel*，introduction by F. Perroux, Paris：Dalloz.

F. 西米昂：《薪水、社会进步和货币》第 3 卷，菲利克斯·阿尔坎出版社 1932 年版。

Simiand，F.（1932），*Le salaire，l'évolution sociale et la monnaie*（3 vols.），Paris：Librairie Félix Alcan. 142

斯卢茨基：《作为循环过程来源的随机原因的总和》，《计量经济学》1937 年第 2 期，第 105—146 页。

Slutzky，E.（1937），' The Summation of Random Causes as the Source of Cyclic Processes '，*Econometrica*，5（2），（April）：105-46.

附　件

N. D. 康德拉季耶夫在监狱中著作的内容。（这个英语译本来自未发表的法语译本，仅供参考）

经济学静态和动态的基本问题

第一部分　社会与经济学

第一章　实体、社会和社会现象

1. 世界在各方面的多样性和这些方面的知识问题。事物与其他事物的相对性。事物的必然性。客观存在领域与知识领域之间的区别。奥古斯特·孔德（A. Comte）随后的修正。各种科学的存在理由。社会作为一个特定的现实领域。路德维希（Ludwig Gumplowicz）（1838—1909，奥地利-波兰社会学家）。社会学和社会科学。

2. 社会作为一个不可分割的集合。所有科学对不可分割集合的最终处理。证明。世界的结构。对不可分割的集合进行科学研究的需求。定量元素〈？〉*。属和不可分割集合的概念。不可分割的集合作为容器和内容。类比概念的扩展和内容。

3. 联结（关联）。真实和虚构的集合。利默林（Riumeline）、凯特尔（Quetelet）、纳普（Knapp）、赖尼希（Reinisch）、楚布罗夫［Tchuprov，亚历山大·亚历山德罗维奇（Alexander Alexandrovitch，1874—1926），俄罗斯统计学家理论家］、奇斯蒂康斯基［Kistiakovski，佛多尔·亚历山德罗维奇（Fyodor Alexandrovitch，1868—1920），俄罗斯法学家和社会学家］。差异化标准。一般情况下的联系和特定情况下的联系。折叠和已折叠集。目标和方法。

4. 离散和具体的实体。具体的例子和类比〈？〉。对象和实体。作为一个实体特定情况的对象……

5. 集合与无定形。标准。例子。作为一个系统的集合和作为一个单位的集合。

说明：由于文件状况不佳，文本的某些部分难以解读、辨认或彻底丢

失。部分是因为康德拉季耶夫的写作条件以及文本被带出监狱的方式。这些
部分用符号〈？〉表示。不成文的部分用〈……〉表示康德拉季耶夫用符号
〈///〉标记的文字。

6. 实体的组成部分和实体的性质。最重要的主要实体。宇宙的结构。143
时空范畴将〈？〉应用于集合。

7. 社会作为一个实体。

8. 〈……〉

第二章　社会结构和社会现象的原则范畴

1. 人类作为社会实体的一个组成部分。在何种意义下。人类及其心
理—生理组织。社会对这种心理—生理组织的影响。我们只了解社会条件下
的人类。人类的双重性。需求。

2. 人类的行为。定义。人类行为的分类。人类行为的物质、精神和意
识形态方面。所有行为都是社会行为吗？人们只能通过考虑后果来回答。

3. 人与人之间的关联（关系）及其对社会存在和社会现象的意义。关
联的深层性质。关联的物质、精神和意识形态方面。关联及其庞大的性质。

社会的异质性。集体心理现象。思想。思想中的客体化。语言的作用。
物化。稳定性。联系过程和目标结果。人的二重性。将问题反转：从结果开
始并回到关联和人。

4. 集体心理层面。它的组成部分。一个人可以按照集体精神交谈吗？
个体心理学和集体心理学。

5. 意识形态层面。它与集体心理方面的联系。它的独特的特点。

6. 物质的层面。物质及其社会职能。

7. 社会的组织或形态。群体作为虚幻和真实的实体。群体结构。群体、
它们的要求及其相互影响。原生和派生的集合？制度。群体和非群体的制
度。社会组织的深层本质是由什么组成的？稳定联系的概念。

8. 人与社会。人来到一个已经构建的社会。社会空间，它的坐标和人

类在社会中的地位。它的转变。人类作为终极关联。个体层面。〈……〉

9. 结论。〈……〉

10. 〈……〉

11. 社会现象。限定这一点的两个原则。社会现象的各种类型。〈……〉

第三章　经济学和经济现象

（没有"总结—大纲"。）〈……〉

第四章　基本经济范畴

1. 什么是范畴？范畴与普通概念之间的关系。

2. 价值范畴。它是什么意思？它包含什么内容？

基本问题。什么是价值？它的目的是什么？它是如何定量表达的？它是如何衡量的？原理理论及其分析。一个理论的提议。

3. 资本。它的重要性。理论。解决方案。各种类型的资本。〈……〉

4. 劳动。〈……〉

5. 土地。〈……〉

6. 生产。〈……〉

7. 交换。(///)

8. 分配。〈……〉

9. 收入。〈？〉〈……〉

10. 商品。〈……〉

11. 价格。〈……〉

第二部分　关于社会经济学方法论的基本问题

第五章　社会经济学方法论的任务和问题

（没有"大纲"。）

第六章　社会经济学中相干逻辑必然性和可能性的范畴

（没有"大纲—计划"。）

第七章　经济生活中常规特征的本质以及经济学中的定量和定性问题

（没有"大纲—计划"。）

第八章　社会经济学中"是什么"和"必须是什么"的范畴　　145

应该仅从"是什么"（原文为德语：sein）范畴的角度来研究经济现实，还是我们可以超越科学界限范畴从"应该是什么"的角度来研究？

第九章　经济学静态，动态和遗传学

（没有"大纲—计划"。）

第三部分　经济静态学理论

第十章　商品市场的价格与均衡理论

（没有"计划"。）

第 三 篇

统计和数学方法

第九章　从误差理论到线性回归

克劳德·迈丁格（Claude Meidinger）

第一节　误差理论是理解变量之间协变的障碍

一、最小二乘法的引入

对于如今的经济学家而言，在最小二乘法理论关系中引入解释变量，其效用估计与其可测试性问题密切相关。实际上这是个老生常谈的事实——即人们倾向于忽略在社会科学领域应用这种方法所遇到的困难。1986 年施蒂格勒（Stigler）的一本书，致力于在 20 世纪和 21 世纪之交引入并且发展统计方法，为这些困难提供一个富于启发性的阐释。

回溯至 1805 年，介绍最小二乘法的第一篇文章通常归于法国数学家阿德里安·玛丽·勒让德（Adrien Marie Legendre）名下，虽然在 1795 年后一直尝试使用该方法的高斯（Gauss）可能对此并不满意。最小二乘法的出现主要与 18 世纪的天文问题有关，这种方法假定通过重复多次的位置测量可以减少测量误差。因此，需要一个数学标准来验证观察结果：即误差平方和的最小化。但是当人们试图量化相关不确定性时，真正有趣的内容开始了：1755 年，一位名叫辛普森（Simpson）的数学家对这个问题的概念进行了解释，从而得出了令人满意的统计公式。正如我们所预期的那样，辛普森指出，要理解将类似情况下大量所观测位置的测量平均值的误差减少，最重要的是分配误差。当真实值（精确位置）未知时，这种分布将允许人们通过将测量平均值作为与位置估计和统计推断相关的不确定性。因此，误差理论成为 18 世纪数理统计的基本问题之一。此外，值得注意的是，在 19 世纪初高斯-拉普拉斯（Gauss-Laplace）综合之前，并没有令人满意的解决方案。

给定 $Z_1, \cdots, Z_i, \cdots Z_t$，在相似情况下对 Z 进行 T 独立观测，其中误差 ε_t 的正态 $N(0, \sigma)$ 分布于每个观察，最好采用样本平均值 $\bar{Z}$ 而不是观察值 Z_t 作为 Z 的估计值。虽然平均值相等，但 $E(\bar{Z}) = E(Z_t) = Z$，标准偏差 $\sigma / \sqrt{T}$ 的 $\bar{Z}$ 精度大于 Z_t 精度，标准偏差 σ。此外，估计量的精度在其标准偏差的相反方向上变化，如 Z 的置信区间构造所示。构造 $[Z_t - 1.96\sigma,$ $Z_t + 1.96\sigma]$ 区间另一方面，就 Z_t 而言，以 Z 为单位构造的 $[\bar{Z} - 1.96(\sigma / \sqrt{T}), \bar{Z} + 1.96(\sigma / \sqrt{T})]$ 区间，包含未知的两个区间值 Z 的概率为 0.95。很显然，随着观察数量的增加，后者更精确地包含未知值。因此，样本均值不仅是无偏差估计量，而且是随样本量增加（标准差减小）的估计量。换句话说，它是一个连续的估计量，它将概率收敛到未知值 Z。同样，这些估计量的属性与最小二乘法的关系是明显的。对于 $Z_t = Z + \varepsilon_t$，通过最小化 $\Sigma_t (Z_t - Z)^2$ 来估计 Z，给出 Z 的精确值 $\bar{Z}$，无偏差符合估计量 Z。

为了达到这一步，施蒂格勒评论道：一个人不得不等待两个事件。第一个是高斯在 1809 年的一个似是而非的论断："算术平均值通常被认为是结合观察的一种极好方式……误差可以被视为正态分布"（施蒂格勒引用，1986：41）；第二个是拉普拉斯 1810 年的中心极限定理，它提供了高斯论证中缺失的内容，即误差正态分布的合理化。测量误差、大量随机和独立现象的集合，可以被认为是正态分布的。

二、在社会科学中的局限性

回顾一下，高斯-拉普拉斯综合使最小二乘法概率可以解释成为可能的事实，但这与这种方法在社会科学中传播的缓慢无关。至少有两个主要原因可以解释这种缓慢。

首先，在误差理论中，即使人们试图在两个以上的变量之间进行线性调整，主要问题也并非衡量一些变量对其他变量可能产生影响的性质。例如，当天文学家迈耶（Mayer）在 1750 年试图通过估计火山坑马尼列斯（Manilius）的位置来确定月球运动时，通过从球面三角学考虑推导出的线性关系，诱导他对三个变量 X_1、X_2、X_3 进行重复测量。因此，这种关系的参数代表了几何关系的性质，在任何情况下，它们都不能被视为两个变量对第三个变量施加的效用度量。人们只是试图通过适当的观察组合，来计算估计参数，以便最小化测量误差。

其次，与社会科学不同，物理科学具有外部标准，它们可以进行独立观察并思考正常误差分布的有效性。为假定这样的分布，人们必须在已知足够一致的情况下进行重复观察，以便将误差归因于大量随机因素的影响。与物理科学不同，19 世纪的社会科学允许大量潜在影响因素的存在，使得这种外部判断非常不稳定。因此，在社会科学中，例如在凯特勒（Quetelet）的工作中，同质性观察判断是基于直接观察所提取的内部证据。此外，凯特勒的尝试非常能够代表概率推理在社会现象领域遭遇的概念障碍。施蒂格勒指出，当凯特勒试图在观察中拟合正态分布时，他系统地忽略了数据的多元维度，排除了变量之间任何协变的可能。更确切地说，对他而言，5738 名苏格兰士兵胸围数据拟合正态分布，必须基于误差理论。通过这种方式，当应用于正态分布时，将测量误差考虑在内，就好像 5738 个圆周测量可以被认为是同一个前胸的 5738 次测量结果一样。正如凯特勒所言和你所想象的那样："前胸测量必须基于在同一个人身上建相同的模型，但是从中我们可以继续深入探索"（施蒂格勒引用，1986：214）。凯特勒将普通人的统计结构视为误差转换的正当理由，这使他通过估计普通人的胸围来确定胸围的平均值。

第二节　高尔顿(Galton)：从误差理论到"趋中回归"

一、误差理论对于解释协变的局限性

麦肯齐（Mackenzie）在其对统计知识与社会建构的研究中指出，19世纪中叶，英国没有应用统计理论的传统。在1834年罗亚尔（Royal）统计学会成立之后的50年中，"只有2%的论文提及应用了统计方法"，因此，"在1865年前，作为科学的统计理论实际上在英国并不存在"（麦肯齐，1981：g）。如果这种情况在19世纪末以及之后开始发生变化，那一定是由于弗朗西斯·高尔顿（Francis Galton）、卡尔·皮尔逊（Karl Pearson）和罗纳德·菲舍尔（Ronald Fisher）等人的学术贡献。在这点上，查尔斯·达尔文（Charles Darwin）的堂兄高尔顿之所以重要，是因为其回归和相关性概念允许统计理论进行多变量分析。

如前所述，误差理论的概念框架非常不适合解释变量之间的协变。由于正态分布的搜索体系缺乏区分能力，在该框架中被解释为观察同质性的标志，因而不会导致任何有价值的分类发现。同样，在中心极限定理的启发下，如果人类的大多数自然特征都是正态分布的，那么这个事实就像高尔顿所讲的一样：对于想要将孩子的"天才"与父母的"天才"相关联的人来说是一个阻碍。"如果每一代产生的正态曲线是大量独立运作的因子总和，由于其中没有一个压倒一切或特别具有重要意义的权重，那么单个因素（如父母）有什么机会可以产生可测度的影响？"（施蒂格勒，1986：272）麦肯齐评论道：所有高尔顿这些对于优生目标的执着，都是克服那些概念性障碍的必要条件。

与变量之间协变研究相反，在误差理论中原则上必须减少可变性。然而，根据高尔顿的说法，通过社会控制来改进人类的可能性，取决于社会阶

层中"天才"的变化，以及天才的遗传特征。高尔顿在 1877 年说，正态规律的本质是"差异应该完全归因于各种组合中一系列独立的、产生较小影响的集体行动……现在，遗传过程不属于较小影响，而是非常重要的影响……结论是……遗传过程必须与偏离法则协调一致"（施蒂格勒，1986：281）。因此，当人们寻找将"天才"儿童与"天才"父母相关联的定量预测关系时，统计所依赖的概念——对于确定遗传如何与正态分布和谐地共同作用——变得至关重要。在诸如甜豌豆重量或几代人身高特征之间的协变研究中，高尔顿基于二元正态分布概念发现了与线性回归相关的概念。

二、二元正态分布与线性回归现象

试举一例，具有边际分布的二元正态分布 $f(X_1, X_2)$，使得 $E(X_1) = \mu_1$，$E(X_2) = \mu_2$，$V(X_1) = \sigma_1^2$，且 $V(X_2) = \sigma_2^2$。对于 $x_1 = X_1 - \mu_1$ 和 $x_2 = X_2 - \mu_2$，人们知道 (x_1, x_2) 是正变量的双变量，且 $E(x_1) = E(x_2) = 0$，且 $V(x_1) = \sigma_1^2$ $V(x_2) = \sigma_2^2$。并且对于条件正态分布 $f(x_1 \mid x_2)$

$$E(x_1 \mid x_2) = \rho(\sigma_1/\sigma_2)x_2 \text{ 和 } V(x_1 \mid x_2) = (1 - \rho^2)\sigma_1^2$$

具有 ρ 与 X_1 和 X_2 之间的线性相关系数。

这些关系是高尔顿在其关于一些可测量世代之间特征协变的工作中以非正式的方式提出的。通过研究从父母到孩子"身高"特征的遗传，高尔顿提出两个重要发现。

随着变量"高度"被转换为与其均值的偏差，[1]高尔顿首先确定了具有常数值的 x_2（父母的高度），x_1 的相应值（儿童的高度）仍然根据方差分散 $V(x_1 \mid x_2)$，其对于 x_2 的每个可能值始终相同。然后他发现如果这样的条件分布是正态的，却不是以 x_2 值而是以 $a_{12}x_2$ 值为中心的条件分布，其中 $a_{12} = 2/3$。在 $E(X_1) = E(X_2) = \mu$ 的情况下，对于儿童和父母的相同平均高度，其条件分布因此以 $a_{12}x_2$ 为中心，更接近于 μ 而不是 x_2。由此高尔顿证实了他在甜豌豆"重量"特征研究中已经观察到的结果，他当时称之为

153

"回归均值"，他现在称之为"趋中回归"。[2]根据高尔顿的观点，遗传通过这种线性回归现象发挥效力。至于其余部分——观察条件分布意味着——它可以归因于"在各种组合中的一系列独立较小影响"。通过这种方式，遗传与偏离法则相一致。此外，根据高尔顿的观点，线性回归现象是这个过程的重要组成部分，即通过这个过程，高度分布的稳定性可以代代相传。由于非零条件方差 $V(x_1 \mid x_2)$，线性相关系数 ρ 小于 1，很明显，如果通过例如 $E(x_1 \mid x_2) = x_2$ 来取消回归，则根据 $\rho(\sigma_1/\sigma_2) = a_{12} = 1$，必须有 $\sigma_1 > \sigma_2$，且高度的散点分布从一代到另一代增加。

最后，很明显，在二元正态情境下，X_2 对 X_1 建立的回归线性特征，仍然适用于 X_2 对 X_1 的回归，回归系数 a_{21} 通常不同于 a_{12}。在这方面，高尔顿仍然发现，变量转化为偏离其平均值并以标准误差单位测量，$a_{12} = a_{21} = \rho$，因此可以将其视为两个变量之间线性协变的表达式。毫无疑问，从 $V(x_1 \mid x_2) = (1 - \rho^2)\sigma_1^2$，可以写出 $\rho^2 = [V(x_1) - V(x_1 \mid x_2)]/V(x_1)$，$X_1$ 的部分变化可以由 X 解释，它遵循：

当 $\mid \rho \mid = 1$ 时，$V(x_1 \mid x_2) = 0$，因此，X_2 完全解释了 X_1。

当 $\rho = 0$ 时，$V(x_1 \mid x_2) = V(x_1)$，并且考虑到 X_2 值不会携带关于 X_1 的任何信息，因为无法缩小 X_1 的分散阈值。

第三节　从线性回归到最小二乘法

哈维默（Haavelmo）写道："从经验来看，我们知道，在可观测经济变量之间建立精确函数关系的尝试将是徒劳的……我们所需要的理论是，在不涉及直接逻辑矛盾情况下，表明观测将作为一个在所有可想象观测集合有限子集中的规则簇，而它仍然与观测偶尔落在子集外的理论相一致。因此，随机变量的概率方案是适合制定这种理论的唯一方案。"（哈维默，1944：40）但是，乍一看，在该方案中建立多元分布和最小二乘法之间的密切关系并不容易。

让我们考虑二元分布 $f(X_1, X_2)$ 且样本为 T 个观测值——直线与 X_1 到 X_2 样本的拟合。

基于 $s_{ij} = \Sigma_{t=1}^{T}(X_{it} - \bar{X}_i)(X_{jt} - \bar{X}_j) = \Sigma_{t=1}^{T} x_{it} x_{jt}$ 和 $r_{12} = [s_{12}/(\sqrt{s_{11}}\sqrt{s_{22}})]$，$X_1$ 和 X_2 之间样本相关系数最小二乘线的斜率由 $\hat{a}_{12} = s_{12}/s_{22} = r_{12}(\sqrt{s_{11}}\sqrt{s_{22}})$ 给出。然而，根据高尔顿的教学思想，只要这种分布是正态的，这个公式就可以被认为是 $a_{12} = \rho(\sigma_1/\sigma_2)$ 的估计，这是双变量分布的特征。从这个角度来看，分布的正态特征与回归的线性特征之间存在的密切关系阻碍了在经济学中广泛使用最小二乘法。特别是根据哈维默的说法，"所有 n 维概率论的类别，都可以被认为是所有先验可设想机制的合理分类，可以适用于纳入考量的 n 个可观测变量的行为"（哈维默，1944：49）。

在 19 世纪末，尤尔（Yule）基于其多变量正态框架得出了线性回归。与皮尔逊（Pearson）不同，尤尔通过线性回归现象寻找因果关系，而不是简单地试图找到多变量分布的特征。因此，正态性假设不是首要必要条件至少有两个原因。

首先，在双变量分布情况下，当简单保留线性回归的假设代替正态假设时，仍然在表达式 $E(x_1 \mid x_2) = a_{12}x_2$ 中得到 $a_{12} = \rho(\sigma_1/\sigma_2)$。其次，尤尔在许多双变量经验分布中发现这一点：$X_2$ 的每个值与 X_1 的相应平均值相联立的曲线，（X_1 在 X_2 上的回归曲线）通常离直线不是很远。在某种程度上，符合这些值的直线参数，恰好是通过最小二乘法得到的参数——"以最接近回归曲线的直线确定其目标"和"将回归线视为因果关系的替代，而不仅仅是频率的表面特征"。回归变成"最小二乘法的方法，至少从表面上看，一直都是直线拟合"（施蒂格勒，1986：349，353—354）。

值得注意的是，尤尔对因果关系的研究表明，同样需要协调误差理论与其他相关性理论。在经济领域的现象中，正如在遗传领域一般，人们必须有

155

一个"与误差规则和谐共处"的过程。但最小二乘法被认为是对因果关系的纯粹经验性研究，它本身对现象持开放态度，这种开放态度对于源自解释被忽略变量的寄生性间接效应更显普遍。

利用变量 X_1、X_2、X_3 和 $\hat{a}_{12}$，在 X_2 和 X_3 上的 X_1 的多元回归中的回归系数 $\hat{a}_{13}$，在 X_i 和 X_j 上简单回归的回归系数 $\hat{a}_{ij}(s)$，以下关系 $\hat{a}_{12}(s) = \hat{a}_{12} + \hat{a}_{13}\hat{a}_{32}(s)$ 表明，与 X_2 相关的回归系数可能会根据回归中考虑到或忽略的其他变量而变化。例如，如果忘记考虑变量 X_3，则可以获得伪相关 $\hat{a}_{12}(s) = \hat{a}_{13}\hat{a}_{32}(s) \neq 0$，其中 $\hat{a}_{12} = 0$，在 X_3 的情况下，与 X_1 和 X_2 同时相关。因此，寻找因果关系，不仅必须承认寻找确切关系的无用性，还必须提供在非实验中摒弃多个干扰因素的手段。在这样的环境中，理论关系可以区分解释变量，其影响必须是系统的并且重要的，合并到正态分布误差项的大量随机效应，将提供调和误差理论与测量结果的方法：协变效应。这一结论来自伯恩斯和米切尔（Burns，Mitchell，1946）一本书评中反对库普曼斯（Koopmans）与维宁（Vinning）的论战。

第四节 结 论

与探索性的"开普勒（Kepler）阶段"相反，"大规模收集、筛选和检查事实的方法取得胜利，这是通过独立于理论的研究而得到的"，库普曼斯评论说，"经济学家无法胜任以建立科学真理为唯一目的，并对整个经济体系进行实验……因此，在许多经济问题中，不可能通过一次一个地改变原因，并且将原因与结果分开"（库普曼斯，1953：112，121）。然而，库普曼斯继续道："经济学家确实拥有——比开普勒所知的物体运动理论——更精细和完善的经济行为理论"，这些理论是"以定量的方式理解形成经济变量的不可或缺的因素"（库普曼斯，1953：122）。

　　当然，这些理论是不完整的。它们或许有瑕疵，并不足以得出这样的结论："大事件是不受控制的……这使得预测行为无论多么谨小慎微都是极其危险的。"［罗宾斯（Robbins），1937：125］哈维默指出，无论任何因素作为可测量因素来解释个人消费，如果解释不完整，那么其在某种意义上就不完整。因为当我们试图通过引入"更多解释因素来消除差异时……通常我们将很快耗尽所有人可能认为的共同因素，同时，这些因素会导致的不仅仅是微不足道的影响"（哈维默，1944：50）。因此，观察到的和计算出的个体消费之间的差异，仅取决于大量随机因素。而且，经济理论的随机要素，在个体层面上是被有意识地引入的。将可观察的变化分解为"系统部分"和"扰动"，表明"即使在关于这些个体关系中随机元素分布非常弱的假设下，整个市场或整个社会总的关系特征在于……各个误差项的总和。根据大数定律，它们将大致呈正态分布"（哈维默，1944：52）。通过这种方式，围绕条件均值观察的散点分布（以解释变量的预定值为条件）可归因于"各种组合中许多独立且微小的影响"，并且线性回归现象解释了最小二乘法估计系统因素的影响。

注　释

　　〔1〕"父母的身高"这一变量，是通过取父亲和母亲身高的平均值来衡量的，后者按系数 1.08 来衡量。

　　〔2〕毫无疑问，"回归"一词解释了为什么回归的统计思想需要很长时间才能被接受，并且往往被认为是遗传研究的具体内容。如果高尔顿发现"回归"系数高于 1，那么人们可以试着想象这个统计思想的名称会是什么。施蒂格勒（1986：315）指出，当埃奇沃思（Edgeworth）用 1838—1878 年英国死亡率来计算线性拟合的趋势时，他选择使用"渐进式平均值"而不是"回归"这一术语，更适合于死亡率下降的现象。

参考文献

A. F. 伯恩斯、W. C 米特海尔：《衡量商业周期》，国家经济研究局 1946 年版。

Burns，A. F. and W. C. Mitchell（1946），*Measuring Business Cycles*，New York：NBER.

特里夫·哈维默：《计量经济学中的概率方法》，《计量经济学》1944 年 7 月增刊。

Haavelmo，T.（1944），'The Probability Approach in Econometrics'，*Econometrica*，12（July）.

特亚林·库普曼斯：《无理论的测量》，载 T. C. 库普曼斯、W. 胡德编辑：《计量经济学方法研究》，考尔斯委员会专著 14，耶鲁大学出版社 1953 年版，第 112—131 页。

Koopmans，T. C.（1953），'Measurement Without Theory'，in T. C. Koopmans and W. Hood（eds），*Studies in Econometric Method*，Cowles Commission Monograph 14，New Haven：Yale University Press：112-31.

D. A. 麦肯奇：《不列颠统计学 1865—1930》，爱丁堡大学出版社 1981 年版。

Mackenzie，D. A.（1981），*Statistics in Britain* 1865-1930，Edinburgh：Edinburgh University Press.

克劳德·迈丁格：《经济科学：问题和方法》，维贝尔出版社 1994 年版。

Meidinger，Claude（1994），*Science Economique*：*questions de méthode*，Paris：Vuibert.

罗宾斯：《论经济科学的本质和重要性》，麦克米伦出版社 1937 年版。

Robbins，L.（1937），*An Essay on the Nature and Significance of Economic Science*，London：Macmillan.

S. M. 施蒂格勒：《统计学史——1900 年前的不确定性测量》，哈佛大学出版社 1986 年版。

Stigler，S. M.（1986），*The History of Statistics. The Measurement of Uncertainty Before 1900*，Cambridge，MA：The Belknap Press of Harvard University Press.

R. 维宁：《库普斯曼论研究变量和测量方法的选择》，《经济与统计学评论》1949 年第 2 期，第 91—94 页。

Vining，R.（1949），'Koopmans on the Choice of Variables to be Studies and of Methods of Measurement：A Rejoinder'，*Review of Economics and Statistics*，31：91-4.

G. U. 尤尔：《相关性理论》，《英国皇家统计协会会刊》1897 年第 4 期，第 812—854 页。

Yule，G. U.（1897），'On the Theory of Correlation'，*Journal of the Royal Statistical Society*，60：812-54.

第十章　从纯概率博弈到策略博弈：法国概率学家与早期博弈论

罗伯特·W. 戴曼德（Robert W Dimand）

玛丽·安·戴曼德（Mary Ann Dimand）

第一节　引　言

一、源自研究赌博的策略博弈

正如弗洛伦斯·大卫（Florence David）《博弈、神祇和赌博》（*Games, Gods and Gambling*）（1962）一书标题所示，概率论是以研究赌博为中心发展起来的。早期概率学家使用简单而著名的赌博游戏来研究纯概率博弈，以引导读者用概率论术语来思考问题。例如，路易·巴舍利耶（Louis Bachelier，1901）就曾使用简单的纯粹概率游戏来使读者更好地理解其对概率论的新贡献。对于习惯研究游戏的概率学家而言，从研究轮盘赌或掷骰子这类纯概率游戏，到研究百家乐、二十一点或扑克这类获胜概率取决于玩家选择策略的游戏，仅仅是一小步。而这一小步在20世纪初，经由埃米尔·博雷尔（Emile Borel）及其同事让·维尔（Jean Ville）等，依托拉普拉斯（Laplace）、泊松（Poisson）、古诺（Cournot）、伯特兰（Bertrand）和庞加莱（Poincaré）的法国传统概率论，实现了跨越。

从约瑟夫·伯特兰对百家乐的分析开始，博雷尔（1921，1924，

1927）发现了几个二人零和策略博弈中极小极大值的解，但并没有找到这类博弈的反例，即没有极小极大值解（minimax）［见罗伯特·戴曼德和玛丽·戴曼德（Dimand and Dimand），1992］。在约翰·冯·诺依曼（John von Neumann）证明极小极大值定理之前，博雷尔就向法国科学院提交了这一证明［冯·诺依曼，1928a，1928b；莱纳德（Leonard），1992］。莱纳德·吉米·萨维奇（Leonard J. Savage）于 1953 年在《计 量 经 济 学》（Econometrica）杂志上刊发了博雷尔 1921 年、1924 年和 1927 年的论文，引起了学界注意。冯·诺依曼和奥斯卡·摩根斯特恩（von Neumann，Oskar Morgenstern，1944）并没有提及博雷尔早期关于极小极大值的论文，尽管冯·诺依曼曾在 1928 年引用过。但他们（1944：154n）承认其对极小极大值定理的证明是基于让·维尔（1938）的第一个初步（非拓扑）证明，而非冯·诺依曼在 1928 年极为复杂的拓扑证明。除了提及维尔在 1938 年的证明，以及冯·诺依曼和摩根斯特恩（1944：186—187n）在一个脚注中提到1938 年博雷尔和维尔对扑克游戏的处理，有关博弈论的文献忽视了法国概率学家在 1928—1944 年间对策略博弈的研究。本章试图证明，博雷尔及其同事在 20 世纪 30 年代直到第二次世界大战前，为策略博弈的研究作出了重要且有益的贡献。尽管博雷尔和维尔还分析了概率博弈，但博雷尔的方法对于解决军事和经济问题依然很有帮助。他指出，类似的方法（1938：86—87）可以解决兵力分配问题（Colonel Blotto）以及商家多产品定价问题。博雷尔对概率论可能应用于经济学的兴趣，早已在诸如《经济悖论：小麦堆的诡辩与统计理论》（Un paradoxe économique：le sophisme du tas blé et les vérités statistiques）（1907）等论文中得到证实。此外，博雷尔所强调的非同时博弈中信息的作用，清楚地表明其对博弈的分析是研究此类问题的一种方法。

　　莫里斯·弗雷歇（Maurice Fréchet，1965）讨论了博雷尔作为著名数学家和公众人物的事业，爱伯哈德·克诺布劳赫（Eberhard Knobloch，1987）

158

则叙述了博雷尔对概率论的贡献。博雷尔的巨著《关于计算概率及其应用的论述》（*Traité du calcul des probabilités et de ses applications*）［以下简称《论述》（*Traité*）］于1925—1939年间出版，包含四卷共18个部分。第四卷第二部分是"维尔对博雷尔讲话稿的编写"，共有122页关于"机会博弈应用"的内容。除了维尔根据博雷尔讲座编写的五章外，第二部分还包括维尔关于极小极大值定理的注释、博雷尔对维尔注释的评论以及博雷尔的一个注释。第四卷的第三部分，"实用价值和概率哲学"完成于1939年，包括关于"迷信玩家与迷惘思想"的第三章，并重印了博雷尔的"赞美游戏"［《法国信使》（*Mercure de France*），第75卷，第四部分，1937］。由博雷尔和安德烈·圣西宏（Andre Chéron）撰写的《桥牌数学理论》（*Théorie mathématique du bridge à la portée de tous*）于1940年出现在博雷尔编辑的一系列关于概率的专著中。在序言部分，博雷尔将这本424页专著的起源归因于桥牌专家的兴趣（见《论述》的第四卷第二部分）。博雷尔及其合作者在20世纪30年代就扑克和桥牌等策略博弈开展了广泛写作，但这些著作在其后冯·诺依曼和摩根斯特恩的文献中被忽略了。

二、伯特兰（Bertrand）对百家乐的研究

正如博雷尔（1924：101）所指，他对策略博弈研究的出发点是约瑟夫·伯特兰（Joseph Bertrand）对百家乐的分析［1889；克诺布劳赫（Knobloch，1987）给出的年份是1899年，罗伯特·戴曼德和玛丽·戴曼德（1992）的观点就因此被反驳了。博雷尔引用的是1924年的第三版遗作］。伯特兰因在1883年关于古诺和瓦尔拉斯（Walras）的评论［由让·马格南·德·博内尔（Jean Magnan de Bornier，1992）翻译成英文，大多数经济学家认为，伯特兰在那篇评论中所书与其所书其他内容的相似性有限］而闻名于经济学界。伯特兰（1889：38—42）考虑的情况是，当下注人拿到的牌点数正好是5时，他是否应该再抽一张牌。由于下注人无论选择抽牌还

是过牌，都在发牌人（庄家）之前（双方都没有立即获胜），发牌人在制定决策时就已经有了一些关于下注人的信息。下注人的目的是手牌总点数比庄家的牌点数大且不超过9。伯特兰认为，下注人的选择应该取决于他是否相信发牌人手中的牌有5点时还再抽牌。然而，发牌人是否总是采用同一种策略（抽牌或过牌）则依赖于其对下注人策略的预测，这会影响发牌人对下注人手牌的先验看法，从而影响发牌人对抽牌收益的预期。伯特兰指出，如果下注人的纯策略必须被公开，那么下注人应选择总是在有5点时抽牌这一公开策略。如果下注人在还没有这样做时，他能让发牌人相信他采用在5点时总是抽牌这一纯策略，那么他应采用过牌的策略。然而，当我们考虑心理学因素和选择最高预期收益策略之后，伯特兰对问题的解是不完全的，因为他没有考虑到下注人采用混合策略的情况，即在一些情况下过牌，其他情况下抽牌。这样的最佳解决方案，可以让那些即使是完全了解下注人习惯的发牌人也没有任何额外优势。伯特兰对问题的解仍然是强调发牌人的额外信息，以及他对逆向归纳法的应用。

第二节　博雷尔的研究

一、概率博弈

尽管博雷尔将《论述》一书视为"对缺失的概率论及其应用的全面展现"，并且"正确地预见到该书将成为科学史上的一个里程碑"[克诺布劳赫（Knobloch），1987：217]，但在严谨性和全面性之外，博雷尔也强调了该书的可读性。维尔根据博雷尔讲座（第四卷第二部分）编写的概率博弈部分十分浅显易读。而且，即使对于数学家而言，概率推理可能也并非是众所周知的。博雷尔将纯概率博弈与"心理博弈"区分开来，后者的结果取决于玩家的能力或行为。他预测到，用来解决心理博弈的方法可以用于分析经济问题（博雷尔，1938：x-xi）。

在整本书中，博雷尔和维尔强调了何时、何人拥有何种信息的重要性。在一些非对称博弈中，先行动的一方占优［如几年前斯塔克尔伯格（Stackelberg）的分析］，而在其他非对称博弈中，先发制人的一方却因信息泄露而处于不利地位（博雷尔，1938：23）。博雷尔（1938：52—53，58）讨论了双人纸牌游戏（écarté）期间的信息更新，并提到了从玩家的行为方式获取信息的可能性。在五张抽（five-card draw）游戏中，弃牌或没有弃牌时先下注都会给对方提供信息，所以谁先下注应该在玩家之间轮换（博雷尔，1938：101，97）。对于信息结构足够复杂的游戏，极小极大值的方法是没有用的（博雷尔，1938：115—117）。

在第二章"点数分配问题"中，博雷尔研究了帕斯卡（Pascal）提出的一个问题：如果一场游戏（比如猜正反获得 n 次胜利）在结束前就停止了，那么如何在两个玩家之间分配资金池？这一问题类似于在"心理博弈"中找到对于玩家能力的度量方法［如夏普利（Sharpley）值］，但这一章中仅考虑了纯概率博弈。博雷尔对该问题的分析采用了类似于二人零和博弈的矩阵，区别在于这一矩阵中，行和列代表获胜所需的正（或反）的数量，而非策略（博雷尔，1938：10）。博弈的独立性是构建这种简单矩阵的前提，不过在本章中这一假设是隐含的，直到在下一章开头被删掉时，该假设才被明确提出。在假设一个硬币正反面概率相同之后，博雷尔分析了先手玩家的优势，以及这种优势对于改变后面几轮游戏顺序的影响。

博雷尔（1938）在第三章考虑了如何对纸牌游戏进行数学上的归纳，在这些游戏中，连续的策略或技巧不是独立的，因为它们释放了行为者的信息。其关于"概率游戏"的部分表明，即使在最普通的游戏中，也体现了强烈的相互依赖程度。博雷尔认为对纸牌游戏的研究是应用性的，而并非纯粹性的数学，因为它依赖于已公开技巧的实际顺序。他引用亨利·庞加莱（Henri Poincaré）的观点，后者认为国际象棋不是真正的数学，因为大量可能行动顺序的排列，阻止了对玩家所面临问题的所有一般性陈述。值得注意的是，根据厄恩斯特·策梅洛（Ernst Zermelo）在 1913 年的证明，国际象棋一定存在一个解（保证一方获得某一结果的最佳策略）。目前尚不清楚此解是否是平局或先行的白子一方胜利，更不用说如何确定实现这一结果的行动顺序。赫伯特·西蒙（Herbert Simon，1982：413）估计，棋盘上的一般位置可以合理走子 30 次，一盘国际象棋的平均长度大概是走子 40 次，那么总共可以进行 10^{120} 次游戏。

博雷尔的研究重点在于玩家可能出手的概率分布，以及玩家如何通过获得信息改变玩家利用概率分布来进行决策的。与采用贝叶斯算法的人相比，博雷尔强调朴素算法的谬误性，这表明使用贝叶斯推理在当时仍然是新颖的。博雷尔认识到了"博弈的精妙之处"，即博弈中伙伴或对手的行为方式及其出示的卡片会影响玩家的概率分布，但他留下了这个问题。在关于桥牌的研究中，博雷尔注意到这些因素使玩家的预期变得主观。因此，他避开了两种复杂情况，隐含地排除了对纸牌游戏的考虑。因为这类游戏在本质上就使得玩家对"类型"的认知影响玩家的行为。在这种情况下，游戏不仅会提供玩家的卡牌信息，还会提供玩家的类型和策略信息（与此类似的是，理性玩家的技巧策略，将受到获得的每张卡牌所提供关于对手类型和手牌信息的影响）。这种类型的游戏直到 20 世纪 70 年代才得到分析。博雷尔还假设玩家可以通过在叫牌或卡牌中对带来特定结果的信号进行编码，从而降低游戏的复杂性。玩家类型和编码信号是生活中纸牌游戏的重要特征。有些玩家是大胆的，有些是谨慎的，有些则是顽固的。了解玩家类型对于对手和伙伴来说都是有用的。编码信号是"规矩"的全部要点，这使得复杂的桥牌游戏更易于参与。

尽管博雷尔进行了大幅简化，但分析纸牌游戏的难度仍然很大（博雷尔，1938，58—60）。基于对手弃牌的先验概率分布，他能够在发牌后立即得到玩家从给定手牌中获得预期点数的数学预期。只有当新牌的预期值超过

161

当前持有手牌的预期值时，玩家才会弃牌。另一个问题是，在一场第一个获胜的人会赢得 n 分的游戏中，玩家的点数取决于每个玩家当前持有的点数。博雷尔通过为有独立策略的五点游戏列出一个点数问题表，来强调这一点（博雷尔，1938：60）。然而，对于大多数纸牌游戏而言，他说这种方法变得无可救药的复杂，需要根据已发生的策略构建一系列表。更糟糕的是，这些表在任何情况下意义都有限，因为它们不能包含来自玩家行为的信息，而这些信息又受到当前总点数的影响。

博雷尔使用一个策略理论草图作为第三章的总结。虽然这部分不是很令人满意，并且在后续章节中，他没有对这个想法进行改进，但它可能是吸引桥牌玩家注意力的一部分。博雷尔和圣西宏将在他们关于桥牌的研究中深入展现其成果。

二、心理博弈

第四章考虑了心理博弈——"机械概率被一种心理巧合所取代"。博雷尔以奇数/偶数的二人零和博弈的极小极大值解开始本章，他分析了玩家偏离混合策略的优势或劣势。在混合策略中，奇数和偶数的概率分别是 1/2 与 1/2（博雷尔，1938：71）。在这个简单博弈中，最优混合策略通过随机化两个离散的纯策略来构建，博雷尔随后转向连续变量博弈。他的例子涉及选择单位圆上的点（博雷尔，1938：73—74）和等边三角形（即单形体，博雷尔，1938：79—86）。他通过示意图的形式对连续变量博弈进行表示，但同时也依靠评估来精准分析游戏。最优策略是第一个博弈中单位圆上的概率分布和第二个博弈中单形体的概率分布（概率为零的部分）。这些博弈与旅馆业定位的问题也密切相关。

在博雷尔关于策略博弈的第一部作品中，他推测当可能的纯策略数量超过 7 时，就不会有极小极大值解了。但矛盾的是，他又说："对于那些行为方式形成一个无限连续体时，很容易将混合策略的前述条件扩展为极小极大值解"（博雷尔，1921：99；罗伯特·戴曼德和玛丽·戴曼德，1992：20）。博雷尔（1921）没有作出所谓的容易扩展，但也没有解释如果有限策略数量大于7会出问题的话，为什么无限纯策略没有问题。冯·诺依曼在1928年证明了存在适用于连续和离散纯策略的极小极大值解，但他没有给出具体的博弈例子。在博雷尔（1938）第四章中找到极小极大值解的博弈，是第一个用连续策略构建的例子。

博雷尔（1938：86—87）"经济问题与策略博弈关系"的部分讨论了本章所考虑的心理博弈与其他问题的关系。他在没有给出解决方案的情况下，概述了每个商家都销售一些商品时商家间的定价博弈。第四章还提供了现在被称为军事分配问题的军事部署类博弈的首次演示（没有解决方案）。这个博弈要解决的问题是：在有限个数的共同阵地点上，当每个点上的胜利依赖于军队数量的优势时，敌对双方如何配置各自兵力。在军事领域应用其数学思想是博雷尔天生的兴趣，他曾在第一次世界大战中赢得了英勇十字勋章，并且在1925年《论述》一书的第一部分出版时担任海军部长。在博雷尔的例证中，两位将军拥有相同数量的士兵可供部署。博雷尔评论说，虽然这样的问题与本章正文中讨论的不同，但它们都适用于相同的方法。两个商人之间定价博弈的例子则不那么明确，他认为这类似于军事问题。他假定每个商人都有相同的库存品 S_i，其中有 i 种商品，每种商品都有 n 件可卖。每件商品 i 对于双方来说都有"价值"V_i 和单位"价格"p_i。商家选择每件商品有 r_i 的折扣，试图利用较低的价格卖出大量商品，这取决于每个商家是否愿意牺牲 D。博雷尔的符号是有些问题的，特别是因为他没有定义 V_i。只要对于所有 i 来说 $V_i = p_i S_i$，博雷尔对问题的设定就是有道理的。否则他提出的约束条件就比较奇怪。博雷尔指出，r_i 表示第一个玩家在商品 i 上的折扣，而 $r_i{}'$ 表示第二个玩家的折扣，则有

163

$$\sum_{i=1}^{n} V_i p_i \frac{-r_i}{p_i} = \sum_{i=1}^{n} V_i p_i \frac{-r'_i}{p_i} = \sum_{i=1}^{n} V_i - D$$

因此

$$D = \sum_{i=1}^{n} \frac{V_i r_i}{p_i} = \sum_{i=1}^{n} \frac{V_i r'_i}{p_i} \equiv \sum_{i=1}^{n} \rho_i = \sum_{i=1}^{n} \rho'_i$$

只要 $V_i = p_i S_i$ ，就确实类似于博雷尔的兵力分配问题：每个商人都有固定的 D 力量来部署 n 件商品。不幸的是，目前尚不清楚为什么商家希望以这种方式参与竞争，因为每个人显然都希望出售全部库存。在这方面，这一博弈不如古诺或伯特兰市场游戏复杂。尽管如此，博雷尔对于在经济和战略问题中可以适当应用博弈论的建议是有先见之明的。

三、五张抽

博雷尔（1938：91—97）在第五章研究了五张抽扑克的二人变体。他特别关注的重点是是否加注，以及是否接受或拒绝加注，而拒绝加注并不意味着袖手旁观。博雷尔五张抽的变体也与同花色牌排列的标准版不同，所以手牌是没有平局的。这个假设允许在单位正方形上代表两个玩家获得的手牌，每人手牌的值在 0 到 1 之间。博雷尔（1938：89—90）计算了从 52 张牌中获得不同类型手牌方式的数量，并将其转化为获得每种类型手牌的概率。这些概率对于玩家来说是已知的。

如果玩家 A 的手牌值至少为 a ，则 A 将下注金额 a 。如果玩家 B 的手牌值至少为 b ，则玩家 B 将接受加注。a 被假定为外生的，但是玩家决定 a 和 b。b 的值将是 a 的函数，$b = fn(a)$ ，因为通过加注（或不加注）a ，A 就已经告知 B ，A 的手牌具有至少（或小于）a 的值。知道 a 和 B 自己的手牌，允许 B 计算 A 的手牌比 B 更大的概率。类似的，$a = fn'(a, b)$ ，导致 A 加注的手牌的最小值将取决于加注金额，以及 B 接受加注的 B 手牌的最小值，因为如果 B 加注且 A 的手牌值较大，A 就会获得胜利。因此，$a = fn'(a, b) = fn'(a, fn(a)) = fn'(a)$ 。B 可能通过观察 A 在连续游戏中的行为来对 a 形成估计。

在讨论了五张抽（博雷尔，1938：91—97）之后，博雷尔（1938：97—103）考虑了扑克弃牌的特定案例。除非进行极端简化的假设，否则情况要复杂得多，因为弃牌的信息内容与连续游戏的独立性不一致。博雷尔（1938：99）指出，在实践中玩家会遵循比其分析所建议的更直观的经验法则。在丹尼尔·埃尔斯伯格（Daniel Ellsberg）的批评或实验博弈理论出现之前，就已经提出了博弈论是实证的还是规范的问题。他在下一篇论文中所讨论的赌徒谬论也与之相关。

四、桥牌中的数学

受到第四卷第二部分桥牌玩家兴趣的激励，博雷尔招募了桥牌报纸编辑安德烈·圣西宏作为桥牌理论成果《人人都能学会的桥牌数学理论》的合著者。第二次世界大战的爆发打断了这本书的校对，博雷尔曾希望亲自查验书中论据，但因战争原因不得不将这项任务交给圣西宏。博雷尔后来获得了抵抗勋章（Medaille de la Résistance）。像博雷尔（1938）那样，作者研究桥牌的方法主要基于经典概率论。这种方法对洗牌的不确定性和完全随机化游戏的细致应用可能与博雷尔和圣西宏的愿景相关，即所有感兴趣的桥牌玩家都可以从概率论的应用中受益。关于概率的基本概念和本书及其附录的阅读时间表，都旨在使所有人可以阅读该书。作者在其标题页上列出了134个概率表。博雷尔的序言不仅强调对每个表格中每个条目进行严格的检查，还包括一章关于机械计算机的操作和舍入误差的重要程度。

尽管他们的意图在于将正式的概率论引入到不懂概率论的打牌人中，但作者的"工作计划"（博雷尔和圣西宏，1940：1—3）清楚地表明了他们对更新玩家获得点数概率分布的兴趣，包括在获得手牌以及发牌后、游戏后以及游戏过程中。博雷尔和圣西宏认识到，在游戏期间，概率分布因取决于玩家对收到信息的分析而变得主观。概率分布用于形成对比赛中获得技巧数量的预期。他们做了一些假设，大大简化了桥牌的结构，以便分析一个游戏，其中"最好的行动方案是最大化……各种可能性中每个玩家的数学预期"（博雷尔和圣西宏，1940：2；短语经过反转）。

第三节　巴黎和普林斯顿

由于博弈论作为一个独特领域的建立，源于冯·诺依曼和摩根斯特恩的开创性著作，因此吸引人的是博雷尔及其合作者是如何与冯·诺依曼及其合作者进行互动的。罗伯特·莱纳德认为，20世纪30年代法国概率学家对策略博弈的研究完全与冯·诺依曼和摩根斯特恩（1944）对博弈论的发展无关。在评论博雷尔、维尔和德·波塞尔（de Possel）在20世纪30年代的作品时，莱纳德（1992：45）指出，"所有这一切都过去了，冯·诺依曼似乎并不知道"（莱纳德强调）。他后来注意到，"1941年12月，摩根斯特恩意外地发现了博雷尔的一卷（1938），其中包含维尔的初步极小极大证明"[1992：58，莱纳德强调；见摩根斯特恩（1976：811），并摘录了摩根斯特恩（1992：87）在莱尔斯塔勃的日记]。鉴于第二次世界大战和德国对法国的占领，一本1938年出版的法国书籍在1941年12月在普林斯顿被无意或有意地发现并不算晚，并且这是在冯·诺依曼和摩根斯特恩（1944）完成著作很久之前——他们书的序言都是在1943年1月。冯·诺依曼和摩根斯特恩使用的是极小极大定理证明，不是冯·诺依曼（1928a，1928b）的拓扑证明，而是他们所说的对维尔证明的进一步基本化（冯·诺依曼和摩根斯特恩，1944：154n）。冯·诺依曼和摩根斯特恩（1944：198n）也认为，维尔在朝向具有连续参数的博弈理论上走出了"有趣的一步"。他们（1944：186—187n）还提到了博雷尔（1938：91—97）对扑克"非常有启发性"的思考，并指出他们的注解与博雷尔的关联。正如博雷尔一样，他们分析了一种扑克的变种，其中所有手牌都可以在没有关联的情况下排列。然而，他们声称，博雷尔（1944：186n）对扑克的分析主要是以"或多或少的启发式方式对扑克应用的概率进行评估，而没有系统地使用任何潜在的一般博弈理论"，这是非常不公平的。博雷尔确实没有一般博弈理论，他似乎倾向于一次考虑一个案例。因此，他被诸如纯策略下不同数量和信息结构的差异等现象所震撼。尽管如此，博雷尔的分析对于许多博弈论的问题都是一种有价值的方法，正如弗雷歇（Fréchet，1965）所声称得那样，博雷尔是第一个定义心理博弈的人。虽然冯·诺依曼（1928b）引用了博雷尔（1927），但是博雷尔在 20 世纪 20 年代的论文没有被冯·诺依曼和摩根斯特恩（1944）所提及。冯·诺依曼和摩根斯特恩对博雷尔的有限引用虽然达到了最低限度，但却也难称慷慨。

　　冯·诺依曼（1928a）1928 年完成的极小极大定理证明的概括版本，由博雷尔送交给法国科学院。法国数学家勒内·德·波塞尔（René de Possel，1936）关于流行博弈的 40 页小册子，遵循了博雷尔（1924）基于纯概率或技巧对策略博弈的分类，称赞了冯·诺依曼（提出的）作为博弈论基础的定理和证明（见莱纳德，1992：45—46）。莱纳德（1992：46）指出，"在博雷尔同一时期的作品中，没有给予冯·诺依曼这样的称赞（像德·波塞尔所给出的那样）……然而，值得注意的是，他没有提到德·波塞尔指出的冯·诺依曼所做的'基础定理'"。然而，两页之后，莱纳德提到了博雷尔对冯·诺依曼"重要定理"（博雷尔，1938：115）的引用，博雷尔在对维尔注释的评论中，提供了一个初步的极小极大证明。关于冯·诺依曼的讨论和博雷尔（1938）一书中极小极大定理的讨论，仅限于让·维尔（1938：105—113）的注释和博雷尔（1938：115—117）对该注释的评论。其中博雷尔表示："我要感谢让·维尔先生愿意为本书的读者揭示冯·诺依曼先生的重要定理：他能够简化证明并将其扩展到连续变量的情况。"博雷尔只在这本书后面的十几页讨论了冯·诺依曼的极小极大定理，但并未像人们所期望的那样，使其成为这本书的核心，但这与不提及任何事情本质不同。

　　第二次世界大战期间，欧洲大陆的数学家组成了一个社团，其成员经常

166

互动。让·维尔于1939年在博雷尔编辑的同一系列专著中发表了一篇论文，其中博雷尔和圣西宏（1940）的文章曾在卡尔·门格尔（Karl Menger）维也纳数学学术讨论会上被讨论［波普尔（Popper），1976：217］。冯·诺依曼和亚伯拉罕·沃尔德（Abraham Wald）关于证明存在一般经济均衡的论文，发表在了该学术讨论会的会议记录中，而沃尔德作为门格尔学术讨论会的常客，将冯·诺依曼（1928b）的极小极大定理应用到了统计决策函数中。乌克兰的利沃夫市（当时属于波兰）相对于巴黎或维也纳来说看似更加孤立。然而，雨果·斯廷豪斯（Hugo Steinhaus）在此地写了一篇关于寻求对策的早期论文，库拉托夫斯基（C. Kurtatowski）［1929年克纳斯特（Knaster）、库拉托夫斯基和马祖尔基维茨（Mazurkiewicz）发表了关于在 n 维空间上固定点的论文］也曾在此地教书。此外，这种孤立与波兰数学学会利沃夫分会非正式会议中提出的"苏格兰书"（*Scottish Book*）问题［麦德林（Mauldin），1981］相矛盾，其中包括莫里斯·弗雷歇（Maurice Fréchet）提出的问题，他也曾为博雷尔《论述》一书贡献了一小卷（问题117和118），以及约翰·冯·诺依曼所提出的问题（问题163，提供了一瓶严格大于零的威士忌作为解决方案的奖品，以及对乌拉姆问题139的补充）。像亨利·勒贝格（Henri Lebesgue）这样著名的法国数学家也访问过利沃夫，以及在此地的斯廷豪斯、巴拿赫（Banach）、库拉托夫斯基、凯克（Kac）和乌拉姆（Ulam）。这样的国际交流，以德国吞并奥地利、德国占领巴黎，以及其后苏联占领、德国占领以及苏联吞并利沃夫而告终。

第四节　结　论

埃米尔·博雷尔及其同事在1928年之后仍然积极参与策略博弈的研究。博雷尔于1936—1937年期间在巴黎科学院讲授了将概率应用于博弈的课程，让·维尔将他这段时间的讲课笔记编著成书。该书值得注意的特点是对信息的强调、在军事和经济背景下引入兵力分配博弈、对二人扑克中加注策略的讨论，以及维尔对冯·诺依曼极小极大定理的初步证明，并将极小极大值推广到连续变量。这本书促成了之后博雷尔和桥牌报纸编辑安德烈·圣西宏共同合作完成一本关于桥牌复杂信息博弈的巨著。第二次世界大战的爆发打乱了博雷尔的研究，直到冯·诺依曼和摩根斯特恩在 1944 年出版的著作超越了博雷尔战前对博弈的研究。即使姿态相当谨慎，但巴黎和普林斯顿研究博弈策略的学者依然互相承认彼此的贡献。维尔对博雷尔（1938）关于极小极大证明贡献（的整理），为之后冯·诺依曼和摩根斯特恩（1944）更清晰、更根本的证明打下了坚实的基础。

参考文献

路易斯·巴舍里耶：《游戏的数学理论》，《高等师范学校科学记事》（第三系列）1901 年第 18 卷，第 143—210 页。

Bachelier, L. (1901), 'Théorie mathematique des jeux', *Annales de l'Ecole normal superieure* (3rd series), 18: 143–210.

约瑟·伯特兰：《概率的循环》，高蒂耶-维拉尔出版社 1889 年版。

Bertrand, J. (1889), *Calcul des Probabilites*, Paris: Gauthier-Villars.

埃米尔·博雷尔：《具有左对称核的博弈论和积分方程》，《科学院报告》1921 年第 173 卷，第 1304—1308 页。萨维奇翻译：《具有反对称核的博弈论和积分方程》，《计量经济学》1953 年第 1 期，第 97—100 页。

Borel, E. (1921), 'La theorie du jeu et les équations intégrales à noyau symétrique gauche', *Comtes Rendus de l'Académie des Sciences*, 173: 1304 – 8. Translated by L. J. Savage as 'The Theory of Play and Integral Equations with Skew Symmetric Kernels', *Econometrica*, 21 (1953): 97–100.

埃米尔·博雷尔：《涉及球员机会和技巧的比赛》，载博雷尔：《概率理论》，科学出版社 1924 年版。萨维奇翻译：《涉及机率和球员技巧的博弈》，《计量经济学》1953 年第 1 期，第 101—115 页。

Borel, E. (1924) 'Sur les jeux où interviennent l'hasard et l'habilité des joueurs', in E. Borel, *Theorie des probabilités*, Paris：Librairie Scientifique, J. Hermann. Translated by L. J. Savage as ‘On Games that Involve Chance and the Skill of Plavers’, *Econometrica*, 21 (1953)：101−15.

埃米尔·博雷尔：《关于具有左对称行列式的线性形式系统和博弈论的一般理论》，《科学院报告》1927 年第 184 卷，第 52—53 页。萨维奇翻译：《关于具有反对称行列式的线性形式系统及博弈论的一般理论》，《计量经济学》1953 年第 1 期，第 116—117 页。

Borel, E. (1927), ‘Sur les systèmes de formes linéaires à déterminant symètrique gauche et la théorie générale du jeu’, *Comptes Rendus de l'Academie des Sciences*, 184：52−3. Translated by L. J. Savage as ‘On Systems of Linear Forms of Skew Symmetric Determinant and the General Theory of Play’, *Econometrica*, 21 (1953)：116−17.

埃米尔·博雷尔：《处理概率的计算》第 4 卷，第二部分，约翰·维尔编辑：《危险游戏应用》，高蒂耶–维拉尔出版社 1938 年版。

Borel, E. (1938), Traité du calcul des probabilités, vol IV, part II, *Applications aux jeux de hasard*, ed. by Jean Ville, Paris：Gauthier-Villars.

埃米尔·博雷尔、A. 查戎：《大众数学理论》，高蒂耶–维拉尔出版社 1940 年版。

Borel, E. and A. Cheron (1940), *Théorie mathématique du bridge a la portée de tous*, Paris：Gauthier-Villars.

F. N. 大卫：《博弈、神祇和赌博》，查理斯·格里芬出版社 1962 年版。
David, F. N. (1962), *Games*, *Gods and Gambling*, London：Charles Griffin.

波赛尔：《论机会与反思博弈的动力学理论》，赫尔曼出版社 1936 年版，《科学和工业新闻》，第 436 号。

de Possel, R. (1936), *Sur la Théorie Mathématique de Jeux de Hasard et de Reflexion*, Paris：Hermann, Actualités Scientifiques et Industrielles, numero 436.

罗伯特·戴曼德、玛丽·戴曼德：《早期策略博弈理论史：从沃尔德格雷夫到博雷尔》，载 E. R. 温思特拉布编辑：《博弈论史》，杜克大学出版社 1992 年版，《政治经济史》1992 年增刊，第 15—27 页。

Dimand, R. and M. A. Dimand (1992), ‘The Early History of the Theory of Strategic Games from Waldegrave to Borel’, in E. R. Weintraub (ed.), *Toward a History of Game*

Theory, Durham, NC：Duke University Press. Annual supplement to *History of Political E-conomy*, 24：15-27.

莫里斯·弗雷歇：《埃米尔·博雷尔的一生》，《数学教育专著》1965 年第 14 期。重印于《埃米尔·博雷尔作品集》第一卷，国家科学研究中心 1972 年版，第 5—98 页。

Fréchet, M. (1965), 'La vie et l'oeuvre d'Emile Borel', *Monographies de l'Enseignement mathématique*, 14. Reprinted in *Oeuvres d'Emile Borel*, vol I, Paris：Centre National de la Recherche Scientific, 1972：5-98.

E. 科诺布洛赫：《作为概率学家的埃米尔·博雷尔》，载 L. 克鲁格等编辑：《概率革命》第一卷，麻省理工学院出版社 1987 年版，第 215—233 页。

Knobloch, E. (1987), 'Emile Borel as a Probabilist', in L. Krüger, L. J. Daston and M. Heidelberger (eds), *The Probabilistic Revolution*, Vol, 1, Cambridge, MA：MIT Press：215-33.

R. 莱纳德：《为博弈论创造一个情景》，载 E. R. 温思特拉布编辑：《博弈论史》，杜克大学出版社 1992 年版，《政治经济史》1992 年增刊，第 29—76 页。

Leonard, R. (1992), 'Creating a Context for Game Theory', in E. R. Weintraub (ed.), *Toward a History of Game Theory*, Durham, NC：Duke University Press. Annual supplement to *History of Political Economy*, 24：29-76.

让·马格南：《"古诺—波特兰德辩论"：一个历史的视角》，《政治经济史》1992 年第 3 期，第 623—656 页。

Magnan de Bornier, J. (1992), 'The "Cournot-Bertrand Debate"：A Historical Perspective', *History of Political Economy*, 24：623-56.

麦德林：《苏格兰书：苏格兰咖啡厅中的数学》，伯克豪斯出版社 1981 年版。

Mauldin, R. D. (1981), *The Scottish Book：Mathematics from the Scottish Café*, Boston, Basel, and Stuttgart：Birkhauser.

O. 摩根斯特恩：《博弈论中奥斯卡·摩根斯特恩和约翰·冯·诺依曼的合作》，《经济文学期刊》1976 年第 3 期，第 805—816 页。

Morgenstern, O. (1976), 'The Collaboration Between Oskar Morgenstern and John von Neumann on the Theory of Games', *Journal of Economic Literature*, 14：805-16.

卡尔·雷蒙德·波普尔：《无尽的追问：一本智慧的自传》，公开法庭出版社1976年版。

Popper, K. (1976), *Unended Quest: An Intellectual Autobiography*, La Salle, IL: Open Court.

莱尔斯塔勃：《博弈论和经济行为中奥斯卡·摩根斯特恩和约翰·冯·诺依曼的合作——新见解》，载 E.R. 温思特拉布编辑：《博弈论史》，杜克大学出版社1992年版，《政治经济史》1992年增刊，第77—93页。

Rellstab, U. (1992), 'New Insights into the Collaboration Between John von Neumann and Oskar Morgenstern on the Theory of Games and Economic Behavior', in E. R. Weintraub (ed.), *Toward a History of Game Theory*, Durham, NC: Duke University Press. Annual supplement to *History of Political Economy*, 24: 77–93.

H. 西蒙：《有限理性的模型》第2卷，麻省理工学院出版社1982年版。

Simon, H. (1982), *Models of Bounded Rationality*, Vol. 2, Cambridge, MA: MIT Press.

J. 维尔：《论涉及球员技能的比赛一般理论》，载埃米尔·博雷尔：《处理概率的之计算》第4卷，第2部分，高蒂耶-维拉尔出版社1938年版。

Ville, J. (1938), 'Sur la théorie générale des jeux où intervient l'habilité des joueurs', in E. Borel, *Traité du calcul des probabilités*, vol. 4, part 2, Paris: Gauthier-Villars.

冯·诺依曼：《论博弈论》，由埃米尔·博雷尔传播，《科学院报告》1928年第186卷，第1689—1691页。

von Neumann, J. (1928a), 'Sur la théorie des jeux', communicated by E. Borel, *Comptes Rendus de l'Académie des Sciences*, 186: 1689–91.

冯·诺依曼：《社交游戏理论》，《数学年鉴》1928年第100卷，第295—320页。伯格曼翻译：《论策略博弈的理论》，对《博弈论》第四卷有贡献，图克和卢斯编辑：《数学研究年鉴》，普林斯顿大学出版社1939年版。

von Neumann, J. (1928b), 'Zur theorie der gesellschaftsspiele', *Mathematische Annalen*, 100: 295–320. Translated by S. Bargmann as 'On the Theory of Games of Strategy', in *Contributions to the Theory of Games*, vol 4, ed. A. W. Tucker and R. D. Luce, *Annals of Mathematics Studies*, 40, Princeton, NJ: Princeton University Press.

168

约翰·冯·诺依曼·O. 摩根斯特恩：《博弈论与经济行为》第三版，普林斯顿大学出版社 1953 年版。

von Neumann，J. and O. Morgenstern（1944），*Theory of Games and Economic Behavior*，Princeton，NJ：Princeton University Press. 3rd edn，1953.

第十一章 沙克尔（G. L. S. Shackle） 决策理论中的最优和最劣

让·马克·庞索内（Jean-Marc Ponsonnet）

第一节 引 言

在当今时代，由奈特（Knight，1921）所建立的风险与不确定性之间的经典区别，已经成为经济分析所面临的一个主要挑战。

风险是指在客观概率条件下可以对实际情况形式化。在这种情况下，预期效用提供了一个可接受的理性决策标准。面对不确定性，在明显缺乏客观概率的情况下，无论如何都可以认为代理人的预期表现为"赌商"（betting quotient）。在这一点上，代理人拥有的理性是一种弱理性概念，这理性只意味着他们的预期是相互一致的。但目前学界已经认可，大多数时候这种弱理性形式尚未得到证实 ［威林（Willinger），1990］。

考虑到客观概率和主观概率的双重困境，沙克尔的著作应得到足够重视。沙克尔确实处理过不确定性，他已经设法以彻底和严谨的方式区分客观概率。此外，由于代理人的预期以"可能性"或"潜在惊奇"（potential surprise，PS）的方式表达，他刻意不再使用任何主观概率。

沙克尔的模型——第一个可以追溯到1949年——引发了20世纪50年代和60年代的一些讨论。从那以后，大众对他的兴趣日益减少，而沙克尔有时被指责为"虚无主义认识论"或者没有"引领任何领域"［博格朗

（Beaugrand），1982：297]。在更多情况下，只考虑了其模型的其中一个方面，即潜在惊奇及目标，[1]其内部一致性及背后的认识论却被忽略了。

在传统方法中，预期是根据主观概率来衡量的，然后通过预期效用最大化而产生代理人的选择。[2]根据沙克尔的说法，个体预期可以通过"潜在惊奇"的方式形式化，因此具有可与主观概率相比较的值。决策本身是一个复杂过程的结果，该过程基于单独考虑两个值，因此可以称之为"二元聚焦"。

沙克尔在 1949 年的模型表述，紧随预期效用理论的公理性陈述［冯·诺依曼和摩根斯特恩（von Neumann，Morgenstern），1944]。然而，从那个时期开始，一些反对意见以各种悖论的形式出现。阿莱斯（Allais，1953）悖论和其后的埃尔斯伯格（Ellsberg，1961）悖论所给出的解决方法，在很多情况下都可以作为临时方案。因此，在主观概率方面，预期形式化的有效性再次受到质疑。这种情况下，"潜在惊奇"是沙克尔模型中最常被保留下来的概念。

然而，从我们的角度来看，这不能掩盖整体模型，因为模型本身的原创性就包含了与决策过程相关的"二元聚焦"概念。在这方面，这项工作的第一个目标是评估沙克尔模型的价值和范围，评估准则基于"潜在惊奇"和"二元聚焦"的作用，同时包括这些不同元素相互作用的性质及其对经济决策的适用性。

这项工作的第二个目标是考察沙克尔模型引发的讨论，并思考其可能带来的拓展。如果其中一些根源在于"潜在惊奇"的概念，我们将更加具体地坚持简化由马尔斯（J. Mars）在 1950 年提出的"二元聚焦"过程："二元聚焦"一直是后者与沙克尔之间讨论内容的原点，但似乎并未得出确凿的结论。

考虑到这两个目标，我们将首先考察"潜在惊奇"概念的理由和含义。然后我们将考察决策过程本身：即"二元聚焦"的范围和应用。最后，我

170

们将再次考察马尔斯和沙克尔的讨论，其中的要点与最后一级"二元聚焦"的必要性有关，即"赌徒无差异曲线"。

第二节　不确定性、主观性和潜在惊奇

不确定性和个体对于不确定性的认知，是一个特定的概念，它构成了潜在惊奇这个概念的基础。它与主观概率之间的相对差异也源于此。然而，就潜在惊奇而言，其形式完全取决于所应用的领域。

一、有限的不确定性

潜在惊奇对应双边排斥：排斥客观概率和主观概率，不过这与个人对其预期或多或少会给出合理解释的观念有关。

沙克尔采用了概率论中的常用概念——"概率论以数学家和精算师给出的形式，在无限重复试验中发现给定体系的某种趋势"（沙克尔，1949：6）。当他宣称"当概率是客观的……它包含相对频率……相对频率是已知的，而已知与不确定性是相互排斥的"（沙克尔，1961：60）时，他似乎确实坚持维恩（Venn）模式中的严格频率理论（概率是频率的一个便捷表达形式）。概率知识（与频率无差异）的范围是统计序列，仅适用于相同领域。如果是这种情况，则实验必须是可分的，这意味着必须能够在足够数量的基本或可连续的实验中，对其进行分解。因此，必须存在可比较的统计序列。但是，沙克尔坚持时间的不可逆转性和未来的不可测量性——这基本上来讲都是个体自由的结果。这使得他得出结论，通常相对于一系列过去事件的已知频率，并不适用于一系列未来事件。

沙克尔将"客观概率（其中）是一种知识方法"与"主观概率是承认缺乏知识"进行了对比（沙克尔，1966：102）。然而，从他的观点来看，他拒绝这种解决方案，是因为没有理由"像频率比概率一样以相同的加法

模式对主观置信度进行公理化"（沙克尔，1955：36）。相反，完全有理由拒绝这种可加性。后者意味着分配给可能性集合的确定性，应该在不同事件之间分配。而现在这组事件尚未确定，因为未来只是存在于想象中。

诚然，时间起着双重作用。一方面，它是一连串的瞬间——"当下的孤独时刻"和"我们生活在孤独的当下"（沙克尔，1966：20）。另一方面，"坚定的观察者"可以在时间轴上移动，只需要修改他想象中适合的日期。因此，想象力构成了现在与未来之间的桥梁。即便如此，这个未来既不是完全不确定的，也不是完全已知的，并且世间万物并非完全无序。因此，想象力必须"与决策者对一般事物和人性本质的所知一致"，并且必须作为"面对有限不确定性时进行选择"的指南（沙克尔，1961：11，43）。

二、潜在惊奇

未来部分不确定，因为它只能基于想象，而无法作为"一系列事件"被提及。最好是引用"可能性"而不是引用"概率"，因为特定事件的可能性程度不会因其他事件的程度，或是因新事件的确认而被修改（沙克尔，1961：第9章）。但沙克尔认为，考虑到一个事件出现会引发潜在惊奇，更接近于个体心理。从逻辑上讲，这两个概念是等价的，具有对应于无效潜在惊奇程度的最大可能性，并对应于最大潜在惊奇程度的最小可能性（沙克尔，1961：76）。

1949年，沙克尔在一系列公理和定理（沙克尔，1949：130—133）的帮助下，提出了潜在惊奇程度的概念，其后对此稍作修改（沙克尔，1961：80，81）。由于它已经在其他作品中被完整地表述，我们不会在这里完全引用它［马修尼科特（Mathieu-Nicot），1985：56，57；加雷洛（Garello），1992：71］，但是我们将尝试定义它与传统方法中主观概率的不同之处。在这方面，两个公理起着重要作用。

公理4提出潜在惊奇的性质，其指出"与任何假设相关的潜在惊奇程

172

度，将是所有那些适用于不同互斥假设的最小程度"（沙克尔，1961：80）。就可能性而言——这是一个更容易与主观概率相比较的概念——与任何假设相关的可能性程度，将在所有不同互斥假设集合中，得到更大程度的假设，这个假设对于个体而言似乎是等同的。

公理 7 最初的表述是"分配给两个假设的联合（同时）事实的潜在惊奇程度，等于分配给单独假设的相应程度中的较大者"，正如在第二个版本中修改的那样。霍撒克（H. S. Houthakker）的确反对过沙克尔，认为其不适用于"两个在某种意义上互相依赖的假设"（沙克尔，1961：82）（例如 X 先生的左眼是蓝色而右眼是棕色）。沙克尔的新版本是将条件概率这个概念转换为潜在惊奇程度。[3]

潜在惊奇的程度与主观概率之间的根本区别，在于潜在惊奇程度的非可加性。因此，不可能从主观概率转变为潜在惊奇程度。而恰恰相反，正如一些评论家以前所提出的那样[4]，福特（J. L. Ford, 1983：130ff.）认为其只包含对测量标准的修改：如果概率是可加的，那么潜在惊奇也是如此。

沙克尔拒绝考量"一个总数中的一小部分份额和一个随着总数大小而变化的份额可以恰当地表示完美可能性状态"（沙克尔，1961：92）。正如本（J. Pen）解释的那样，真正的基础是这一系列替代品的不间断特征（沙克尔，1961：96）。

最后必须强调两个事实，其一是一组被质疑的引证是无限制的，其二是它是未被定义的而不是说不存在，因为时间概率已经处理了除有限集之外的其他问题。众所周知，沙克尔似乎有时会对这个明显的悖论感到惊讶。例如，如果选择 0 到 1 之间的点，那么一件几乎不可能的事件就会实现了。这个悖论是基于实数和无限小数的性质。仔细区分从无限数量事件中的所得和从缺乏认知或从不存在事件集中的所得，是非常重要的。至少在沙克尔的解释中，可能性程度的非可加性，以及潜在惊奇程度的等价性质，与不存在参考集的事实直接相关。

三、潜在惊奇的范围：处理非可加性

潜在惊奇的范围是根据其在研究中创建的扩展和沙克尔自己的运用来进行估算的。

沙克尔为理解潜在惊奇程度提供了一种方法，这种方法源于最近对预期效用理论的一些批评。众所周知，后者导致了一些悖论：阿莱斯悖论（1953）或埃尔斯伯格悖论（1961），两者的解决方案似乎很大程度上是临时性的。对可加性的质疑似乎确实是一个彻底的解决方案，但从扎德（Zadeh）和绍凯（G. Choquet）的论著开始，无论如何完全可能将其正式化［威林格（Willinger），1990：28—30；马修尼科特，1985：39，40，55］。事实上，这是一个使用非可加性的模糊测量，而非概率附加测量的问题。

相应的模型具有接近预期效用模型的结构：然而使用概率的积分被使用模糊测量的积分所替代。这些模型经由马修尼科特考察并宣称："扎德的模糊子集理论，使得二元逻辑消失且有利于为 n 元逻辑人类现实在该子集理论下获得了更好的评估"（马修尼科特，1985：5）。必须注意的是，沙克尔的序言强化了这项研究，他在其中提出的"模糊集理论可以在很大程度上说明"他眼中的可能性概念。

尽管沙克尔思想开放，但这些研究似乎更多是基于可能性的预期效用理论的革新，而不是关于沙克尔的决策理论，我们将看到其核心是拒斥整合以及二元聚焦。

沙克尔自己使用的潜在惊奇概念，的确证实了这种解释。决策者想象他决策的结果，评估该结果与被视为等价物的货币结果进行比较。沙克尔定义了潜在惊奇函数：$y = y(x)$，将潜在惊奇的某种程度与给定结果的发生相关联。潜在惊奇程度的测量，涉及从有序变量传递到基数变量的一般过程（沙克尔，1961：第 16 章，"基数"）。随后，他绘制了图 11-1。

可以注意到，只考虑 (x_1, x_2) 区间（我们将 x_1 和 x_2 称为潜在惊奇程度

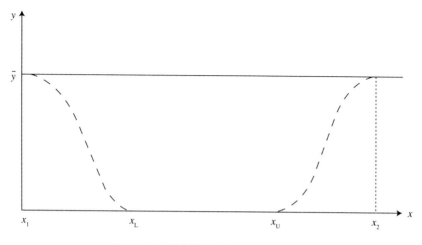

174

图 11-1　潜在惊奇程度的测量结果图

的非空区间边界）。此后，评估结果的集合被完全定义为（x_1，x_2），这似乎将概率密度和潜在惊奇程度绑定在一起。但是，我们应注意到非可加性不允许整合。

我们似乎有理由断言：如果 x' 和 x'' 描述了结果的两个估值，p 和 y 分别是概率和潜在惊奇，那么：

$$p(x') > p(x'') \Rightarrow y(x') \leq y(x'')$$

我们可以提出一个如图 11-2 所示的潜在惊奇函数图。

读者可以反对任何人都不能认为存在主观概率密度，并且这种反对意见在逻辑上不能被反驳。尽管如此，当他绘制潜在惊奇函数时，我们假设沙克尔一直在考虑与我们绘制的概率相同的或者与高斯分布相同的概率密度，否则其永久性倒钟形或帽形如何被合理地解释呢？这种形状是否会保持双峰概率？

无论确切关系如何，我们都可以假设在沙克尔考量的特定情况下，主观概率密度与潜在惊奇程度之间存在递减关系。

所以这似乎是预期的不确定性特征——事实上没有一组参考存在——要

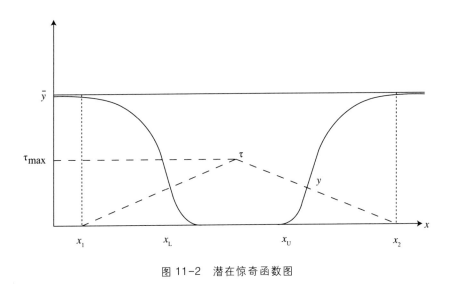

图 11-2 潜在惊奇函数图

求潜在惊奇的非可加性[5]并且允许与主观概率有差异。这种差异不会消失，但是当潜在惊奇程度与结果中的一组数值估计相关联时，这种差异会减少。

第三节 二元聚焦

如果我们刚才所见，潜在惊奇与关于不确定性的主观概率形成对比，那么沙克尔的决策过程则与一般方法有很大不同。首先，我们将描述可表征二元聚焦的过程，然后我们研究在考量其应用之前，应审视沙克尔所探讨的经济复兴基础。

一、决策模型

正如福特（Ford，1983：64，65）所做的那样，我们可以区分沙克尔决策过程中的四个不同步骤。这些步骤涉及不同功能，但"这些功能对于每个特定的决策者，都有特定的形式"（沙克尔，1961：153）。

第一步探索潜在惊奇程度。对于"决策者在他的决策时刻所进行的一个想象，由目前"（沙克尔，1961：10）通过 $y = y(x)$ 潜在惊奇函数来概括预期，其中，y 表示潜在惊奇程度，x 代表面值。该函数将潜在惊奇的某种程度与给定结果的出现相关联。

在第二步中，潜在惊奇和另一个函数——"优势函数"发挥作用。它导致个体注意力聚焦于收益和损失的相关评估。在第三步中，纠正收益和损失，以便考虑其可能性程度。而后，在最后一步中，校正的收益和损失在"赌徒无差异曲线图"上显示，该曲线图允许与其他蓝图进行比较。

我们认为，第二、第三和第四步构成了二元聚焦过程的内容。他们描述了在几个始于潜在惊奇蓝图之间的选择过程，这个过程与始于主观概率的预期效用最大化形成对比。我们将详细考察这一过程。

当潜在惊奇涉及给定蓝图时，优势函数：$\Phi(x, y)$ 是在给定时刻由个体定义的。它表达了一对值所表现出的优先级（面值，潜在惊奇）。沙克尔认为，它具有以下特点：

与 PS 最大值相关的结果 $\bar{y}$ 不会产生任何优势：

无论 x 是什么，$\Phi(x, \bar{y}) = 0$。

有一个中立结果 x_n 没有任何优势：

无论 y 是什么，$\Phi(x_n, y) = 0$。

结果表现为更大的优势，因为它大于 x_n（我们将谈论收益）或小于 x_n（我们将谈论损失），并且因为它与较小程度的潜在惊奇相关联：

$x > x_n$ 时，有 $\dfrac{\delta \Phi}{\delta x} > 0$；$x < x_n$ 时，有 $\dfrac{\delta \Phi}{\delta x} < 0$；$\dfrac{\delta \Phi}{\delta y} < 0$。

在三维空间中，Φ 函数将在平面描绘。其等高线见图 11-3。

对于给定的蓝图，潜在惊奇可以用 x 表示。因此，考虑单变量函数：$\Phi[x, y(x)]$，可以确定 $x > x_n$ 和 $x < x_n$ 的最高优势面值。这些面值分别是主要的焦点收益和主要的焦点损失。图形化 $\Phi[x, y(x)]$ 是在 Φ 表面上绘制的圆环体曲线在 (x, z) 平面上的投影，其由投影在 y 之后的 (x, y) 平面

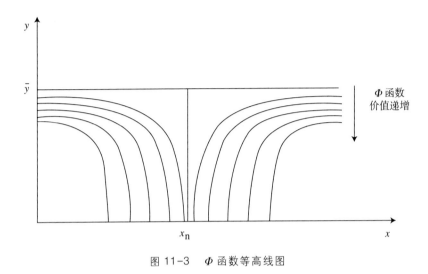

图 11-3　Φ 函数等高线图

上的点绘制 $y(x)$ 曲线。图 11-4（沙克尔，1949：11）显示了 $\Phi[x, y(x)]$
函数，可能具有 $\Phi(x, y)$ 函数的形状。

下一步将考察与焦点收益和焦点损失相关的潜在惊奇空度。然后，可以
确定对应于具有零度潜在惊奇的相同 Φ 值的标准化焦点收益。这相当于将
等高线移动到 (x, y) 平面上。我们以同样的方式做焦点损失。图 11-5 和
图 11-6（沙克尔，1949：23）显示了主要且标准化的焦点研究。

因此，由标准化焦点收益和标准化焦点损失构成的对值，与给定的蓝图
相关联。这个对值蓝图可以从此被称为（g, l）。

因此，在两个蓝图之间进行选择，包括在两个对值之间进行选择，构成
了决策的最后一步。这种选择是通过赌徒无差异曲线图完成的。这张图与个
体有关，其形状取决于"财富"和"心理"。决策者选择位于蓝图的最高曲
线上。

$\bar{l}$ 是决策者财富，或其可以损失的最大额度（沙克尔，1961：164）。

因此，个体可以根据其预期和心理对蓝图进行分类。从他的角度来看，
可以选择对其而言最有利的蓝图。

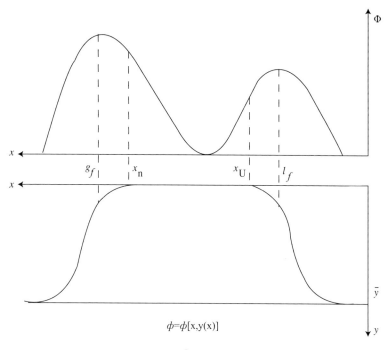

$$\phi=\phi[x,y(x)]$$

图 11-4　$\varPhi[x,y(x)]$ 函数图

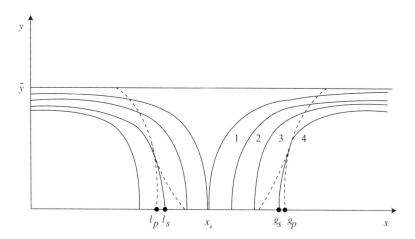

图 11-5　标准化焦点收益和标准化焦点损失的对值图

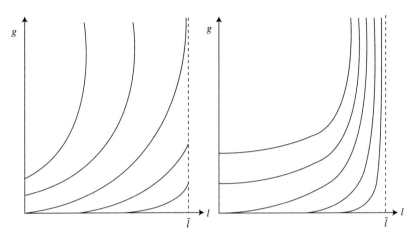

图 11-6　寻找标准化焦点图

在这个选择过程中，要注意函数 Φ 的重要性，以及与之关联变量的相关性（福特，1983：138）。另外，沙克尔在以下方面的研究相当广泛：是否有可能从序数优势函数转变为基数优势函数（沙克尔，1961：第 16 章"基数"）？

实际上，如果我们看一下用于寻找标准化焦点的图形，见图 11-6，可以发现它们都独立于优势价值，而只取决于等高线的形状。如果值 1、2、3 和 4 被其他一些值替换，那么结果将不会改变，并且这些新值不需要通过仿射函数从前者推导出来：单独的秩序需要维护。正如福特所指出的那样，在使用过程中优势函数显而易见扮演两个不同的角色。第一个是允许通过 $\Phi[x, y(x)]$ 的最大化来选择首要焦点收益或焦点损失。在沙克尔考量的情况下——可以认为主观概率与潜在惊奇之间存在关联——如果首要焦点收益是以 $u(x).p(x)$ 形式表达式的最大化来确定的，则结果可能不会有很大差异。其中，$U(x)$ 代表面值的效用，$p(x)$ 代表获得该面值的概率；函数 Φ 的第二个作用是从首要焦点收益传递到标准化焦点收益，其对应于潜在惊奇的空度。它实际上是考虑对值 $(G_p, 0)$ 而不是对值 (G_s, y)，也就是说即便不确定，但至少是完全可能的。然而，这种比较不应产生误导：只需要考虑一对完全可能的等价物。

正如沙克尔多次提到的那样，其模型的属性和结构与双侧非加性相关（沙克尔，1955：68）：一方面，潜在惊奇具有非可加性；另一方面，选择蓝图是通过"焦点值法"来完成的，与积分法相对立。然而，非加性的另一方面是第一个的逻辑结果，因为根据潜在惊奇的非可加性不能考虑添加(x, y)对值或计算平均值。

因此，潜在惊奇及其属性的概念，令我们寻找一种不同的方法，这方法最终不过是考虑"最优的和最劣的"。沙克尔确实对这个问题理解得十分透彻，因为他把其构造呈现为精炼的模型，其中潜在惊奇只有两个值：0和$\bar{y}$，关注在两个值上——潜在惊奇为空度的区间边界（沙克尔，1961：117，118）。

除了某种明显的复杂性之外，沙克尔模型的含义体现在二元聚焦过程中。根据其认为可能的情况，个体将注意力集中在两个事件上：损失和收益。为解释可能的误差而对收益和损失进行修正：根据"标准化"收益和损失进行选择。由于这些结果是与货币结果相比较而得出的，而货币结果在有界区间内具有价值，因此，潜在惊奇首先与证明拒斥整合的合理性相关联。

二、经济学的重建

我们知道，沙克尔对于"经济的毁灭"引用他一篇文章的标题表示遗憾，并且他怀念古典经济时代——当时曾经写过论文——以及一般均衡理论。尽管如此，他仍然坚决拒绝将竞争视为一种简单的根本原则（沙克尔，1966）。

虽然他没有以一种非常明确的方式肯定它，但其决策理论似乎是为了填补此项空白而发展，并且是为经济学打下坚实的基础。因此，它在不同应用领域中呈现：投资规律、炒股、利润税、谈判（沙克尔，1949）。其他工作主要集中在利率上（沙克尔，1967）。沙克尔还提出，这种决策理论也适用于经济领域之外的其他决策，例如选择新娘、新郎或发动战争。

然而，正如我们在上文所看到的，用于描述和理解该决策的函数，是在给定时刻相对于个体（这是优势函数和赌徒无差异曲线图的情况）或个体给定行为的结果：个体行为进行中想象的结果——在其思维和想象中——位于时间轴上。在这种情况下，正如福特（1983：13）已经强调的那样，整合当然是不可能的。

因此，我们可以想了解这个模型的"可测试"结果是什么，由此扮演沙克尔赋予社会科学模型中的一个角色（沙克尔，1966：113）。除了理解决策之外，可测试结果源于潜在惊奇的预期演变。

事实上，不可能——没有矛盾——预期增加潜在惊奇程度。相反，行为人预期其下降，具有高度可能性的结果区间越来越窄。因此，我们希望减少我们主要的标准化的焦点收益，以及我们主要的标准化的焦点损失。考虑到赌徒无差异曲线通常更喜欢较小的收益和较小的损失这一事实，与当下判断相比，未来决策更为可取（沙克尔，1949：59—78；沙克尔，1961：197—215）。换句话说，不确定性的下降是可以预期的，而这会使得蓝图看起来更加有利。

从这个角度来看，沙克尔的决策理论为等待行为提供了解释，可以代表理论的另一种选择，其强调了对未来评估的失败。

因此，我们似乎有一个可以解释利率的工具。然而，这可能比现实更加显而易见：沙克尔对中性结果的识别表明，其决策理论——而不是导致对利息的解释——假设其存在。

沙克尔将中性结果定义为不引起注意的结果。[6]然后他建议将货币置于赌徒无差异曲线图的原点（沙克尔，1949：83）。因此，它产生潜在惊奇程度为空的中性结果。[7]如果是囤积货币，中性结果将为空。从我们的角度更

181

为一致的看法是，中性结果是完全流动和安全资产的利率。从这里可以看出，中性结果的定义需要一个整体经济数据，类似于货币的利率。

在我们看来，关于中性结果的性质和起源这一点，限制了沙克尔基于预测范围推断出利率范围，而预测范围本身源于一个事实：我们在未来的道路上走得越远，不确定性增加得越多。

三、应用领域

沙克尔模型得以更具体的应用主要取决于其线性特征，现在我们开始考量这一点。之后我们会考量当该模型涉及金融资产时得出的结论。最后，在考量投资蓝图之间的选择时，我们将研究其相关性。

从金融资产分析的角度来看，该模型只有能够处理资产组合才能产生结果。同样，在实物投资方面，必须使蓝图规模变化甚至将两个蓝图结合在一起成为可能。在这点上，早在 1949 年的"经济学预期"中，沙克尔便肯定了焦点收益和焦点损失的线性特征。这意味着，如果资产 a 连接到给定的 (l_a, g_a) 对值和资产 b 连接到 (l_b, g_b) 对值，那么两种资产 '$na + mb$' 的组合，与亏损和收益相结合形成的值有关：（ $nl_a + ml_b$，$ng_a + mg_b$）。沙克尔并没有真正证明该资产[8]，正如我们将要看到的那样，它产生了两个系列的问题。有些影响首要和标准化焦点值以及它们与每种资产相关的结算方式，而其他则依赖于沙克尔模型的限制。但是，抛开这些注意事项，线性意味着如果赌徒无差异曲线图资产 a 由 A 点描述，资产 b 由 B 点描述，那么两种资产的组合可以给出 [A，B] 段中的任何一点（沙克尔，1949：89）。

首先，让我们考量资产数量乘以 n 的情况。潜在惊奇函数的变化是理所当然的：对于相同程度的潜在惊奇，面值将乘以 n。但是，遵从沙克尔绘制的等高线，无法清晰表明焦点值会乘以 n。然而，如果是通过 $x = x_n$ 轴向吸附力推导出的等高线，那么与资产 n 个单位相关的首要和标准化焦点值将等于一个单位的面值乘以 n。[9]

现在让我们考量与 $y = y_a(x)$ 和 $y = y_b(x)$ 惊奇函数相关联的 a 资产和 b 资产。让我们假设——这个关键的假设将在后面讨论——对于给定的 y 度，与两种资产重组相关的 x 值应该是每个资产相关值的总和。令 $y = y_c(x)$ 为该函数。G_{pc}，通过最大化 $\Phi[x, y(x)]$ 得到与两种资产重组相关的首要焦点收益。通常我们有：$G_{pc} < G_{pa} + G_{pb}$，除非 a 和 b 的首要焦点收益与相同程度的潜在惊奇相关联。[10]

因此，收益和损失线性度的假设只能作为近似值来保持——如果等高线可以提供适当的形状并且首要焦点连接到相邻的潜在惊奇水平，则该近似值是合理的。

如果维持收益和损失的线性假设，沙克尔的模型可以适用于持有资产组合的投资组合。它可以与其他通常的投资组合理论进行比较。[11]

对应于三种资产 a、b 和 c 的三个点 A、B 和 C，三种资产 $na + mb + pc$（其中 $n + m + p = 1$）的组合，对应于（A、B、C）三角形。最佳点是顶点或位于三角形的一侧。因此，最多两种资产的组合将由个人持有，见图 11-7。

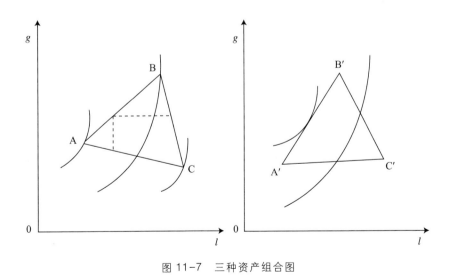

图 11-7　三种资产组合图

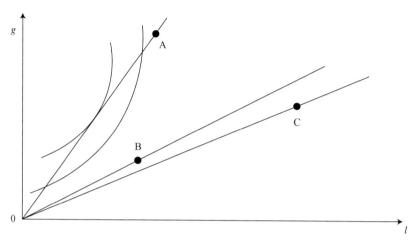

图 11-8 个人持有一种货币资产图

如果两种资产中的一种是货币，则适用于相同的论点，见图 11-8。正如我们所看到的，沙克尔建议将货币设定在原点。尽管如此，正如我们已经指出的那样，考量将货币作为中性结果，即设定在坐标轴的原点，从而进行讨论。这种管理方式似乎比福特（1983：94）的方式更好地体现 $x_n = 0$。[12]然后，最优投资组合将由以完全安全的方式，与另一种方式结算的货币组成（风险）资产。

这种模式并不能解释金融投资对多样化的追求。此外，在我们假设"自然状态"对不同资产有不同影响的情况下，沙克尔承认了其弱点（沙克尔，1961：182）。在这种情况下，我们上述用于管理联合两种资产潜在惊奇函数的技术不再有效，并且（l，g）耦合线性消失，组合的收益或损失远低于收益或损失的组合。在埃杰顿（Egerton，1960：22）和福特（1983：114）的文章中，沙克尔的模型主张各种资产的收益和损失之间存在完全相关性。但是恰恰相反，我们认为相关概念与潜在惊奇不同。正如公理 7（在第一种形式下）所示："分配给两个假设的联合（同时）真值的潜在惊奇程度，是单独假设相应程度中的较大者。"（沙克尔，1949：131）

最后，福特研究了双资产组合中风险资产的焦点增长效应（福特，

1983：91ff. ）。按照斯卢茨基（Slutzky）的方式，这种效应可以分解为福特所称的"财富效应"，但我们更喜欢称之为"效用效应"[13]和"替代效应"。替代效应导致风险资产的份额增加，但效用效应导致该份额减少。因此，关于风险资产和货币在投资组合中的相对份额，与风险资产相关的焦点收益增加的结果是不确定的。

因此，沙克尔模型——当其应用于金融资产时——产生极少的无效结果。主要结果之一是关于持有资产的数量，且不利于模型的置信度。

基本上，我们在金融资产案例中检验了相同的决策模型，我们现在将考察实物投资蓝图。忠于其原则，沙克尔提出了投资决策问题——在一个可能的情况下决策和行动的个体——但是不使用任何宏观经济变量。

这个决策模型与我们已经考虑过的反对意见或者其扩展相冲突。因此，中性结果的问题再度被提出。同样的反对意见也反对沙克尔的解决方案：最一致的解决方案是最终考量的中性结果是由完全安全的金融资产的利率决定的。在同样的思路中，为了确定收益和损失，沙克尔必须计算未来收入流量的资本化价值。这样做，他必须假设资本化率，且众所周知，根据净现值对两个蓝图进行比较并不会导致单一结果。在这种情况下更是如此，因为焦点损失是资本化率的递增函数，而焦点收益是其递减函数，两个蓝图之间的比较结果取决于该资本化率。在沙克尔的模型中，必须再次给出以绝对外生方式确定的资本化率或利率。

线性导致的结果类似于金融资产中的研究结果。蓝图 a 的特征在于与点 A 相关联的收益和损失耦合，并且蓝图的不同尺度与直线 0A 的点相对应。因此，如果我们能够使蓝图的规模变化，那么一个蓝图将胜过其他蓝图：与斜率最陡的线相对应的蓝图。[14]这可以说明一种技术优于其他技术的事实。以及一些企业的专业化——甚至是他们更多地以"贸易"为中心的事实。在这两种情况下，源于潜在惊奇方程的信息在被个体掌握后，最直接的结果便是赋予一个蓝图绝对的主导地位。

185

　　之后决策转向投资金额，也即是蓝图 *a* 的执行规模。规模确定对应于线
0A 上的点的选择；它取决于赌徒无差异曲线的形状来表达关于风险的行为。
切线斜率估计了从损失到收益的边际替代率：无差异曲线的曲率表示它随赌
注的数量变化的方式，[15]见图 11-9。

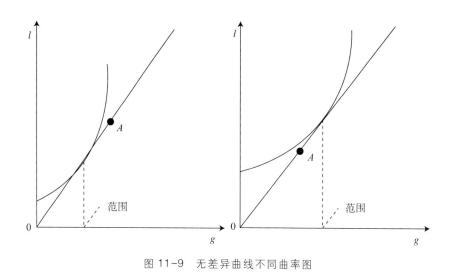

图 11-9　无差异曲线不同曲率图

　　在均衡时，收益和损失之间的边际无差别率，将等于 0A 的斜率。随着
收益损失率越大，蓝图将以更大的规模进行，风险规避越弱且增长越慢。

　　因此，与我们在金融投资中所观察到的相反，即使它强制使用外生数据
（决定中性结果和资本化利率），沙克尔模式也提供了对投资决策的有趣描
述，因为可以通过该模型理解决定投资规模的选择。更准确地说，无论信息
的开放程度是在全世界众所周知，还是只有个别公司可及，该描述提供了对
信息作用的解释。

186

第四节　讨论无差异曲线图

　　我们已经注意到沙克尔模型的复杂性，它提出了四个步骤并使用了三个

函数：潜在惊奇程度、优势函数和赌徒无差异曲线图。这种复杂性使人们提出了一个可能的简化问题，但这个简化不会改变其含义。

一、问题的起源

马尔斯（1950）研究了这个问题，并引发了后者和沙克尔之间的讨论（沙克尔，1955：75—79）。

马尔斯提出修改 Φ 函数，然后得到负值，它变成了优势—排斥功能。特征仍然是：

$\Phi(x, \bar{y}) = 0$，$\Phi(x_n, y) = 0$，$(\delta\Phi/\delta y) < 0$；但是，$(\delta\Phi/\delta x) < 0$（无论 x 取何值）。

(x, z) 平面上的 Φ 表面迹线显示如图 11-10 所示的形状。

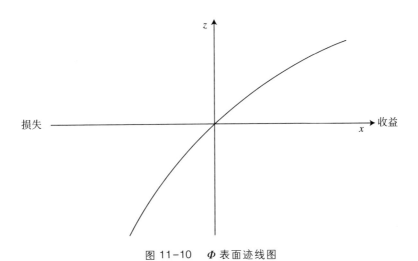

图 11-10　Φ 表面迹线图

根据马尔斯的说法，该曲线描绘了标准化焦点收益和标准化焦点损失的主观效用。通过差异，可以图形化推导出蓝图的预期效用，这提供了一种比较两个蓝图而不必使用赌徒无差异曲线图的简单方法。

当时沙克尔本人强调了马尔斯修改的"不可否认的美学吸引力"。在这一点上，他已经考虑了这样一个基本问题：确定赌徒无差异曲线图是否可以从"优势—排斥"功能开始回归。然而，为了实现这一目标，他使用的方法几乎无法得出明确的结论。最后，马尔斯的解决方案对于沙克尔来说似乎是"牺牲了模型的弹性和力量"（沙克尔，1955：76—78）。

尽管如此，人们仍然感到吃惊：在功能和赌徒无差异曲线图中都存在不相关的情况，并且这两个功能具有相同的状态——它们与给定时间的"决策者"相关。同样，必须记住功能 Φ 所扮演的两个角色，独立于绝对优势水平的事实——选择首要焦点值，并将它们转换为标准化焦点值仅取决于等高线。换句话说，自由度仍然存在，对应于 (x, z) 平面上的函数迹线。这样就可以再次确定马尔斯和沙克尔之间讨论过的问题：在无差异曲线图中体现的信息，是否可以用 Φ 函数提供的自由度来表达？

二、无差异曲线图和优势

在这种情况下，$\Phi(x, 0)$，$x > x_n$ 将描述效用的增加[16]，$\Phi(x, 0)$，$x < x_n$ 描述非效用的损失，两者都完全可能（$y = 0$）。无差异曲线图由无差异曲线构成，它们的方程可以设置为 $U(l, g) = k$，其中，U 是双变量函数 k 为参数。马尔斯（J. Mars）提出的方法假设一组效用是收入效用减去无效用损失，令：

$U(l, g) = v(l) + w(g)$，其中，$v(l) < 0$。

那么，赌徒无差异曲线图规定了什么条件？当我们朝着横轴方向移动时，我们将：

$(\delta U/\delta l) = v'(l)$

在二阶近似中，无差异曲线在同一垂直方向上水平等距（并且在同一水平面上垂直）[17]，见图11-11。

相反，如果验证了该条件，则 $U(l, g)$ 函数[18]的梯度的水平分量不依赖于 g，并且其垂直分量不依赖于 l，因此：

$$\vec{G_u} = [\, f_1(l)\ ,\ f_2(g)\ ]$$

求 $\vec{G_u} \cdot \vec{dM}$ 在 0 到 $M(l,\ g)$ 上的积分，我们发现 $U(l,\ g)$ 将是 l - 变量函数和 g - 变量函数的和。[19]

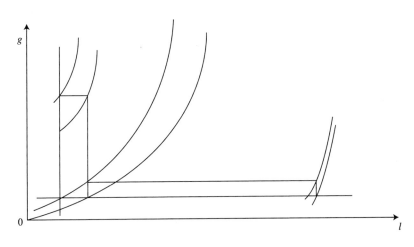

图 11-11　无差异曲线二阶近似图　　　　188

如果无差异曲线方程为 $v(l)\ +\ w(g)\ =\ k$ ，则 w 函数是递增函数，因此，其反函数确实存在，无差异曲线的笛卡儿方程将为

$$g = w^{-1}\,[\,k\ -\ v(l)\,]$$

通过这种形式，可以获得沙克尔提出的"财富障碍"。

设 $\ddot{y}$ ， 如果 $\lim\limits_{l \to \bar{l}} v(l)\ =\ -\infty$ 且 $\lim\limits_{g \to +\infty} w(g)\ =\ +\infty$

然后无差异曲线渐近地接近于 $l = \bar{l}$ 垂直线，l 将成为财富障碍。

总而言之，在前一个条件下，只有两条无差异曲线将彻底解决无差异曲线图。

三、一个例子

我们将认为收益效用，是通过原点并且边际效用在原点附近等于 1 的对数函数，见图 11-12。

265

设：$w(g) = ln(g + 1)$

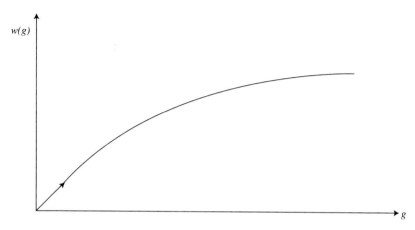

图 11-12　收益效用函数图

我们将采用非效用函数或损失 v 函数的负效用：

$v(l) = \bar{l}.l/(l - \bar{l})$

它的曲线是穿过原点的双曲分支；渐近线是 $l = \bar{l}$ 垂直线（$\bar{l}$ 是赌徒可以面对的最大损失），在原点邻域边际效用等于-1，见图 11-13。

$w(g) + v(l) = k$ 无差异曲线的笛卡儿方程很容易解决。代入左侧，我们得到：

$ln(g + 1) + (\bar{l}.l/l - \bar{l}) = k$

$ln(g + 1) = k + (\bar{l}.l/\bar{l} - l)$

$g+1 = e^{k}. \ e^{(\bar{l}.l/\bar{l} - l)}$

$g = e^{k}. \ e^{(\bar{l}.l/\bar{l} - l)} - 1$

现在让我们研究 $k = 0$ 无差异曲线，它是 g 函数的图形：

$g(l) = e^{(\bar{l}.l/\bar{l} - l)} - 1$

我们有：

$g'^{(l)} = \bar{l}^2/(\bar{l}-l)^2. \ e^{(\bar{l}.l/\bar{l} - l)}$

在（0，l）上该函数严格递增。此外，我们有：

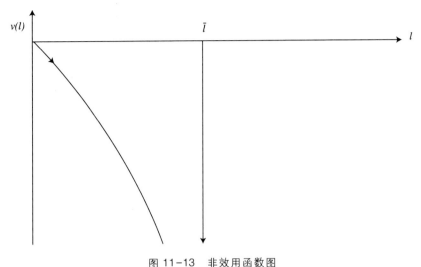

图 11-13 非效用函数图

$g(0) = 0$；$g'(0) = 1$；$\lim\limits_{l \to \bar{l}} g(I) = +\infty$

如：

$g+1 = e^k \cdot e^{(\bar{l} \cdot l/\bar{l} - l)}$

其他无差异曲线从一个经过类同的原点获得。后者具有相同的轴 $g = -1$ 并且它们的比例是 e^k，因此，$\overline{HM}/\overline{HN} = e^k$，见图 11-14。

我们将在 (x, z) 平面上定义函数的轨迹：

$x > 0$ 时，$\Phi(x, 0) = w(x)$；

$x < 0$ 时，$\Phi(x, 0) = v(lxl)$；

函数的等高线将如前所述定义。

前三个序列与沙克尔模型中的序列相同，将导致每个预期蓝图的标准化焦点收益和焦点损失。两个蓝图之间的比较可以直接在 (x, z) 平面上进行，因为蓝图的效用是：

$w(g) + v(l) = \Phi(g, 0) + \Phi(-l, 0)$

其中，g 和 l 是标准化的焦点元素。

191

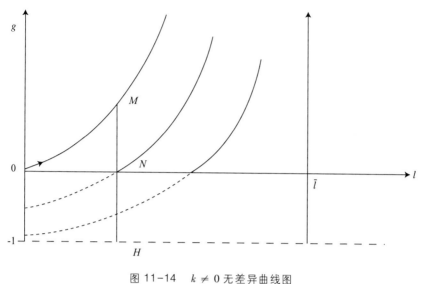

图 11-14　$k \neq 0$ 无差异曲线图

我们可以建议如图 11-15 所示的标准化焦点收益和焦点损失效用图。

如果后者验证了上面给出的条件，那么这个过程等同于赌徒无差异曲线图——即无差异曲线在同一垂直方向上水平等距（并且在同一水平方向上垂直）。读者将估计这些条件是否严重牺牲了模型灵活性的范围。[20]然而，这是沙克尔直觉中提供借贷的方式，直觉导致他确认从损失到收益的替代率增加，以及"财富壁垒"的存在。

除了简化模型和抑制优势数值在沙克尔模型中不必要的自由度之外，在这种情况下，我们将只需要两个函数：潜在惊奇函数和优势函数。潜在惊奇函数将描述在特定时刻的个体预期：个体所特有的唯一优势函数。对于决策本身而言，足以进入二元聚焦过程。

192

第五节　结　论

沙克尔思想中的不确定性，不是由于对即将发生的事情缺乏了解而产生

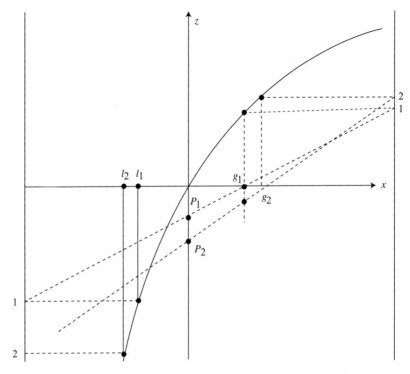

图 11-15　标准化焦点收益和焦点损失效用图

的，而是与未来的不确定性有关，这与决策者行动自由具有同质性。

　　沙克尔的决策模型适用于当前决策者的思维，并从客观概率和主观概率的双重摒弃开始。尽管沙克尔提到了这点，但他并没有真正考虑凯恩斯、杰弗里（Jeffrey）或卡纳普（Carnap）的逻辑概率概念，这三人的概念也适用于当时代理人的想法。

　　事实上，在大多数情况下，未来可能性集合未被定义（或决策者不会尝试对其进行详尽的盘点），证明了形式化是在可能性方面，而不是在主观概率方面。

　　然而，在沙克尔具体研究的案例中，基本差异并不主要依赖于这方面，而是更多取决于可能性的非可加性——对整合的摒弃。这种摒弃导致了

"二元聚焦"，这在我们看来是沙克尔观点的深层含义，而且仅仅是模型的形式化和精细化，其中只包括"最优和最劣"。

在不确定的情况下，通常用于经济计算的模型比较似乎与此相关。在这种形式化中，自然状态是完美的，但它们没有被赋予任何系数来解释可能性范围内的因素。

然后，在有限不确定性这个方面，当可能性被分配给未完整记录的自然状态时，沙克尔的方法技术似乎显得更深刻并且更现实。

这些重大成果，源于在面对有限不确定性时明确将现有信息纳入考量之内。它们首先与实物投资的选择（规模的选择、资本的产生与专业化）有关。而模型的弱点则是以近似的方式呈现线性度。如果没有外生利率的帮助，则这种模型无法使用，并且不能成功地解释投资组合的选择。

但是，那些成败都与潜在惊奇的本质有着内在关联。如果它适用于考量不完备信息，则无法解释相关性和依赖性现象。在这方面，对该模型普遍性的任何主张都是夸大其词。

也许是因为与那个时代的研究大相径庭。沙克尔的模型并未得到应有的传承。尽管如此，他试图回答的问题，与当前由预期效用理论危机引发的问题有诸多相同之处。

通过使用模糊测度积分，与可能性和潜在惊奇相比较，预期效用理论革新值得我们研究。然而，在我们看来，沙克尔似乎并未超越属于或不属于给定集合的二元逻辑。但是最重要的是，这个方向摒弃了二元聚焦的概念，摒弃了适应人类思维信息处理能力的决策模式。

因此，从全球视角来看，沙克尔模型也许在当前决策过程形式化的讨论中仍然具有很大的相关性。然而，这种相关性似乎取决于其简化和阐释，模型自由度将准许其调整：函数 $y(x)$ 表示个体在面对蓝图时的预期，而函数 $\Phi(x, y)$ 则足以在给定时刻表达其对任意蓝图的偏好。

注　释

〔1〕沙克尔一直在努力揣测决策者的想法。如果采用标准方法，（我们会）将预期与主观概率联系起来。沙克尔分七个步骤来分析预期问题：

（1）形成预期的目的是什么？

（2）使用了哪些素材以及如何使用这些素材来构建预期系统？

（3）什么决定了对预期的置信度？

（4）如何衡量和比较这些置信度？

（5）我们（会）关于事件设想出来的未来进程，作出（不同）决定。什么决定了对我们这些决定的影响？

（6）预期情境和实现情境之间存在分歧的后果是什么？

（7）任何一般类型情境的发展，是否可归因于预期形成过程？（来自沙克尔，1949：1）

〔2〕这种区别与加雷洛（P. Garello）在认知过程和最优化过程之间的区别相对应（加雷洛，1992：50）。

〔3〕我们不能确定这种转置是有效的，因为在通常的构造中，条件概率的一致性导致在参考系中存在概率分布。

〔4〕例如，克雷尔（W. Krelle）［由沙克尔（1961：91）引用］建议通过仿射函数，将主观概率转换为潜在惊奇程度。

〔5〕沙克尔也提到了非可加性和非分配性。"非分配性"，在他看来，意味着总估值不是在基本事件中分配的。因此，这种"非分配性"等同于非可加性，其含义并不对应于我们所理解的数学中的分配性。因此，我们只使用术语"非可加性"。

〔6〕将注意力定义为结果或面值的函数，同时使用注意力来衡量结果的范围。这样做确实引发了一个严重的问题（沙克尔，1961：第15章）。

〔7〕如果有另一个结果：当 $\Phi(x, y) > 0$ 时，潜在惊奇程度有 $y < \bar{y}$，这个结果会垄断注意力（attention）。

〔8〕现在它很容易发生，在此，或者对于任何 p 的取值，我们都有 $(d\,a_b/dp) = (d\,a_c/dp)$（沙克尔，1949：80），其中，$a_b$ 和 a_c 分别是 A 和 B 的预期价格，p 为潜在惊奇程度。

〔9〕如果是这样，$\Phi(x, y)$ 可以设为乘积形式：$\Phi(x, y) = \Phi_1(x) \cdot \Phi_2(y)$。事实上 k 比率的同质性，会把函数 $\Phi(x, y) = 1$ 变为 $\Phi(x, y) = c(k)\,one$。

194

不管 x 取何值，我们有：$\Phi(k.x,\ y)\ =\ c(k).\Phi(x,\ y)$ 。

当 $x=1$ 时，$\Phi(k,\ y)\ =\ c(k).\Phi(1,\ y)$ 。

〔10〕设潜在惊奇程度 y_0 对应于求和的最大化；$G_{s'a}$ 和 $G_{s'b}$ 代表 a、b 点的标准化收益，例如：

$y_a(x)\ =\ y_0$ 和 $y_b(x)\ =\ y_0$ 。根据以前的假设，我们有：$G_{sc}\ =\ G_{s'a}\ +\ G_{s'b}$ 。

如果 $\Phi[x,\ y_a(x)]$ 的最大值和 $\Phi[x,\ y_b(x)]$ 的最大值对应相同的潜在惊奇程度，则 $\Phi[x,\ y_0(x)]$ 的最大值对应 y_0 ，并且根据等高线密集度计算标准化收益。

〔11〕福特（1983）的书详细介绍了这种比较。

〔12〕福特在原点囤积货币，则无人会获得最佳投资组合。因此，在纵坐标轴上存在囤积货币的替代品。

〔13〕很难像福特那样对财富效应进行评价，这是因为：如果经济主体的财富发生变化，他可能面临的最大损失，以及他的无差异曲线图也会发生变化。

〔14〕如果选择蓝图成为可能，则其（标准化焦点）收益将大于其（标准化焦点）损失。因此，直线 OA 的斜率将大于 $45°$ 。

〔15〕完全可能的额外收益，用什么弥补了完全可能的损失？

设 $U(l,\ g)\ =\ k$ 是无差异曲线的方程。$U(l,\ g)$ 是收益和损失的效用函数。我们有：

$(\delta U/\delta l).dl + (\delta U/\delta l).dg\ =\ 0$ 。

然后，$(dg/dl)\ =\ -[(\delta U/\delta l)/(\delta U/\delta l)]$ 。

在均衡状态时：$(g/l)\ =\ -[(\delta U/\delta l)/(\delta U/\delta l)]$ 。

〔16〕我们谈到 $(g,\ l)$ 的效用——它是由无差异曲线图定义的，因此不受递增变化的影响。

〔17〕我们可以看到，此条件充分但不必要，比福特提出的条件严格得多："无差异曲线在整个标准化焦点—值平面上是线性的，并且相互平行"（福特，1983：111）。

〔18〕$U(l,\ g)$ 函数的梯度是 $\overrightarrow{G_u}$ 向量：$\begin{pmatrix} \dfrac{\delta U}{\delta l'} & \dfrac{\delta U}{\delta g} \end{pmatrix}$ 。

〔19〕对于移动的 dM：$dU\ =\ G_u.dM$ 。我们有：

$$U(l,\ g)\ =\ \int_{(0,\,0)}^{(1,\,0)} \overrightarrow{G_u}\cdot\overrightarrow{dM} + \int_{(0,\,0)}^{(1,\,g)} \overrightarrow{G_u}\cdot\overrightarrow{dM}$$

$$U(l,\ g)\ =\ \int_0^1 f_1(l)\cdot dl + \int_0^g f_2(g)\cdot dg$$

$U(\,l,\ g\,)\ =\ F_1(\,l\,)\ +\ F_2(\,g\,)$ 。

〔20〕沙克尔绘制的一些无差异曲线图大致验证了有争议的条件，而其他一些则没有。从沙克尔无差异曲线图的形状来看，似乎很难得出上述条件的普遍适用性。

参考文献

乔治·伦诺克斯·沙曼·沙克尔（Georges Lennox Sharmann Shackle）的作品：

《经济学中的预期》，剑桥大学出版社 1949 年版。

（1949），*Expectation in Economics*，Cambridge：Cambridge University Press.

《经济学中不确定性和其他反思》，剑桥大学出版社 1955 年版。

（1955），*Uncertainty in Economics and Other Reflections*，Cambridge：Cambridge University Press.

《人事决策的顺序和时间》，剑桥大学出版社 1961 年版。

（1961），*Decision Order and Time in Human Affairs*，Cambridge：Cambridge University Press.

《经济思想的本质》，剑桥大学出版社 1966 年版。

（1966），*The Nature of Economic Thought*，Cambridge：Cambridge University Press.

《高等理论的年代：经济思想中的发明和传统》，剑桥大学出版社 1967 年版。

（1967），*The Years of High Theory：Invention and Tradition in Economic Thought*，Cambridge：Cambridge University Press.

引用的其他作品：

莫里斯·阿莱斯：《面对风险的理性人的行为：批评美国学派的假设》，《经济计量学》1953 年第 4 期，第 503—546 页。

Allais，Maurice（1953），'Le comportement de l'homme rationnel devant le risque：critique des postulats de l'école américaine'，*Econometrica*（October）：503-46.

博格朗·菲利普：《G. L. S. 沙克尔教授的时间、想象和不确定性》，《经济评论》1982 年第 2 期，第 297—322 页。

Beaugrand，Philippe（1982），'Le temps，l'imagination，l'incertitude dans la théorie du Professeur G. L. S. Shackle'，*Revue Economique*（March）：297-322，FNSP，Paris（Beaugrand，1982）.

R. A. D. 埃杰顿：《不确定性下的投资决策》，利物浦大学出版社 1960 年版。

Egerton R. A. D. （1960），*Investment Decision Under Uncertainty*，Liverpool：Liverpool University Press.

丹尼尔·埃尔斯伯格：《风险、不确定性和萨维奇公理》，《经济学季刊》1961年第 4 期，第 643—669 页。

Ellsberg，Daniel （1961），'Risk Ambiguity and the Savage Axioms'，*Quarterly Journal of Economics*，75：643-69.

简·洛恩·福特：《选择、预期和不确定性》，马丁罗伯森出版社 1983 年版。

Ford，Jaines Lorne （1983），*Choice，Expectation and Uncertainty*，Oxford：Martin Roberson.

皮埃尔·加雷洛：《知觉和决策理论》，《经济学家和人类研究杂志》1992 年第 1 期，第 49—78 页。

Garello，Pierre （1992），'Perception et théorie de la décision'，*Journal des économistes et des études humaines* （March）：49-78.

约翰·梅纳德·凯恩斯：《就业通论》，《经济学季刊》1937 年。再版于《J. M. 凯恩斯论文集》第 14 卷，麦克米伦出版社 1973 年版，第 109—123 页。

Keynes，John Maynard （1937），'The General Theory of Employment'，*Quarterly Journal of Economics*，1937. Reprint in *The Collected Writing of J. M. Keynes* vol. XIV，London：Macmillan. 1973：109-23.

弗兰克·H. 奈特：《风险、不确定性和利润》第 1 版。重印，米德韦出版社 1985 年版。

Knight，Frank H. （1921），*Risk，Uncertainty and Profit*，1st edn. Reprint，Chicago：Midway，1985.

J. 马尔斯：《预期研究：对沙克尔"经济学中的预期"的反思》（第一部分），《约克郡经济和社会研究公报》1950 年 7 月，第 53—98 页。

Mars，J. （1950），'A Study in Expectation：Reflections on Shackle's "Expectation in Economics" Part I'，*Yorkshire Bulletin of Economic and Social Research* （July）：53-98.

贝纳德特·马修尼科特：《模糊效用的数学经验》，大学书店出版社 1985 年版。

Mathieu-Nicot，Bernadette （1985），*Espérance mathématique de l'utilité floue*，

Dijon：Librairie de l'Université.

约翰·冯·诺依曼、奥斯卡·摩根斯特恩：《博弈论与经济行为》，普林斯顿大学出版社 1944 年版。

von Neumann, John and Oskar Morgenstern（1944），*Theory of Games and Economic Behaviour*, Princeton：Princeton University Press.

克努特·维克塞尔：《价值、资本和租金》（翻译自 1893 年德语版 *Uberwert, kapital und rente*，1954 年英文版，沙克尔作前言）。凯利出版社 1970 年重印。

Wicksell, Knut（1954），*Value，Capital and Rent*（from German *Uberwert, kapital und rente*，1893）. English translation，1954，with a foreword by Shackle. Reprint，New York：Kelley，1970.

马克·威林格：《改革效用和风险的基础》，《经济评论》1990 年第 1 期，第 5—47 页。

Willinger, Marc（1990），'La rénovation des fondements de l'utilité et du risque'，*Revue Economique*（January）：5–47.

第十二章　莫里斯·阿莱斯（Maurice Allais's）思想中的"风险"、决定论和经济波动

乔治斯·普拉特（Georges Prat）

第一节　引　言

1929 年经济大萧条引发的人类苦难记忆，对莫里斯·阿莱斯影响颇深。他注意到当时的经济学家无法找到解决风险（Hazard）的办法，因此，他在其职业生涯之始，就试图了解经济萧条以及更为普遍的经济周期的原因。最近，他在一项研究中写道："周期理论一直是我成为一名经济学家的动机之一"。他认为，（单纯的）周期是没有价值的。由此可见，他在经济周期方面的研究，不能与其对于最高效率条件（the maximum efficiency conditions）的分析（他凭借该成就在 1988 年获得诺贝尔经济学奖）割裂开来。[1]

那么，莫里斯·阿莱斯关于经济周期的研究，是以何种方式与经济思想中的不确定性相关联的呢？实际上，阿莱斯对风险概念的摒弃（摒弃本身并不是特别创新），不仅严重影响"风险 VS 决定论"这一"形而上"的辩题，而且影响对经济周期起因的解释（根据阿莱斯的说法，对经济行为的外部冲击，即使它们看上去是随机的，却并不像许多经济学家所认为的那样具有随机性，而是具有确定性）。在此方面，阿莱斯的模型指出了这样一个事实，即微小的、外生的且不可预测的冲击，可能会对经济体所遵循的轨迹产生巨大影响：这显然是某种不确定性。但是，该理论中的内生关系也描述

了与不确定性概念相关的现象。实际上，阿莱斯认为在决定行为主体真实"经济心理状态"（过程中）的遗传效应（关于过去的记忆），具有重要性。这种重要性意味着行为具有明显的惰性：阿莱斯周期理论的特点是，行为主体记忆越长久，经济就越稳定。换言之，在"缓和"的主体行为中[2]，遗传效应不仅减少了行为不可预测性造成的不确定性，而且还决定了经济运行的不稳定程度。

　　阿莱斯基于经济周期分析的工作是相对复杂且具有创新意义的。理论发展在文本中经常重复（尽管有解释性叙述，但读者有时会感到不知所云！）。这项研究的某些方面引发了争议。此外，虽然其大同小异，但从 20 世纪 40 年代末到 20 世纪 80 年代末，这项工作已经持续了大约 40 年。最后，由于早期作品发表在定期刊物之上，故比较容易获得并分析。而 20 世纪 80 年代的作品主要以报告、未发表的讲座或研究论文的形式存在，使得其更难以拜读到。

　　因此，阿莱斯在经济周期分析方面的研究特点是合力的结果，本章的主题以此为目标提供了一个适当的框架。由于篇幅限制，我们不会分析针对它的批评（我们只会简单提及），而是专注于尽可能准确地阐释阿莱斯的思想。除此之外，为了更好说明和澄清阿莱斯的某些命题，我们会对这些命题进行一些加工。出于此意图，我们将大量使用引文。

　　本章分为三部分。第一部分介绍阿莱斯的周期货币理论，它表明了外生影响的存在。该理论的基础早在 20 世纪 50 年代初就已经形成，我们将指出阿莱斯试图对该基本模型进行不同方面的改进。第二部分阐述阿莱斯对外生因素在本质上的创新性定义，外生因素的本质在其关于周期理论的首篇论文中有所涉及。第三部分表明外生因素在确定所有经济变量波动中的重要性。阿莱斯在这里没有提出一个完全确定的模型结构（就像他的周期货币模型一样），但在我们将要描述的解释型模型基础上，提出了一些研究路径。

198

第二节 周期货币理论(Monetary Theory of Cycles)：遗传效应和外生因素

在 1947 年出版的《经济与利息》（*Economie et Intérêt*）一书第八章中，基于"延迟调节"（delayed regulation）[3]的概念，我们发现了阿莱斯（研究）共轭波动理论的最初萌芽。尽管从纯粹分析的角度来看，该概念并未使他停下后续工作。而是在连续三篇论文——1953 年在因斯布鲁克（Innsbrück）和 1954 年在乌普萨拉（Uppsala）举行的两次计量经济学会上的报告，以及 1955 年在巴黎举行的国际会议上的报告[4]，阿莱斯解释了他的模型，并将其与之前的理论观点进行了比较。

从一开始，阿莱斯就受到这样一种观念的指引：建立一个"单一货币现象的理论"是有可能的。事实上，他的周期理论融入了另一个他称之为"货币动态的一般理论"。可能是阿莱斯作为物理学家的学术训练经历，让我们能够理解这样一个雄心勃勃的计划：

199

> 对于经济学家而言，将所有货币现象按同样的逻辑顺序并与均衡状态、周期交替和恶性通货膨胀捆绑在一起的一般理论，就如同对于物理学家而言，整合了集电磁、量子和引力理论的单一理论，二者意义一样重要。（阿莱斯，1965）

从 20 世纪 50 年代开始，阿莱斯的著作（第二节一）几乎涵盖了其所有基本思想。然而，自 1956 年以来，阿莱斯在几个重要领域中发展了其理论，并与他此前论著的许多想法保持一致（第二节二）。

一、循环理论的基础 （1953 年、1956 年）[5]

在 20 世纪 50 年代早期的论文中，阿莱斯介绍了其周期货币理论的基础，该理论基于具有延迟调节的非线性模型。根据阿莱斯的观点，该理论是货币性的，全球支出（而不是生产）的变化以最综合的方式反映我们称之为"经济波动"的现象（全球支出是每单位时间内实现的所有经济交易总和的货币价值[6]）。

一旦解释了全球支出的交替上升和下降运动，经济周期的其他现象就可以自我解释。如果全球支出下降，在购买产出时会遭遇低于其成本的购买力。因此导致业务放缓、价格下跌、库存积压、生产放缓、就业不足、整体经济的会计损失以及投资减少。

另一方面，如果全球支出增加，对产出的购买力高于其成本。结果是业务扩张、价格上涨、库存减少、生产和就业发展、整体经济的会计盈余以及投资扩张。

但这些现象是我们理论中的副产品。驱动现象是所需现金余额与现有现金余额之间的差异——这一差异控制全球支出的变化。（阿莱斯，1956：234）

这尤其意味着：在阿莱斯的理论中用消费收入（consume income）倾向来代替花费收入（spend income）倾向。如此，该理论出现了——

与凯恩斯主义经济周期理论完全相反，凯恩斯主义经济周期理论依赖于对储蓄和投资的考量——这点我们认为从根本上是错误的[7]。对我们来说，储蓄和投资的变化并非周期的驱动现象或解释性现象。它们是我们以上所分析的基本机制存在的简单结果。（阿莱斯，1956：235）

此外，该理论与基于真实商业周期（real business cycle）的现代理论有 200
很大不同。在因斯布鲁克大会讨论期间，阿莱斯对哈恩（M. Hahn）就此提出的问题，作了如下答复：

> 我故意在模型中引入名义量而非实际量。
>
> 实际量是抽象的，当然对分析有用，但在我看来，在动态演化中，经济主体考虑的价值是名义价值，实际价值（也）只扮演次要角色。就个人而言，我不相信从现实角度解释周期。但这是个人观点，我完全理解其他人可能并不认同。（阿莱斯，1956：297）

首先，我们展示的是一个已发布的关于极限周期的模型，其次是未发布的三个关于极限周期的模型。

（一）一个具有稳定极限周期的模型

1. 总体框架：基本方程和货币供需函数模型。该模型是在离散时间条件下建立的。阿莱斯考虑的是持续时间为 T 的连续时间段。因此，在时刻 t，前一时段和后一时段分别是 $(t - T, t)$ 和 $(t, t + T)$。经济主体应该在 $t, t + T, t + 2T$ 时刻作出决定……在时刻 t，经济主体收到前一时段的收入[8]，为 $T. R(t)$，并决定他们在下一个时段的支出，为 $TD(t + T)$。根据时刻 t 所需现金余额的定义，我们得到：

$$T. D(t + T) = T. R(t) + [M(t) - Md(t)] \qquad (1)$$

其中，$M(t)$ 和 $Md(t)$ 分别代表时刻 t 的全球货币供给和需求。由于一个主体的支出就是另一个主体的收入，我们必然有 $R(t) = D(t)$，因此

$$D(t + T) - D(t) = (1/T)[M(t) - Md(t)] \qquad (2)$$

其中，T 表示"反应时间"（即将所有支出决定分隔开的平均延迟）。

这个等式，称为"货币动态基本方程"（the fundamental equation of the monetary dynamics，FEMD），它意味着全球支出的变化与有效现金余额和所需现金余额之间的差异成正比。这个等式的理论法则，在原则上是一个恒等式。因为根据所需现金余额的定义，不需要的现金余额已经被花掉了。然

而，其构建基于几个隐含的假设：第一个假设是 t 和 $t + T$ 之间的支出计划要完美实现。第二个假设侧重于为确定主体决策日期保留或多或少的任意选择[9]。第三个假设认为，如果所有主体的延迟时间 T 相同，公式（2）只是完全严格成立。而由于所有主体的延迟并不相同，阿莱斯认为参数 T 就像是一种"平均反应时间"[10]。第四种假设相当于忽略了其他可能的支出来源，即货币存量和非银行债务的变化。[11]然而，由于 $M - Md$ 这一差异是短期内的主导因素，因此可以忽略其他因素来进行周期分析，这至少是大致近似的。

201

显然，如果假设是根据 M 和 Md 的确定而形成的（阿莱斯试图不仅将 Md 内生化，而且还使 M 内生化），公式（2）仅用于解释支出的变化。因此，货币动态基本方程（FEMD）通过指定货币供需函数来获得。阿莱斯（1974b：114）在这里承认了一种不变性假设："人类心理在时间和空间上是不变的。换言之，它可以用不变函数来表示"[12]。

因此，对于货币需求，应该是这样的：

$$Md(t) = D(t)f[u(t)] \tag{3}$$

其中，f 是斜率为负的函数，$u(t)$ 是经济主体根据过去全球支出变化，形成的对总体经济状况理解的心理指标［$u(t)$ 称为心理膨胀率（rate of psychological expansion）[13]］。当 u 为负的时候，这种情况被认为是萧条的（通货紧缩，就业不足），而经济主体希望保持与 $u = 0$ 时相比，更高一些的相对现金余额水平（现金余额的重估，不安全）。在最后一种情况下，整合被认为是中性的。最后，当 u 为正时，便定义了扩张情境（通货膨胀，经济增长），极端情境是恶性通货膨胀；[14]这种情境导致经济主体花费其现金余额。

对于货币供应，则有：

$$M(t) = g[v(t)] \tag{4}$$

其中，g 是一个斜率为正的函数，$v(t)$ 是银行对一般经济形势的心理感受指标［$v(t)$ 称为银行心理膨胀速度（rate of psychological expansion according to the banks)〕，v 值越高，银行越能通过允许信贷来创造新的货币。[15]

作为第一近似值，阿莱斯假设 $u(t) = v(t) = z(t)$ 。关于 z 的确定，考虑到了"遗传效应"（hereditary effects）。实际上，根据阿莱斯（1968：105）的说法，过去的影响似乎是"直觉的"，即"时间越远，过去的影响减少的越多，它必须随时间呈指数下降"。因此，我们有：

$$z(t) = \chi \int_{-\infty}^{t} \frac{1}{D(\Theta)} \frac{dD(\Theta)}{d(\Theta)} e^{-\chi^{(t-\theta)}} d\Theta \qquad (5)$$

其中，χ 代表"遗忘率"（rate of forgetfulness）；$z(t)$ 是"心理膨胀率"（rate of psychological expansion），为全球支出 D 过去变化率的加权平均。阿莱斯（1956：297）认为，"心理膨胀率 z 的价值，可以被视为对未来的预期和对过去的推断……在形式上，它是对过去的预测。但在经济和动态上是从过去经验中对未来的展望"。在离散时间条件下的数值计算中，阿莱斯使用以下等价关系：

$$Z(n) = (1 - k)[x(n) + kx(n-2) + k^2 x(n-2) + \cdots], \quad k = e^{-\chi T} \qquad (5a)$$

其中，n 表示时间的离散值，k 表示"记忆系数"，χ 表示时间 n 和时间 $(n-1)$ 之间全球支出的变化率。

为了简化模型和图形的表示，阿莱斯阐释了在静止均衡情况下（$z = \chi = 0$），所有函数和变量的形态。因此，他将 De 和 Me 定义为 D 和 Md 在此静止均衡状态下的值，且令 $Ve = De/Me$，对应于货币流通速度的值。我们有 $Me = g(0)$，$De = g(0)/f(0)$ 和 $Ve = 1/f(0)$；我们可以有：

$$\Phi = [f(z)/f(0)] \qquad \gamma = [g(z)/g(0)] \qquad (6)$$

且 $\Phi(0) = \gamma(0) = 1$。函数 Φ 和 γ 的形状如图 12-1 所示。因此，令 $d(t) = D(t)/De$[16]，并将公式（6）代入公式（2），我们得到：

$$d(t+T) - d(t) = (1/VeT)\{\gamma[z(t)] - d(t)\Phi[z(t)]\} \qquad (7)$$

我们可以参考图 12-1，来说明该模型的工作原理。让我们考虑一个初始情况，其中 $z = 0$，则 $d = 1$ 且 $\Phi = \gamma = 1$。让我们假设 z 正在遭受一个冲击并

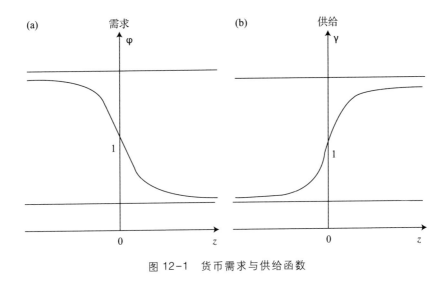

图 12-1 货币需求与供给函数

取一个正值。图 12-1 显示 z 的这个新值，意味着条件 $\gamma[z] > \Phi[z]$。该模型参数表示该条件下还暗示条件 $\gamma[z] > d.\Phi[z]$，因而不等式 $M > Md$ 成立。由于观察到的现金余额大于所需现金余额，因此将花费不需要的现金余额，公式（7）将得到一个支出的正向变化（$x > 0$）。这种支出的正向变化将带来 z 的额外增加，并考虑到函数 $\gamma[z]$ 和 $\Phi[z]$，$M - Md$ 的值将上升：随着全球支出的增加，不平衡开始扩大。然而，有一种可能：支出的增加大于 $\Phi[z]$ 的下降，使得乘积 $d.\Phi[z]$ 大于 $\gamma[z]$，其本身减少越来越慢（根据函数的图像）。在这种情况下，由于所需现金余额变得大于有效现金余额，因此支出变动存在回归（趋势）。

事实上，必须注意的是，公式（7）是根据过去的支出值，来确定时间 t 的支出[17]。正如萨缪尔森（Samuelson）的振荡（将收入与其过去值联系起来，遵循有限差分法的等式）情况一样，我们在此猜测解决方案的可能性，并给出连续周期来表征支出的变化。

2. 数值计算和经验验证。为了使数值计算更容易，阿莱斯基于每个函数 φ 和 γ 具有图形的逻辑假设（见图 12-1），并在有三个切点的情况下，运用近似值来替换每个函数 φ 和 γ（参见阿莱斯，1956：192）。

对于靠近原点的区域，函数 φ 和 y 用直线代替。

$$\varphi(n) = 1 - Ko\ z(n) \text{ 且 } \gamma(n) = 1 + Ko'z(n)$$

类似地，对于原点最左侧和最右侧的区域，函数 φ 和 γ 各自具有斜率，分别为 Ka、Kb（需求）和 $K'a$、$K'b$（供给）。

与函数 φ 和 γ 有关的斜率 Ko 和 $K'o$，分别大于斜率 (Ka, Kb) 或 $(K'a, K'b)$。

令：

$$F(k, T) = VeT^2 + kT/(1-k)$$

阿莱斯表明，如果 $(Ko + K'o < F)$ 成立，则原点处具有稳定性，并且所有初始条件都趋近于这一点。如果 $(Kb + K'b > F)$ 成立，则具有不稳定性，使得 d 呈现爆炸性演变（恶性通货膨胀）[18]。最后，如果 $(Kb + K'b < F < Ko + k'o)$ 成立，则模型导致稳定的极限循环。在此情况下，其周期表示为

$$\Theta = 2\Pi\sqrt{Ve(1-k)}\ T^{3/2} \sim 2\Pi\ \ T\sqrt{Ve/\chi} \quad \text{当} \chi T < 1 \text{ 时}$$

最后一个关系表明，极限周期的周期 Θ 与延迟时间 T、速度 Ve 均值的平方根，以及健忘率 χ 平方根的倒数成比例，例如，$T = 0$ 时，我们有 $\Theta = 0$，$\chi = 0$ 时，我们有 $\Theta = +\infty$。因此，过去的记忆越完整，经济就越稳定。

因此，我们通过公式（7）的数学分析可以看出，根据表示函数 φ 和 γ 直线的斜率，以及参数 χ、T 和 Ve 的值，可能带来三个结果：稳定的均衡[19]，或持续的周期性波动[20]，或恶性通货膨胀[21]。因此，如果某些条件整合在一起，那么存在一个且只有一个稳定的极限周期[22]，代表经济不断趋向的结果：

> 通过关于流动性倾向变化和货币数量变化的唯一机制，可以解释稳定周期的自我决定。（阿莱斯，1956：10）

该极限周期 C 可见图 12-2 中的空间（d, n）和图 12-3（a）中的相空间（φ, z）[23]，其中 n 表示离散的时间值。如果我们从任意初始条件开始，例如从与 Po 不同的点 Po' 或 Po'' 开始，当 n 趋于无穷时，这些点与极限周期之间的距离趋向于零，这表明经济总是朝着轨迹 C 发展，要强调的是周期和幅度，二者都是在模型条件下确定的。

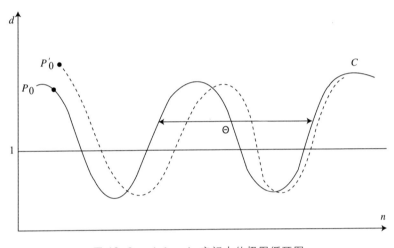

图 12-2 （d, n）空间中的极限循环图

因此，关键在于要知道在现实中，结构参数以何种方式获得了导致经济趋向稳定极限周期的值：

> 任何聪明的经济学家都可以在早餐和午餐之间提出一个模型，他所希望的所有周期都可以在这个模型中实现。他需要做的就是使用至少二阶的非线性模型。

> 但是，正如我所强调的那样，困难不在于建立一个可以得到周期的模型，而是在于建立一个模型，使得该模型的初始假设，以及从模型中得到的结果，可以通过经验来证明。（阿莱斯，1956：301）

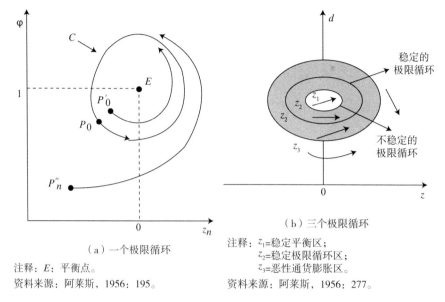

（a）一个极限循环

注释：E：平衡点。

资料来源：阿莱斯，1956：195。

（b）三个极限循环

注释：z_1=稳定平衡区；
　　　z_2=稳定极限循环区；
　　　z_3=恶性通货膨胀区。

资料来源：阿莱斯，1956：277。

图 12-3　极限循环图

　　阿莱斯通过美国数据（1909—1952 年）估算了供需函数中出现的不同参数，并发现了一个极限周期存在的充要条件，是反应时间 T 应在 0.6—4.7 个月之间，这听上去是合理[24]的。在这些条件下，极限周期的估计周期 Θ 在 25—120 个月之间，这与经验证据[25]不矛盾。此外，计算的极限周期再现了两个观察到的现实：（1）支出波动的幅度大约是货币存量的两倍，（2）M 传导至 D 大约需要三个月[26]。因此，阿莱斯得出结论：

　　　　所提出的理论得到了现实经验的显著证实。一方面，模型在某些条件下，会出现极限周期，这是该模型的一大特点；另一方面，经验归纳出来的参数值，（刚好）满足这种极限周期存在的必要条件。并且这些参数值还使得极限周期的时间，恰好是有效观察到的持续时间。（阿莱斯，1956：243）

（二）走向一般化模型：三个极限周期

阿莱斯在 1956 年著作的末尾引入了一些新的假设：（1）反应时间 T 是关于速率 z 的减函数；（2）遗忘率 x 是关于速率 z 的增函数；（3）货币供给函数考虑到基础货币的变化——受政府支出影响（尤其是恶性通货膨胀的时候）；（4）货币供给和需求的外部干扰，无论是"随机的"[27]或是周期的[28]，都可以影响全球支出［因此这些干扰被添加到公式（2）的右侧］。最后这一点由阿莱斯在 20 世纪 80 年代进一步发展（见本章第三节和第四节）。

由于这些额外假设使模型具有较少的限制性特征，阿莱斯构建了一个未发表的模型，表明了（具有）三个极限的周期[29]是可以存在的，其中一个是稳定的，另两个是不稳定的。图 12-3（b）所展示的空间（d, z）的情况，非常具有启发性：在某种意义上，其结果显得很基础——根据初始情况，它表明当 z 值很小时，存在一个稳定区域；当 z 值变大时，存在一个稳定的极限周期；当 z 值不断增加，且超过一定水平时，存在一个爆发性的时间路径（例如恶性通货膨胀）：

> 在均衡附近存在稳定的均衡，当我们明显远离它时，存在极限周期，并且一旦扩张速度超过某个值，就会出现恶性通货膨胀区域。
>
> 我们可以毫不费力地引用随机项 $\varepsilon(t)$，来从一个系统转到另一个系统。[30]（阿莱斯，1956：277）

似乎早在 1956 年，阿莱斯就已经预见到了汤姆（Thom）的灾难理论。实际上，在某些情况下，对所考虑系统的外生冲击，可能对经济时间路径产生相当大的影响，并且其非线性关系在该结果中起重要作用。例如，如果考虑的"初始条件"（例如 z_2）足够强，非常弱的外部冲击就可以导致经济从稳定振荡的区域 z_2，转变为恶性通货膨胀的区域 z_3。因此，无论其与阿

207

莱斯的模型和风险理论之间可能存在的相似程度如何，阿莱斯认为他在文献中首次提出了"可以解释所有观察现象的关于经济运动的单一理论……有一样的等式，且常数参数具有相同的值"（阿莱斯，1956：278）[31]。

（三）经济政策的后果

由前可知，决定全球支出变化（反映经济周期）的因素，是货币供需之间的差异 $M - Md$。极限周期的原因，是前一时期收入与下一时期支出之间的"延迟监管"。人们必须特别注意过去支出变化产生的关键影响——这些影响根据非线性关系，在记忆的遗传过程中，决定了 M 和 Md 的值。在这里我们要强调，如果货币存量保持不变（$M = Mo$）[32]，则有一个稳定点，因此周期不可能存在。因此，这种方法与现今真实商业周期理论（主要建立在真实冲击之上）的发展大相径庭[33]。这种周期货币理论的一个结论是，经济政策的基本目标，应该是通过控制货币存量变化来稳定全球支出。

二、理论的发展和完善

从 1956 年到 20 世纪 80 年代末，阿莱斯希望通过引入一些文章中提出的新概念，来改进基本模型的规范性。例如，他通过引入外生影响来模拟新的内生模型。

（一）货币供求关系的重塑

阿莱斯引入了货币需求和供给函数（f）和（g）的新形式。这些函数来自同一个理论："货币供求和心理利率 i 的遗传和相对论理论（the hereditary and relativistic theory of money supply and demand and of the psychological rate of interest i），后者是表示对当下偏好强度的变量"（阿莱斯，1965，1970b，1972，1974，1986）。

该理论依赖于两个在经济学中没有先例的观点或概念：

1. 遗忘与利率之间的类比：

过去对现在的影响……因遗忘而减少，就像现实化过程会减少未来对现在的影响一样。我们假设这两种现象是相同的，只是一个涉及过去而另一个涉及未来。

在任何时候，可以为所考虑的群体定义遗忘率 $X(t)$。遗忘率 $X(t)$ 在记忆过程中起到的作用，与利率 $i(t)$ 在评估未来对现在的影响方面所起到的作用是一样的。[34]（阿莱斯，1972：42，48）

2. 在心理时间尺度 t' 而不是通常的物理时间尺度 t 中，考虑货币动态定律的不变性：

> 社会现象的发展被与天文现象相关的时间尺度所标示，但没有先验的理由认为这个时间尺度应该最有效地代表这种发展。在经济框架内，对于经济主体而言，在价格相对稳定的时期，和价格以小时为单位不断变化的时期（正如 1923 年德国恶性通货膨胀时的情况），时间尺度显然不同。（阿莱斯，1965：23—25）

因此，时间概念在本质上是心理的。于是，相对于给定的情况[35]：现金余额持有一天，在恶性通货膨胀期间，代表着较长的时间段，但在"正常"时期，则（只）对应一个较短的时间段。因此，有必要找到一个参考系统，允许我们借助物理时间来定义心理时间的价值；在物理时间尺度内，看似无关的现象，实际上可能在心理时间尺度上有根本的联系：时间尺度的转换，似乎是表现经济主体行为稳定关系的一种具体化手段。特别来讲，货币流通速度和遗忘率在心理时间尺度上是恒定的，在物理时间尺度上却不是。假设遗忘率在心理时间尺度上保持不变，那么阿莱斯能够定义两种时间概念之间的关系：

> 物理时间 t 对应一个心理时间 t'，该心理时间由每单位心理时间的遗忘率 x' 决定，且为常数。（阿莱斯，1972：49）

因此，心理时间由条件 $\chi' dt' = \chi dt$ 定义，其中 χ' 是一个"通用常数" χo。

另一方面，货币需求 (f) 和供给 (g) 的函数，分别是斜率为负和为正的逻辑函数。并且，之后的函数 γ，取决于"货币乘数" M/B，其中 B 代表基础货币。[36]

经过实证分析和理论之间的来回"互动"之后，阿莱斯最终从一系列归纳和推理中，推导出了以下方程组——实际状态下的遗传与相对论理论：

$$M_d = \Phi o D f(Z) \, f(Z) = (1 + b)/(1 + b \, e^{\alpha Z}) \tag{8}$$

$$M = B\gamma(Z) \, g(Z) = 1 - a' + a'(1 + b')/(1 + b \, e^{-\alpha' Z}) \tag{9}$$

$$dZ/dt = x - \chi Z x = (dD/dt)/D \tag{10}$$

$$Z(t) = \int_{-\infty}^{t} x(\tau) \, e^{-\delta(\tau)} \, d\tau \delta(\tau) = \int_{\tau}^{t} \chi(u) \, du \tag{11}$$

$$i/io = \frac{\chi}{\chi o} = \frac{1}{f(Z)} io = \chi o \tag{12}$$

其中，Φo、b、α、a'、b'、α' 和 χo 是常数。Z 是"心理膨胀系数"[37]，遗忘率 χ 是关于 Z 的正斜率函数。阿莱斯表明，他的新公式 [公式（8）—公式（12）] 在（现实）经济情况中被证实，如美国 1929 年的大萧条，20 世纪 20 年代早期德国的恶性通货膨胀，以及最后的"正常"时期（1965 年、1972 年、1974 年、1986 年），且（它们）都具有相同的参数值：这个理论因此看起来是"单一的"[38]。最后，心理利率 i 的公式 [公式（12）]，使得阿莱斯（1947，1969）将其货币动态理论与资本主义最优理论联系起来。

（二）FEMD 的改革

至此，连续时间内的货币动态基本方程（FEMD）的形成，不仅考量了不需要的现金余额（$M - Md$），还考量了货币存量和非银行债务（E）的变化 [阿莱斯（Allais），1968，1986]：

$$\frac{1}{D}\frac{dD}{dt} = \frac{1}{V \, T^2}\frac{M - Md}{M} + \frac{1}{VT}\frac{1}{M}\frac{dM}{dt} + \frac{1}{T}\frac{E}{D}\frac{1}{E}\frac{dE}{dt} \tag{13}$$

其中，$V = D/M$ 表示货币流通速度。该公式比公式（2）更一般化，并且在动态均衡状态下具有一致性质，这与 20 世纪 50 年代模型版本的公式（2）相反[39]。M 的变化率，意味着信用机制（阿莱斯，1985）从无到有地创造了购买力——这一点从而成为重大经济危机的关键特征（阿莱斯，1989a）。

公式（13）使得我们可以根据对短期或长期的考虑，来分析支出变化的主导因素。在短期内，由于乘积 $V \times T^2$ 很小，M 和 Md 之间的给定差异将使得支出产生非常大的变化。而速度的变化实际上根本不会被放大[40]，尽管它们仍然很小，货币"市场"的不均衡可以在全球支出变化中发挥主要作用。相反，从长远来看，只有货币存量的变化才能决定支出的趋势。

（三）反应时间 T 的变化

假设 FEMD 中出现的反应时间根据与用来得到货币需求函数的相同逻辑函数而变化（阿莱斯，1982a，1986）：

$$T/To = Xo/X = f(Z) \tag{14}$$

最后的公式，意味着反应时间 T 与遗忘率 X 成反比。当经济主体较快遗忘过去时，T 会变得很小，反之亦然。

（四）确认初始模型的结果：存在一个极限循环

使用由公式（8）—公式（14）表示的新内生公式，阿莱斯（1978，1982a）表明，全球支出的共轭波动，以稳定的极限周期为特征。通过将这些公式推广到一般情况，证实了 1953—1956 年原始模型的结果：

> 从我们得到的结果可以看出，我已经逐步阐述了 30 年货币动态遗传与相对论理论，可以解释一个大约 35—55 个月的内生波动，正如我们能够有效观察到的那样。（阿莱斯，1982a：23）

但是这一时期的独特性，使得阿莱斯认为现实世界不能只用提出的内生模型来代表；如果我们希望能够理解现实，我们必须引入一些外在影响：

我们发现（模型）只能解释从 35—55 个月中单个时期的存在，却无法解释同时存在的几种不同周期性成分。如果我们很难想象结构参数的变化，可以解释在一段时间内从一个国家到另一个国家的极限周期幅度和变化，（但）这些变化本身会呈现规律性波动（正如我们看到的那样）。它们也不能解释，我们在恶性通货膨胀期间所看到的非常短暂的推测波动……由此可见，我们应该设想，将内生波动和外生波动整合到一个单一的一般模型中（阿莱斯，1982a：23；首次强调）。

因此，阿莱斯将作用于经济主体心理状态的小幅度周期性外生影响，加入到货币供求的新函数中［公式（8）和（9）］，并将这些函数代入 FEMD ［公式（13）］。阿莱斯（1982a）进行了模拟，发现周期因子对 M 和 D 施加其自身周期。因此，尽管外生因子的幅度很小，但共振效应会在后续经济活动中产生非常严重的后果。从"外生影响几乎是一个周期性函数[41]，不同货币指标的波动将具有我们在现实中观察到的所有特征"的意义上来说，这一结果非常重要（阿莱斯，1982a：25）。

在这一新的研究浪潮结束时，我们想知道阿莱斯有没有考虑过重新呈现三个极限周期模型（一个稳定，两个不稳定）。

第三节　外生影响的确定性本质："X 因素"假说

我们已经证明，根据阿莱斯的说法，由于一个纯粹的内生模型只能证明一个单一时期（35—55 个月）的存在，这样的模型不能代表在现实世界中观察到的时间序列——这些时间序列包含许多准周期。经过对物理和经济时间序列（阿莱斯，1962，1982c）的分析后，阿莱斯（1982b，1983a，1983b，1984，1989b）认为外生效应假设可能可以解决这个问题。为了充分理解阿莱斯所考虑的外生效应的确定性，我们将首先介绍阿莱斯非常重视的一个观点：风险只是人类内心的一种观点，并不存在于自然界中。但是决定论可以模拟风险，特别是涉及数值时间序列时（简而言之，周期成分的总和可以模拟"白噪声"）（参见第三节一）。这一结果使得阿莱斯能够证明他的"X 因素"假设是正确的——物理性质对经济时间序列会产生确定性外生影响（见第三节二）[42]。

212

一、决定论可以模拟"风险"

让我们简要回顾一下阿莱斯关于风险概念的观点［第三节一（一）］，然后再展开阐述其研究——旨在通过周期性函数（均为确定性过程）来证明模拟时间系列推进是可行的，包含了对文献的一般检验以及所有的风险形式［第三节一（二）］。

拉普拉斯（Laplacian）自然概念：与随机变量相对的频率变量

根据阿莱斯（1983a：87）的说法，在过去半个世纪中，科学的一种趋势是"留下 19 世纪的确定性概念，用风险概念广泛取代因果关系的概念"。在这些科学中，我们自然而然地发现不仅有物理学（量子力学），而且还有经济学。在这最后一个领域，我们可以确定，在过去的十年中（也就是自从阿莱斯写下以下句子后），许多例子证实了这种趋势：关于金融资产价格"理性泡沫"和"扩散随机过程"的概念、新古典周期理论，以及与确定性趋势相反的"随机趋势"统计概念等。

毫无疑问，阿莱斯不同意这种趋势，他甚至使用"危机决定论"（crisis of determinism）这样的表达方式。也就是说，他采用了经典的拉普拉斯概念，"根据这种概念，所有传统上称为风险的概念，都只涵盖了我们所忽略的一切事物的确定性秩序"（阿莱斯，1983a：87）。换句话说，正如路易斯·德布罗伊（Louis Victor de Broglie）所写的那样（阿莱斯引用），风险不会像 19 世纪学者所设想的那样，"是由于我们无法完全分析（事物的）原因所产生的——这些原因太不明显，或者太过复杂，我们因而无法正确地分析出来"。在现代概念中，风险被认为是：

> 一种打破因果关系，允许几种可能的结果独立地进行自我实现，没有其他的可能性可以比它们各自的可能性更多归因于这些可能的结果。那将是真正的、纯粹的风险。它不会被归结为我们无法预见的无能，而是被归结为事物自身的本质。（阿莱斯，1983a：87）

实际上，阿莱斯发现，很难设想路易斯·德布罗伊所说的"纯粹偶然性"可能代表什么，因为他认为这与形而上学有关。因此，根据阿莱斯的观点，"风险源于主观判断，这种判断只存在于我们的精神中"，而且"（关于）风险的数学理论忽略了风险、不确定性和概率"，因为所考虑的模型总
213 是只与组合分析的计算相关：

> 应该强调的是，概率概念，以不可分割的方式与人类对未来的预测相关联，（但它）在自然界中并不存在，它只存在于人的精神中。大自然只识得频率，而忽略了概率。（阿莱斯，1983：79）

根据阿莱斯的说法，理解世界的主要问题是：为什么在自然界中观察到的分布符合频率数学模型。对于这个几乎与科学辩论截然不同的问题，阿莱斯利用从平均角度出发的同等可能性公理对这个问题进行了回应。这个公理可以通过利用一个简单但众所周知的高尔顿瓶（Galton's machine）作为例子来阐释：小的弹珠垂直落在一片覆盖有针的区域中，这些针按行排列，每行之间有一定的间隔。机器的底部是用于接收自上部落入弹珠的大理石容器。结果是在容器中收集到的弹珠的数量是呈正态分布的。阿莱斯是这样解释这个结果的：

　　高尔顿瓶的过程，在物理上是确定性的。因此，我们如何解释它遵循的所谓"风险"法则呢？这只有在每个弹珠与其遇到的针撞击时，平均同等可能性公理得到有效满足时，才有可能。（阿莱斯，1983a：77）

　　因此，确定性系统内，平均同等可能性可以产生类似于"风险"（所具有的）和经常在现实中观察到的那些分布。正如我们将看到的那样，这种对风险的"模拟"，也可以通过一个具有时间序列的确定性过程构建出来。

二、决定论在时间序列中可以模拟通常被认为是"风险"的东西

　　根据对风险概念的一般批评，阿莱斯（1983a，1983b）表明，在一般条件下，通过总结几乎周期函数，可以模拟时间序列——这些时间序列可以说明我们在物质或经济世界中观察到的各种情况，"从非常强烈的自相关序列，到非常特殊的没有任何自相关的序列，（它们）都总是具有这样的一般特征，即它们大致遵循正态分布法则"（这是"定理 T"）。因此，"某些现象似乎可以模拟风险这一事实是不可否认的，但这并不意味着它们是随机的"（阿莱斯，1983a）。

　　（一）"定理 T"

　　在非常一般的条件下，阿莱斯显示 L 个正弦曲线的和，每个正弦曲线的频率 fi 是无理数，并且它们之间没有任何以整数为系数的线性关系，即：

214

$$X(n) = \sum_{j=1}^{L} x_j(n) = \sum_{j=1}^{L} a_j \cos 2\pi f_j(n - n_j)$$

$$f_j = 1/T_j \quad a_j > 0 \quad 1 \leq j \leq L \quad 1 \leq n \leq N$$

　　如果比率 $a_j/\bar{a}$ 与 1 差得不太远（ $\bar{a}$ =幅度 a_j 的期望值），则按照正态分布得更好，因为波动的个数 L 和数值 N 都很大。实际上，如此定义的函数 $x_j(n)$ 是具有以下一般表达式的几乎周期函数：

$$x_j(n + \theta_j) = x_j(n) + \varepsilon_j \quad \varepsilon_j > 0。$$

ε_j 是一个常量，θ_j 表示时间序列 x_j 的准周期。换句话说，每段长度为 θ_j 的时间段过去时，变量 $x_j(n)$ 呈现"几乎"相同的值[43]。

（二）通过模拟来阐述定理 T

为了说明定理 T，阿莱斯（1983a）构造了三个 $X_i(n)$ 序列：

序列 $X_1(n)$（阿莱斯的"S 序列"），由 13 个正弦曲线的总和构成，每个正弦曲线具有 721 个值；所选择的频率和幅度对应与潮汐理论相关的 13 个波。该序列有一个主波（其幅度是 13 个期望值幅度的三倍以上），因此，定理 T 其中一个必要条件无法满足。尽管如此，阿莱斯表示［亨利（Henri）直线］S 序列在 x^2 检验时，可以被认为是正态分布。当然，这并不意味着真正的分布是有效正态的。实际上，对自相关系数的正态性检验表明，根据通常的检验，这些系数不能被认为呈正态分布。因此"这个结果证实了当正弦分量振幅相差太远时，'定理 T'就不成立了"（阿莱斯，1983a：188）。最后，无论是 S 序列还是其相关（曲线）图，各自的连续值似乎都是强烈自相关的。

序列 $X_2(n)$（阿莱斯的"T 序列"）代表一个人工序列，由 20 个正弦曲线之和的 1000 个连续值组成，每个正弦函数幅度 ai 之间的差异相对较小。根据 X^2 检验，T 序列的分布及其相关（曲线）图的值是正态的，这个结果证实了定理 T。此外，这一序列并不符合一系列独立时段，因为阿莱斯在其中检测到一个显著的自相关。实际上，T 序列类似于自相关的随机过程。然而，"累积值"检验允许我们分离出潜在的准周期结构，这样一来，如果计算累积值，观察者就不会将这个序列与随机过程混淆，这是非常罕见的。

$X_3(n)$ 序列（阿莱斯的"U 序列"）代表另一个人工序列，由 200 个正弦曲线之和的 1000 个连续值组成，其中所有振幅 ai 均为 1。这里同样地，U 序列呈正态分布，其相关（曲线）图也是如此，这再次说明了定理 T。此外，通过使用许多经典检验［其中之一是非常重要的对 $X_3(n)$ 的"累积值"检验[44]］，阿莱斯证明，U 序列显示了一系列独立时段的特点：如图 12-4 所示，回顾 $X_3(n)$ 序列时，观察者容易将该序列与"白噪声"混淆。需要着重指出的是，此结果并不是有效渐进性的，而只限于有限长度的序列。这对于经济序列而言是正常现象（观察数量达到 1000 的情况，甚至是非常罕见的了！)[45]。

$$X_3(n) = \sum x_j(n) = \sum a_i \cos 2\pi f_j(n - n_j)$$

$$1 < j < l \quad 1 < n < N \quad l = 200 \quad N = 1000$$

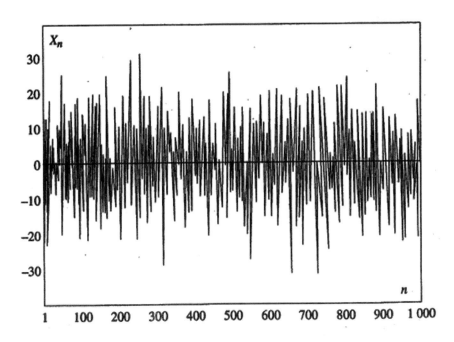

图 12-4　$X_3(n)$ 序列：200 个正弦曲线之和的 1000 个连续值的人工序列图

资料来源：阿莱斯，1983a：213。

如果阿莱斯提出的解释不能证明所观察到现象的深层性质，它们仍然可以表明决定论可以模拟"风险"：[46]

216

通过几乎周期函数模拟风险，是否能够将随机现象置于确定的和可理解的背景中，且与我们目前从宇宙的振动结构中得到的结果高度一致？

世界各地都有证据表明，呈现正态分布且乍一看似乎是由于"风险"所致的影响，可以带来最绝对的决定论。

当我们对观察到的规律所表现出来的过程并不十分熟悉时，我们就会借助"风险"来解释它们，但这只是一个方便的"藏身之处"，使我们能够避免面对用决定论来解释所谓"风险"的真正问题，而且这个问题往往是非常困难的。（阿莱斯，1983：89）

我个人坚信，自然本身是完全确定的，但是，如果确定性效应的总和足够多，并且具有相似的相对重要性，那么其总和在一级近似时，是按照频率数学模型分布的。在我看来，我们错误地将其有效性归因于纯粹的随机原因。（同上：84；原文强调）

但是当然，也许在不使用术语的情况下，阿莱斯在这里设想了一个看起来像所谓的确定性混沌理论（deterministic caos）的假设，因为准周期成分的累积效应可以产生混沌时间序列。如果是这样，在混沌理论的决定论框架下，阿莱斯的 X 因素说可以被视为对确定性混沌理论的"奇怪吸引子"（strange attractor）存在性的一种解释。

三、确定性外生影响和经济波动："X 因素"假说（the 'factor X' hypothesis）

在阿莱斯看来，之前的结果对于分析经济波动很重要，这是因为正如作者所假设的那样，存在准周期外生影响——该影响是由影响时间序列的物理性质导致的（这就是"X 因素"假说）。实际上，由于阿莱斯确定，在某些情况下，宇宙振动的确定性结构可以导致"明显的随机"影响（例如股票

市场的变化），或相反地，导致某种规律性的波动，无论其表象如何，所有
作用于内生结构中的外生现象，都可被认为具有确定性。

（一）时间序列具有准周期波动——宇宙的振动结构

阿莱斯首先观察到，任何时间序列都有准周期（或几乎周期）的成分。
从这一事实出发，可以假设外生共同因素的存在：[47]

> 时间序列似乎由准周期分量组成，在最近100年的文献中很少涉及 217
> 关于此的分析，然而，它却似乎具有非常特殊的意义。
>
> 围绕这些关于组成部分实质、确认、起源和影响的问题难度极大，
> 以至于尽管大量优秀的研究人员参与其中，但到目前为止，对于这些基
> 本问题的研究也仅仅只涉及皮毛。
>
> 这些准周期因素的存在，产生了关于它们内生或外生性质的根本问
> 题。无论是从实证分析的角度，还是从理论分析的角度，这一领域的研
> 究都面临着相当大的困难。（阿莱斯，1976：30）

如果我们接受外生影响的假设，那么这些影响就具有一般性，且其性质
是确定的：

> 优秀的研究人员已经竭尽全力，希望确定或多或少具有周期特点和
> 奇怪结构相似性的波动的原因，直到最近，终于有所成果。这些波动，
> 我们在所有时间序列中都可以观察到，无论是地球物理学序列，还是经
> 济学序列。它们是纯粹的风险导致的，还是确定必然性的结果？我们可
> 以倾向于认为，同时我自己也确信，我们所说的风险，只是决定论的一
> 种特殊形式。但是，在任何情况下，仅就这些领域而言，来自不同领域
> 的研究人员，无论是经济学家、地球物理学家、统计学家还是数学家，
> 当然都有许多东西要相互学习。毫无疑问，针对它的漫长的研究迟早会

得到基本结果，（使我们可以）对今天被认为完全不同的一系列现象，作出一般性和连贯性的解释。这些现象唯一的共同特征大概在于它们都非常令人费解，而且它们对我而言，在实际上和本质上，是同一组原因导致的结果。为方便起见，我把这些原因称为"X 因素"。（阿莱斯，1979c：7）

事实上，根据阿莱斯的说法，无论这种现象的性质是物理的还是经济的，时间序列准周期性形态的产生，既与我们所考虑系统的外生影响有关，也与其内生因素相关。作者举出了太阳活动的例子（在这个例子中），它根据内部和外部的因素随时间变化：

太阳黑子无疑构成了物理宇宙中，对"X 因素"存在性最引人注目的例证。黑子的平均周期约为 11.1 年，但每个主周期的周期在 7—15 年之间变化。这是一种准周期性结构，可能是随着时间的推移，不可通约周期带来的周期性影响不断相互叠加所致。目前还没有人发现太阳黑子的成因。然而，它们的准周期结构很可能既来自太阳特有的内生周期，也来自于太阳周围空间的外生运动所导致的被动振动——特别有可能来自于那些由于太阳周围的行星运动所产生的振动。（阿莱斯，1980b：1—2）

虽然目前还不清楚"X 因素"的深奥性质，但阿莱斯认为，这个因素的本质是宇宙的振动结构：

218

今天已经确定的事实是，物理宇宙的主要特征是振动结构（原子、光、量子等的振动结构）。这种振动结构表现为周期性或准周期性的物理现象，如地球的自转、行星围绕太阳的运动等。（同上：1）

（二）"X因素"，人类心理和经济波动

虽然阿莱斯在分析经济波动时，对这种现象的重要性仍十分谨慎，但作者提出了表征物理世界序列的周期与表征经济世界序列的周期之间，存在惊人的联系：

> 很多成果都表明，我们观察到的共轭经济波动不仅限于3—5年左右的周期性……从所有以前文献的分析中，以及极大的可能性基础上，我们可以推断出大约4个月、12个月、24个月、40个月、4年、6年、8年、9年、10年、11年、15年、18年、22年、37年、50年……的外生周期性存在。应该强调的是，所有前述的周期性，也类似地存在于大量物理秩序现象中。因此，至少从先验角度来讲，不能将其与从经济学领域模型当中产生的内生周期等同起来。
>
> 因此，例如，我们在对太阳辐射和河水深度变化的光谱分析中，都发现了一个跨度大约40个月的周期。（阿莱斯，1984：32）

除此以外，剑桥学派关于经济周期的早期心理学理论，比如哈伯勒（Haberler）（的观点），也很值得注意：

> 那些关注心理因素的经济学家，尤其是庇古（Pigou）教授和L.凯恩斯（L. Keynes）教授，进一步指出，在我们观察到乐观主义导致了错误评估的时候，会产生一种反应，而悲观主义反过来带来了新的错误。[48]（哈伯勒，1943：168）

此外，我们还记得W.S.杰文斯［W. S. Jevons, 1964（1884）］的先驱著作，他试图通过确定气候条件和随后的收成来表明，太阳活动（物理性质的外生现象）波动是经济波动的一个因素。

杰文斯认为，人类心理学并不存在。在周期心理学理论中，不存在物理性质的外生现象。[49]对于阿莱斯而言，"X因素"代表了宇宙中所有周期因素的集合，它通过影响主体的心理来作用于经济波动：

> 人类心理波动可以解释为"X因素"的影响结果。
>
> 如果我们考虑"X因素"的心理效应，它们与周期心理学理论有相似之处，我长期以来一直认为这些理论缺乏真正的解释方法，但当我们思考"X因素"的作用时，这些理论就变得清晰一些了[50]。（阿莱斯，1979b：7—9）

219 在这里，我们必须提到，根据阿莱斯的说法，经济的"共轭波动"具有非常广泛的意义，因为：

> [X因素的]影响由差异较大的周期性运动叠加来体现。共轭波动并不限于约3—5年的周期。它们所包括的波动时期，似乎无法与事物的实际状态相比拟。而且在我看来，它们本身就随时间而变化。（阿莱斯，1980a：2）

当然，在阿莱斯看来，对波动的分析不是只包括X因素。这个因素象征着对个体心理学的外生物理影响，必须引入到表征经济行为的结构关系中：X因素通过共振效应发挥作用，缓和了仅由内生原因引起的波动。因此，就第一部分中所介绍的关于周期货币理论的研究工作，阿莱斯写道：

> 之前提出的不同分析……旨在准确描述共轭波动的起源……它们展示了相互依赖、因果关系和X因素如何一致地结合在一起，形成一个单一的模型……看来，在此问题的现状中，共轭波动的基本问题的解决

方案，可以在内生波动和外生影响的结合中找到，这些影响可能通过与 X 因素作用相对应的几乎周期函数体现出来。[51]（阿莱斯，1982：25）

不过，阿莱斯仍然十分谨慎：

在此问题状况下，我们应该把自己限制在实证分析的范围内，对于如何分离经济内生因素和 X 因素所导致外生因素，我们只能报以最高度的谨慎来探讨。（阿莱斯，1980a：3）

下一节的目的是，通过同时考虑内生关系和外生影响来提供说明，使我们能够更好地了解如何运用 X 因素来解释波动，不仅是指 M 和 D 的波动，而是指所有经济变量的波动。

第四节 一些有助于理解遗传效应和 X 因素如何结合 并共同导致所有经济变量波动的阐释

通过假设经济变量之间存在相互遗传的影响，以及存在外生确定性干扰，阿莱斯（1983b，1984）最终提出了一个观察到的世界上众多动态相互依存关系的新的普遍解释。他的这部分研究不如周期货币模型部分结构性强，且出版物不易获取。事实上，我们必须重新提及其后的发展，并将其作为一个正在研究道路上不断迈进的例证，以继续 20 世纪 50 年代的工作。

一、经济指标之间的动态相关性

如果我们对股票价格、利率、生产、价格、支出等共轭波动进行比较分析，我们发现这些不同经济指标之间存在相关性。值得注意的是，取自阿莱斯经常参考的麦考利（Macaulay，1938）著作中的图 12-5，给出了 1857—

220

1936 年（美国）的以下时间序列：

    1. 降低短期利率……

    2. 降低长期利率……

    3. 股价上涨……

    4. 生产增加……

    5. 支出增加……

    6. 一般价格水平提高……

    7. 短期利率上升……

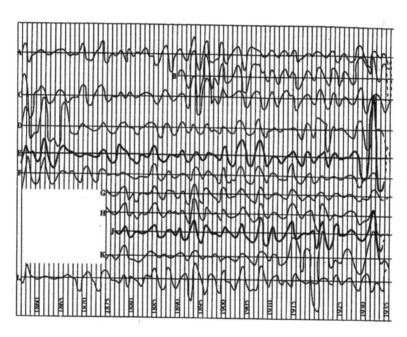

221   图 12-5　美国 1857—1935 年的股票价格、利率、生产、总体价格水平和
全球支出（月度数据）趋势的偏差图

资料来源：麦考利，1938：218。

注：A、B、C=短期利率，D=长期利率（轨道），E=股票价格（轨道），F=在纽约市的全球支
　　出，G=在纽约市以外的实际（贬值）全球支出，H=在纽约以外的全球支出，J=生铁生
　　产，K=一般价格指数，L=短期利率。
　　趋势是移动平均线。

注意：E、F、G、H、J、K、L 序列的范围是反过来的。

　　事实上，这些序列在第二次世界大战后被不同国家所证实，[52]数值规律相当明显。如果我们接受 X 因素假说——根据阿莱斯的说法，这只是一个假设，[53]那么解释观察到的大量经济指标共轭波动之间的相关性，其后果是相当可观的：

　　　　可以说，不同经济指标的类似共轭波动，是由同一个外生因素 X 因素引起的。不同相关图表明，存在大约 12 个季度的相同平均周期一事，支持了这种解释……不同指标 I1，I2……之间的阶段差异不一定被解释为影响关系的原因，这在某些情况下会导致明显荒谬的事情，而是被解释为是这些不同指标与 X 因素相关的滞后。（阿莱斯，1979b：10—12）

　　阿莱斯通过批评许多金融专家和研究人员所持有的"公认理论"，来说明其观点，根据这一理论，利率对股价会产生负面影响。如果考虑 X 因素假说，还必须考虑另一个假设：

　　利率 k 是当前偏好指标，指标 $kolk$ 是未来偏好指标。$kolk$ 的增加意味着对未来的信心增强，从而经济主体的乐观情绪增加。相反，$kolk$ 的减少意味着悲观情绪增加。

　　乐观和悲观的波动决定了 k 的运动。货币政策目前可以抵消这些变动，但不可能永远成功阻止它们。

　　一波乐观情绪导致短期利率下降和股票交易活动增加。我们不能断定是 k 下跌导致股票价格上涨。我们不能把这些指标中的任何一个看作是另一个因素的原因，而只能看作是由 X 因素引起的个体心理变化的结果。（阿莱斯，1979b：10—12）

二、一个例子：股票价格和产量

　　举个例子，让我们把注意力集中在股票价格和生产之间的相互依存关系

上。实证分析揭示了以下四个已确定的特点：[54]

1. 股票价格和工业生产共轭波动的特征是平均主导周期约为 35—50 个月，具体取决于国家和所考量的时期。

2. 两个变量之间相互依存的特征是股票价格波动先于生产波动，约为 1—4 个季度，这是系统性的。二者的时间差异，与最短序列（1.5 个季度）相比，在最长序列（约 3 个季度）中更长，这表明它会在周期内变化。

3. 股票价格与工业生产之间的相互依存必须纳入更一般的背景下，因为大量的经济时间序列经历了相应的波动，具有相应的时滞。

4. 这些现象在时间和空间上看起来都很稳健，在许多国家都可以观察到。

我们可以区分两组假设，这些假设可能解释了所观察到的股票价格与经济活动共轭波动之间的相互依赖关系。第一种假设存在两种现象之间的因果影响（内生解释[55]）。第二种假设存在影响股票变动和生产的共同因素（外生解释）。必须区分两类永久外生效应：经济性质的外生效应和物理性质的外生效应。在这些情况下，观察到的 A 和 Q 共轭波动之间的动态相互依存，都不能反映两个变量之间的因果关系。但在两种情况下，它仅反映了共同因素的影响。根据外生经济效应的假设，A 和 Q 的共轭波动来自相同的一个变量或一组变量——对金融市场的影响比对商品市场的影响更快。[56]

相关性和时滞的存在，在大量时间序列中具有系统性标志，见图 12-5，而且它们的存在可能表明，解释 A 和 Q 之间关系的双边因果关系假设，是一个对现实（反映的）非常有限的观点。根据阿莱斯的观点，物理性质的周期性外生影响（X 因素）的存在，是所有经济变量共有的，它很可能解释了普遍的相互依赖性，特别是 A 和 Q 之间的相互依赖性。

这一解释可以用下面的解释模型加以阐明。该模型由阿莱斯（1984）提出，其中包含任意一对变量（Y）或（Z），但为了理解股票价格（A）和产量（Q）之间的相互依赖关系，在这里进行了调换（阿莱斯，1984：37ff.）。

阿莱斯假设模型以三种类型的影响为特征：（1）Q 对 A 的影响，（2）A 对 Q 的影响，（3）X 因素对 A 和 Q 的影响。类型（1）和类型（2）的影响属于内生影响，而类型（3）属于外生影响，且在内生性结构条件下发生，从而引发共振效应。因此，我们假设 A 是关于 Q 过去变化的函数，[57]同理，Q 是关于 A 过去变化的函数，同时，A 和 Q 依赖于相同的周期外生因素——X 因素：

$$X(t) = k.\cos\omega t \quad 其中，\omega = 2\text{II}/T, \ T = 40 \ 个月 \tag{15}$$

$$\frac{dA}{dt(t)} + \alpha.A(t) = \lambda\left(\frac{dQ}{dt}\right)(t) + a.X(t) \qquad a, \ \alpha, \ \lambda > 0 \tag{16}$$

$$\frac{dQ}{dt(t)} + \beta.Q(t) = \mu\left(\frac{dA}{dt}\right)(t) + b.X(t) \qquad b, \ \beta, \ \mu > 0 \tag{17}$$

阿莱斯证明，如果 X 是周期 T 的周期函数 ［公式（15）］，则 A 和 Q 的渐近解，也将是同一周期 T 的周期函数：

$$A(t) = B.\cos\omega(t - \Theta) \quad (max.fort = \Theta) \tag{18}$$

$$Q(t) = C.\cos\omega(t - \tau) \quad (max.fort = \tau) \tag{19}$$

其中，幅度 B 和 C 以及相位 Θ 和 τ 取决于公式（15）、公式（16）和公式（17）中产生的七个系数的值。因此，在这种情况下，如在基于货币动态基本方程（FEMD）的模型（阿莱斯，1982a）中所示，X 因素会加入自己的周期影响，而公式（18）和公式（19）体现出：对于七个结构参数的特定值，我们可以解释在现实世界中观察到的现象，即 A 波动的幅度大于 Q 波动的幅度（如果 $B > C$），并且 A 是 Q 的前导指标（如果 $\tau > \Theta$）。

为了解释 X 因素的多周期特征，阿莱斯（1984）将这个模型扩展到了 X 是由不可通约周期的正弦曲线之和定义的准周期函数的情境：

$$X(t) = \Sigma_i \, k_i \cos \omega_i(t - t_i) \tag{15a}$$

在这个一般情境下，我们得到：

$$A(t) = \Sigma_i \, B_i \cos \omega_i(t - \Theta_i) \tag{18a}$$

$$Q(t) = \Sigma_i \, C_i \cos \omega_i (t - \tau_i) \tag{19a}$$

224 　　当关于表征经济性的参数 ［公式 （16） 和公式 （17）］和多周期外生因素 ［公式 （15a）］取到合适的值时，我们可以模拟具有或不具有相关性的序列 A 和序列 Q ，并且在前一种情境下，我们可以重新生成一个变量相对于另一个变量的给定平均超前或滞后[58]。

　　因此，尽管 X 因素表征了一个完全确定的过程，如果 X 因素将自己伪装成一种风险现象 ［参见第三节一 （二）］，变量 A 和 Q 似乎会成为完全缺乏规律的序列。相反，如果 X 因素以具有自回归结构的序列形式呈现，则该结构也会出现在 A 和 Q 中。此外，我们必须强调，在这两种情况下，两个变量可能相互关联，也可能不相互关联，并且它们的相位差异取决于公式 （15a）、公式 （18a） 和公式 （19a） 中出现的参数值。

第五节　结　论

　　莫里斯·阿莱斯的经济波动理论有八个基本特征：

　　1. 他的理论具有货币性质：全球支出的变化——由货币供求之间的差异控制——表征周期，而不是实际生产的变化。

　　2. 寻求理论统一体：阿莱斯正在寻找将所有货币现象纳入同一框架的一般理论，无论它们与均衡状态、周期交替和恶性通货膨胀或萧条的关系如何。

　　3. 该理论基于人类心理学在时间和空间上不变的假设，这意味着存在不变的行为函数；我们注意到，阿莱斯隐含地接受了这种假设：根据该假设，（我们可以认为）制度或经济中普遍存在的其他结构，并不对经济动态发挥明确作用。

　　4. 该理论引入了影响当前个体和社会行为的遗传效应（对过去的记忆）。

5. 在完整具体的内生模型框架下，该理论描述了物理性质的外生确定性影响——它会（先）影响人类心理，然后是个体和社会的当前行为。

6. 根据阿莱斯的说法，虽然宏观经济学的周期理论必然要基于表征个体行为的假设。但是，从微观经济假设到宏观经济后果转变所带来的问题仍然没有解决（这并不是特别创新！）。

7. 在其最精确的形式中，该理论基于新的概念，例如存在一个与物理时间尺度相对的心理时间尺度，或是存在对过去遗忘和未来实现之间的类比。

225

8. 最后，阿莱斯的方法一度受到理论构建和经验验证的永久性担忧的影响[59]。

因此，根据阿莱斯的观点，纯粹内生经济周期理论不足以解释现实世界，因为他们无法在同一框架内解释：波动的幅度、观察到变量之间的超前和滞后、表征每个变量准周期要素的多样性，以及不同的情况——如稳定性、现期波动、萧条和恶性通货膨胀。对经济波动初始因素的研究，使得阿莱斯同时考虑了一个内生模型，其中记忆或传播的遗传效应起着重要作用，X 因素代表一组潜在变量，反映了一些物理性质对人类心理产生的外生影响，以及对经济时间序列产生的外生影响。在阿莱斯的理论中，X 因素可以根据情况，施加其自身的准周期性，这可能看起来像一个混乱的现象，或者像风险理论那样，引发诸如恶性通货膨胀之类的残酷破坏。

另一个结论似乎得到了确定：阿莱斯所谓的经济波动理论的所有假设，都只基于确定性基础。具有遗传效应和囊括 X 因素的外生因素的内生结构模型，完全忽略了风险。

在经济波动领域，完成许多实证研究的研究人员可能会感觉到，X 因素假说中存在"某种"真理。然而，就接受阿莱斯的观点而言，我们必须保持谨慎，因为这一假设的科学证明远未确立。致力于这一研究的研究人员，必须面对极大的寻找证据的困难。但这不正是在科学研究中，特别是在经济学研究中的常见困难吗？正如哲学家波普尔指出的那样，如果数据无法证实一个假设，那么其至少可以反驳它。然而，对于这种关于科学证明的认识论辩论，我们可以说，如果 X 因素假说不能像其他理论那样被证实，那么它似乎更不能被反驳，因为至少我们无法想象，会存在与这个假说相矛盾的事实。[60]

我们应该从中找到直接指出这种假说价值的鼓励，还是恰恰相反，示意研究人员不要继续这项研究？我们的感觉是，今天在这两种极端中作出选择是不合理的。实际上，不可驳回性准则似乎不足以先验地忽略这一假说（我们一定程度上表示支持），这种假说至少在目前状态下，必须只能被视为可能启发我们理解经济波动的一般分析框架。

注　释

〔1〕利率在这一观念中起着核心作用［特别参见阿莱斯（1969）］。读者可以在阿莱斯（1989a，1989b，1989c）的文章中找到有关其生活、职业和学术贡献的有用资料。

〔2〕根据阿莱斯的说法，预期基于过去的记忆。

〔3〕参见阿莱斯，1947：318—334，359—369。

〔4〕最后两项研究汇总在一起，在此引用阿莱斯（1956）。

〔5〕在阿莱斯（1956）内容的最后，我们在上面提到的大会上，发现了关于阿莱斯模型讨论的全文，其中包括弗雷歇（Fréchet）、弗里奇（Frisch）、哈恩（Hahn）、鲍莫（Baumol）、古德温（Goodwin）、本勒（Bunle）、迪特伦（Dieterlen）、市村真一（Ichimura）和克莱因（Klein）之间的讨论，包括阿莱斯的回应。

〔6〕例如，全球支出目前是美国国民生产总值的 50 多倍。阿莱斯认为，由于利润是全球支出与生产成本对抗的结果，全球支出的变化决定了盈利或亏损的发生，而盈利或亏损是经济行为的基础。

〔7〕关于这一点，参见阿莱斯（1953：68—71）。

〔8〕阿莱斯所考虑的变量 R 远远大于国民账户的"国民收入"，因为 R 对应于所有收到款项的总和（后者来自：工资或收入，从一家公司到另一家公司的商品和

服务销售，在一手或二手市场上的销售额，商品和服务或者金融市场）……

〔9〕特别是，阿莱斯可以（或应该?）记录了在 t 和 $t + T$ 之间的 $t + T/2$ 时刻的支出，以及相应的在 $(t, t - T)$ 时期 $t - T/2$ 时刻的收入。这意味着在公式（1）中，用 $D(t + T/2)$ 替换 $D(t + T)$，用 $R(t - T/2)$ 替换 $R(t)$。不过，阿莱斯的简化选择是合理的，因为这种处理对整个模型的影响微不足道。

〔10〕这种解释并没有解决 FEDM 不能完全加总的问题。

〔11〕见下文，公式（13）。

〔12〕毫无疑问，对于货币供给（机构的作用是直接的）这一假设更值得怀疑。

〔13〕在这里，我们不会讨论导致阿莱斯与美国学者卡根（Cagan）和弗里德曼（Friedman）发生冲突的辩论，即关于货币需求函数的公式，特别是关于考虑全球支出而不是总体价格水平的相关性。20世纪60年代中期（阿莱斯，1965），阿莱斯表明，控制市场利率总体水平的"心理利率"也是由全球支出的过去变化决定的，即持有现金余额的机会成本将以某种方式整合到函数 f 中（见第二节二）。

〔14〕根据卡根（1956）和阿莱斯的说法，我们可以在这里看到货币需求模型之间的正式类比：

卡根的模型——实际现金余额取决于过去的通货膨胀：

$$Md/P = g(TT^r),$$

$g' < 0$，g：指数形式，TT^r：预期通货膨胀率（过去通货膨胀率的加权平均值）。

阿莱斯的模型——相对现金余额取决于全球支出的过去变化：

$$Md/D = f(u),$$

$f' < 0$，f：对数形式，u：心理膨胀率（全球支出过去变化率的加权平均值，不仅包括通货膨胀，还包括产量增长）。

此外，我们注意到，指标 u 代表的是经济乐观或悲观程度指标以外的"其他东西"。实际上，根据家庭意见调查，（普遍）认为通货膨胀（至少超过某个阈值后）是一种不良现象，而实际增长是一个理想因素（参照：对"消费者信心"指数的分析，该指数依据密歇根大学调查研究中心的调查结果构建）。

〔15〕事实上，只有当货币存量处于平均平稳状态时，这种关系才是严格的可接受的。

〔16〕阿莱斯将支出 d 替换为国民收入 r，且假设 d 与 r 成比例，因此我们有：

$$x(n) = [r(n) - r(n - 1)] / [Tr(n - 1)]$$

227

〔17〕使用函数 φ 和 γ，它们只依赖于比率 z，比率 z 本身只依赖于过去的支出值。事实上，独立于古德温（Goodwin，1950，1952），阿莱斯首次在经济学中提出了一种基于延迟调节的计量经济学模型，该模型类似于物理学中的松弛模型，其中不仅有周期，还有振幅，这些都由模型的结构决定（与线性模型不同）。

〔18〕对称地，如果满足条件（$Ka + K'a > F$），我们就会遇到萧条。

〔19〕如上所述，如果曲线 φ 和 γ 原点的斜率之和足够小，我们就可以获得稳定的平衡。收敛可以是非周期性的，也可以是伪周期性的。

〔20〕如上所述，如果曲线 φ 和 γ 在原点的斜率之和足够大，并且如果远离原点的斜率足够小，我们得到一个稳定的极限周期："已进行的研究表明，当我们仅用原点上的切线替换曲线 φ 和 γ 时，不可能存在极限周期。"

"在这里，我们确认周期的深层原因是沿曲线切线斜率的变化，它代表流动性的趋势和流通中的全球货币数量。"（阿莱斯，1956：203）

〔21〕如上所述，如果表示函数 φ 和 γ 切线的斜率，相对于心理扩展速率的所有值总是具有非常高的值。根据值的范围，爆炸可以是非周期性的或伪周期性的。

〔22〕阿莱斯指出，我们应该感谢亨利·庞加莱（Henri Poincaré，1892）提出的极限周期的一般理论，该理论后来在物理学中产生了许多应用，其中最著名的是范德波尔（Van der Pol，1926）对驰豫方程（the equation of relaxation）的讨论。

〔23〕我们也可以用其他的变量来表示相空间。

〔24〕Ve 的保留值是 1.75/月，遗忘率为 $e^{-x} = k \sim 0.50$。此外，阿莱斯发现，对于德国在 1920—1923 年之间，恶性通货膨胀结束时，T 的值必须是 14 小时才能与模型兼容（对于匈牙利从 1945—1946 年，这个值是 2.4 小时）。然而，"这些评估似乎是关于恶性通货膨胀的合理价值秩序"（阿莱斯，1956：274）。

〔25〕考虑的年份包含"当前"情况和 1929 年的大萧条。例如，在大萧条时期，z 值变为负值，这意味着函数 φ 和 γ 的斜率较小。货币供求函数的这种非线性，在同一模型中解释"当前"波动和萧条时起着重要作用。

〔26〕我们必须在此指出，阿莱斯没有证明全球支出变化率的观测值，与理论值之间相关程度的任何指标，原则上，理论值可按照公式（7）计算。他将自己局限于证明：该模型产生的极限周期特征与现实中观察到的特征一致。在已发表的关于阿莱斯（1956：304—305）此观点的讨论中，克莱因（Klein）评议了这一点，但未收到阿莱斯的回应。

〔27〕这是阿莱斯使用的词语。作者还使用"随机项"（1956：276）来表示由

以下表征自回归结构的经典过程描述的变量 $\eta(t)$：

$$\eta(t) = \rho . \eta(t-1) + \varepsilon(t)$$

其中，ε 是根据所谓的正态定律分布的白噪声。我们是否可以从这个术语中推断出，当时阿莱斯还没有完全拒绝风险的概念？我们相信是这样，尽管在他模型的讨论中，阿莱斯（1956：292）回答了弗雷歇（Fréchet）的一个问题："较为确定的是这些周期现象有某些随机的方面。但是，由于我所说明的原因，如图12-3所示，这种随机性被归入了一个中心现象。"

〔28〕阿莱斯以太阳黑子为例。

〔29〕"我在1955年能够有效地确定一个具有三个极限周期的模型：一个稳定，两个不稳定，并且适当选择与经验数据相对应的模型参数。可悲的是，当时完全专注于其他研究，我无法进行这项研究。"（阿莱斯，1978：111，n3）考虑到这一结果的重要性，我们只能对阿莱斯没有继续这条研究道路感到遗憾。

〔30〕阿莱斯强调了用刚刚公开的基本模型获得这三个周期的巨大困难。作者还指出，引入一个自身随时间变化的反应时间，在得到三个周期时起着重要作用，而这三个周期的常数又与经验数据相对应。

〔31〕这种"单一"特征并未在一个极限周期的模型中得到真正确认，因为除了修改模型参数之外，不可能从极限周期过渡到恶性通货膨胀。

〔32〕即：如果 $K'o = K'a = K'b = 0$。

〔33〕特别参见普罗索（Plosser，1989）的"调查"。

〔34〕实际上，阿莱斯假设速率 i 和 χ 的瞬时值相等，并且由于速率 χ 由理论规定，因此，速率 i 是可以计算出来的。

〔35〕关于时间概念的相对性，阿莱斯提出了这样一个观点，即爱因斯坦坚持认为，没有进一步的精确性，"我们不应该谈论一次事件的持续时间"，而是应该谈论"与特定参考系相关的持续时间"（阿莱斯，1965：23）。

〔36〕与其对货币需求的表述不同，阿莱斯没有在公开的回顾中公布他的货币供给公式。对于将后者用于模拟的关键阐述，参见勒卡庞捷（Lecarpentier，1993）。

〔37〕事实上，与1956年的模型相比，我们有 $Z = z/\chi$。z 的时间维度是-1（支出变化率也是），而 z 没有维度。

〔38〕（许多人提出了）关于货币需求函数的批评（特别是关于"循环性"的可能性），尤其是卡根（Cagan，1969）、达秘（Darby，1970）和斯卡丁（Scadding，1972，1975）。阿莱斯（1969：427—462，1970a，1975）在三篇文章中回应了这些

批评。

〔39〕实际上，根据公式（13），当 M 增加时，即使 $M = Md$（我们忽视非银行债务），支出也会增加。结果是，在以 M 的恒定变化率为速率不断增加的情形中，假设 $M = Md$，支出的增加速率与货币数量的增加速率相同，使得速度保持不变，这与交换方程一致（假设 $T = 1/V$）。在 20 世纪 50 年代的模型中，该性质不能满足，因为根据公式（2），当 $M = Md$ 时，无论 M 的变化如何，支出的变化都是零。

〔40〕例如，如果 $V = 12$/年，且 $T = 1$ 个月 $= 0.0833$ 年，我们得到 $VT = 1$ 和 $VT^2 = 0.0694$，这意味着 $1/(VT) = 1$ 且 $1/(VT^2) = 14$。

〔41〕见下文第三节一（二）。几乎周期函数是正弦曲线的和，每个正弦曲线的特征是"几乎周期"。它可以看起来像一个自回归观测到的经济时间序列或白噪声。

〔42〕实际上，即使某些外生影响对观察者来说似乎是随机的，也可以认为它们反映了确定性因素。因此，决定论可以模拟风险。

〔43〕见阿莱斯（1983a：156）。实际上，如果我们通过与整数系数的线性关系，来考虑非理性且彼此不相关的频率（$fi = l/Ti$，Ti = 周期），我们可以表示具有准周期结构的序列。

〔44〕累积值具有奇怪的结构，使人回想起股票价格指数的时间序列！（见阿莱斯，1983a：218）

〔45〕阿莱斯（1983a：151，n3）指出，目前还没有对 S、T 和 U 序列进行的谐波分析，但"这样的分析可能非常有用"。我们确实想知道这种分析能以何种方式证明 U 序列潜在的准周期结构。

〔46〕"我搜索了所有的文献，看看这个命题是否曾经提出过，事实上我只找到了一位作者——博德斯（Baudez），他在 1952 年和 1953 年已经介绍过这个命题（直到 1960 年我才找到博德斯的书）。我必须在这里强调他的优先性"。

"但是，他的分析并非基于任何实际的阐释，（因而）不幸的是，这种分析显示出一些不完善的地方，和一些非常具有争议且非常不准确的主张。我很倾向于赞同莫里斯·弗雷歇（Maurice Frechet）在 1953 年巴黎法国统计大会上提出的绝大部分的观察……"（阿莱斯，1983a：150，n13）。

〔47〕阿莱斯很快开展了关于时间序列的工作（特别参见阿莱斯，1962）。

〔48〕我们可以补充说，帕累托（Pareto）在他的《政治经济学讲义》（*ours d'Economie Politique*）（第 2 卷：76，279—280）中强调了个体和集体心理学的重要性，这些心理学出现在悲观和乐观的浪潮中，也出现在理解经济周期运动的过程中。

〔49〕阿莱斯强调：过去以某种形式已经提出过外生影响。

因此，杰文斯（Jevons）支持通过太阳黑子的特殊影响，来解释19世纪观察到的8—10年的周期……同样，康德拉季耶夫认为，存在50年的长周期，但根本没有提供任何解释。

"我已经确定，杰文斯的解释并未被随后的数据所证实……事实上，康德拉季耶夫周期的存在，根本没有得到证实，因为可用序列的时间长度问题，以及用偶然情况来解释它们的可能性，堪比发现金矿或银矿。"（阿莱斯，1979b：7—8）

〔50〕在这里，我们提到了哈伯勒（Haberler，1943）的观点，他强调了这样一个事实，即如果周期理论把重点放在周期自身展开的内生条件上，它就没有明确"揭示原因"，即"刺激的本质"："我们必须毫不拐弯抹角地认识到……只要乐观和悲观仍然是纯粹的心理现象，乐观和悲观的干预对解释经济周期就没有任何积极作用。"（第94页）——此评论与阿莱斯表达的观点相同。

〔51〕阿莱斯的"X因素"假说，可以在某种程度上与"太阳黑子"的概念（即外生效应）进行比较，这与当代的分析非常一致——当代分析得到了"自我实现的预期"和在理性预期模型中的多重均衡。

〔52〕值得注意的是，美国国家经济研究局（National Bureau of Economic Research，NBER）的分析经常发表在《商业状况摘要》（*Business Condition Digest*）和普拉特（1982：241 ff.）的观点中。

〔53〕即使作者经常看起来很有说服力。

〔54〕特别参见NBER的分析和普拉特（Prat，1982，1990）的观点。

〔55〕特别参见普拉特（1982）和皮尔斯（Pearce，1983）。

〔56〕根据货币假设，可以得到"股票价格和生产是货币数量变化的结果"。货币假设提供了一个例证〔参见斯普林克尔（Sprinkel），1971〕。

〔57〕在这个例子中，我们假设 A 和 Q 是稳定序列。

〔58〕但是，如果这种基于传播的恒定速率的多周期模型，可以解释该事实：观察到的提前或滞后是围绕一个关于时间不断变化的均值，（那么）它就不可以用来解释平均超前或滞后（的时间长度）与（序列取得）最小值时相比，在（序列取得）最大值时更加重要（例如，在有两个频率分布的情况下）。相反，在公式（13）和公式（14）中，引入一个随着时间变化的传播速率，是非常有可能解释这最后一个现象的（普拉特，1990）。在他的周期货币理论中，阿莱斯仔细地引入了一个随着时间而变化的比率〔公式（14）〕。

〔59〕（在此）提出：阿莱斯在不确定性决策理论领域的贡献，与其循环理论有三个共同特点是很有价值的：第一，没有应用"随机变量"的概念。从它的普遍含义来看，它意味着危险。第二，不仅基于理论基础，而且经验验证也发挥了同样的作用（自 20 世纪 50 年代初以来，阿莱斯使用的方法，对应于今天经济学家称之为"实验经济学"的方法）。第三，阿莱斯正在寻找"单一理论"，可能会将具有不同心理特征（风险厌恶程度）和不同财富的个体所作出的选择纳入同一框架。

230　　〔60〕经典的例子：即使观察者只看到白天鹅，也不能推断所有天鹅都是这种颜色。相反，如果他看到一只天鹅是黑色的，那就足以让他反驳"所有天鹅都是白色"的假设。

参考文献

莫里斯·阿莱斯的作品：

《经济与利益》（2 卷本），第八章，国家印刷局、官方出版物书店 1947 年版。

（1947）*Economie et Intérêt*，（2 vols），Paris：Imprimerie Nationale，Librairie des Publications Officielles（see ch. VIII）.

《用非线性模型说明经济周期货币理论》，欧洲国会、计量经济学会、经济分析中心，1953 年 8 月。

（1953）'Illustration de la Théorie Monétaire des Cycles Economiques par des Modèles non linéaires'（'Illustration of the Monetary Theory of Business Cycles by non-linear Models'），European Congress，Econometric Society，Innsbruck，August 1953，Centre d'Analyse Economique.

《延迟规则非线性模块对经济周期的解释》，《测量经济师》1956 年第 1 期，第 4—83 页（英文摘要）。《"计量经济学动态模型"中的补充记忆》，《CNRS 国际学术讨论会集》第 62 卷，第 259—309 页。

（1956）'Explication des Cycles Economiques par un Modèle non Linéaire à Regulation Retardée'，*Metroeconomica*，VIII（1）：4–83（English summary）. Mémoire complémentaire in 'Les Modeles Dynamiques en Econometrie'，*Collection des Colloques internationaux du CNRS*，Vol. LXII，pp. 259–309.

《在自相关时间序列的情况下对舒斯特检验的推广》，《国际统计学会公报》1962 年第 39 卷，第 143—194 页。

（1962）'Généralisation du Test de Shuster au cas de séries temporelles autocorrélées', *Bulletin de l'Institut International de Statistique*，39：143-94.

《货币数量王座的重新制定：货币需求的世系、相对主义和逻辑公式》，《公报》1965 年第 928 期。

（1965）'Reformulation de la Théorie Quantitative de la Monnaie：la Formulation Héréditaire, Relativiste et Logistique de la Demande de Monnaie', *Bulletin Sedeis*，（928）（September）.

《货币数量理论的重述》，《美国经济评论》1966 年第 5 期，第 1123—1157 页。

（1966a）'A Restatement of the Quantity Theory of Money', *American Economic Review*（December）：1123-57.

《美国经济不可预测的潜力》，《政治家》（帕维大学）1966 年第 2 期，第 197—221 页。

（1966b）'La Conjoncture Potentiellement Instable de l'Economie Américaine', *Il Politico*（Université de Pavie），XXXI（2）：197-221.

《货币动态基本方程》，载《货币与发展》，巴黎高等矿业学校，1968 年 9 月。

（1968）'Equation Fondamentale de la Dynamique Monétaire', in *Monnaie et Développement*，ENS des Mines de Paris（September）Section 312 and Appendix I of Fasc. I.

《增长与通货膨胀》，《货币信贷与银行业杂志》1969 年第 3 期，第 355—462 页。

（1969）'Growth and Inflation', *Journal of Money Credit and Banking*（August）：355-462.

《答复迈克尔达比评论阿莱斯对数量论的重述》，《美国经济评论》1970 年第 3 期，第 447—456 页。

（1970a）'A Reply to Michael Darby's Comment on Allais'Restatement of the Quantity Theory', *American Economic Review*（June）：447-56.

《经济发展的货币条件》，巴黎大学法律和经济学院，1970 年。

（1970b）Les Conditions Monétaires du Développement Economique, Université de Paris-Ouest, Faculté de Droit et des Sciences Economiques, 1970, Fasc. III-3.

《遗忘与利率》，《货币、信贷与银行杂志》1972 年第 1 期，第 40—71 页。

（1972）'Forgetfulness and Interest', *Journal of Money*, *Credit and Banking*（February）: 40–71.

《心理利率》，《货币、信贷与银行杂志》1974 年第 3 期，第 286—331 页。

（1974）'The Psychological Rate of Interest', *Journal of Money Credit and Banking*（August）: 286–331.

《货币需求的遗传和相对论形式：循环推理或真正的结构关系？（对斯卡丁注释的回复）》，《美国经济评论》1975 年第 3 期，第 454—464 页。

（1975）'The Hereditary and Relativistic Formulation of the Demand for Money: Circular Reasoning or a Real Structural Relation?（A Reply to Scadding's Note）', *American Economic Review*（June）: 454–64.

《科学活动报告》，CNRS 经济分析中心，1976 年 9 月。

（1976）*Rapport d'Activité Scientifique*, Paris: Centre d'Analyse Economique, CNRS（September）.

《对经济科学的贡献概述：1945—1978》，CNRS 经济分析中心，1978 年，第 78—135 页。

（1978）*Contributionà la Science Economique*, *Vue d'Ensemble*, *1945–1978*, Paris: Centre d'Analyse Economique, CNRS, 78–135.

《股价、个人的收入和因子 X》，《指南》第 3689 号，1979 年 5 月。

（1979a）'Le Cours des Actions, le Revenu par Habitant et le Facteur X', Note mimeo., N°3689, May.

《阿莱斯理论，股票价格：趋势的经济决定因素和波动的"因素 X"》，《指南》第 3741 号，1979 年 7 月。

（1979b）'Théorie d'Allais, Cours des actions: Facteurs Economiques Déterminants du Trend et "Facteur X" des Fluctuations Conjoncturelles, Lignes Directrices', Note mimeo., N°3741, July.

莫里斯·阿莱斯先生 1979 年 3 月 13 日在巴黎获国家科学研究中心金质奖章的演讲。

（1979c）Disons de Monsieur Maurice Allais prononcé le 13 mars 1979 à l'occasion de la remise de la Médaille d'or du CNRS, Paris.

《关于因子 X 的补充说明》,《指南》第 3777 号, 1980 年 1 月。

(1980a) 'Note Additionnelle sur le Facteur X', Note mimeo. , N°3777, January.

《科学活动报告》, CNRS 经济分析中心, 1980 年 9 月, 第 19—40 页。

(1980b) *Rapportd'Activité Scientifique*, Paris: Centre d'Analyse Economique, CNRS (September) (see pp. 19-40).

《从货币动态的基本方程生成内源性波动》,《CNRS 科学活动报告》, CNRS 经济分析中心, 1982 年 7 月, 文件第 C—4081 号第四部分, 第 21—27 页。

(1982a) 'Génération de Fluctuations Conjoncturelles endogénes à partir de l'Equation Fondamentale de la Dynamique Monétaire', *Rapport d'Activite Scientifique pour le CNRS*, Paris: Centre d'Analyse Economique (July), document N° C - 4081, Partie IV, pp. 21-7.

《时间序列分析和因子 X》,《CNRS 科学活动报告》, CNRS 经济分析中心, 1982 年 7 月, 文件第 C—4081 号第六部分, 第 31—35 页。

(1982b) 'Analyse des séries temporelles et Facteur X', *Rapport d'Activité Scientifique pour le CNRS*, Paris: Centre d'Analyse Economique (July), document N° C-4081, Partie VI, pp. 31-5.

《在两个自相关的时间序列情况下的周期性测试》,《CNRS 科学活动报告》, CNRS 经济分析中心, 1982 年 7 月, 文件第 C—4081 号, 第 36—41 页。

(1982c) 'Tests de Périodicité dans le cas de deux séries temporelles autocorrélées', *Rapport d'Activité Scientifique pour le CNRS*, Paris: Centre d'Analyse Economique (July), document N°C-4081, pp. 36-41.

《频率、概率和危险》,《巴黎统计学会期刊》(2), 1983 年第 2 季度。

(1983a) 'Fréquence, Probabilité et Hasard', *Journal de la Société de Statistique de Paris* (2), (2nd quarter). 231

《频率、概率和机会》, 载《效用和风险理论的基础与应用》, 雷德尔出版社 1983 年版, 第 3—4、35—86 页。

(1983b) 'Frequency, Probability and Chance', in *Foundations of Utility and Risk Theory with Applications*, Dordrecht: Reidel, pp. 3-4 and 35-86.

《推测波动和"X 因素"》，《CNRS 科学活动报告》，CNRS 经济分析中心，1984年 8 月，文件第 C—4270 号，第 30—62 页。

（1984）'Fluctuations Conjoncturelles et "Facteur X"'，*Rapport d'Activité Scientifique pour le CNRS*，Paris：Centre d'Analyse Economique（August），document N° C-4270.（see pp. 30-62）.

《信贷机制及其影响》，载 R. 法威尔编辑：《阿罗与经济政策理论基础》，麦克米伦出版社 1985 年版，第 491—758 页。

（1985）'The Credit Mechanism and its Implications'，in R. Feiwel（ed.），*Arrow and the Foundations of the Theory of Economic Policy*，London：Macmillan，pp. 491-758.

《货币需求的遗传和相对论理论的实证方法：结果、解释、批评和反驳》，《公共选择经济学》1986 年，第 1—2 页。

（1986）'The Empirical Approaches of the Hereditary and Relativistic Theory of the Demand for Money：Results，Interpretation，Criticisms and Rejoinders'，*Economia Delle Scelte Publiche*，1-2.

《马尔凯经济的货币条件》，莫通斯登版出版社 1989 年版。

（1989a）*Les Conditions Monétaires d'une Economie de Marchés*，Paris：Editions Montchrestien.

《诺贝尔会议，自画像》，莫通斯登版出版社 1989 年版。

（1989b）*Conference Nobel*，*Autoportraits*，Paris：Editions Montchrestien.

《我的生活哲学》，《美国经济学家》1989 年第 2 期，第 3—17 页。

（1989c）'My Life Philosophy'，*The American Economist*，33（2）：3-17.

引用的其他作品：

L. 巴舍利耶：《炒股和概率计算》，高蒂尔-维拉尔出版社 1938 年版。

Bachelier，L.（1938），*La Spéculation et le Calcul des Probabilités*，Paris：Gauthier-Villars.

G. 博德斯：《机会和节奏的原因》，杜诺德出版社 1952 年版。

Baudez，G.（1952），*Le Hasard et les Causes Rythmées*，Paris：Dunod.

G. 博德斯：《机会和节奏的原因》，《巴黎统计学会杂志》1953 年第 7—9 期，第 169—187 页。

Baudez, G. (1953), 'Le Hasard et les Causes Rythmées', *Journal de la Société de Statistique de Paris* (7-9) (July-August)：169-87.

P. 卡根：《恶性通货膨胀的货币动态》，载弗里德曼：《货币数量理论研究》，芝加哥大学出版社 1956 年版。

Cagan, P. (1956), 'The Monetary Dynamics of Hyperinflation', in M. Friedman *Studies in the Quantity Theory of Money*, Chicago：University of Chicago Press.

P. 卡根：《阿莱斯货币理论：解释与评论》，《货币、信贷与银行杂志》1969 年第 3 期，第 427—432 页。

Cagan, P. (1969) 'Allais'Monetary Theory：Interpretation and Comments', *Journal of Money, Credit and Banking* (August)：427-32.

M. R. 达秘：《评论阿莱斯对数量论的重述》，《美国经济评论》1970 年第 3 期，第 444—446 页。

Darby, M. R. (1970), 'Comment on Allais's Restatement of the Quantity Theory', *American Economic Review* (June)：444-6.

J. H. 德雷兹等：《1988 年诺贝尔经济学奖，莫里斯·阿莱斯和法国边缘学派，莫里斯·阿莱斯科学工作报告》，《斯堪的纳维亚经济学杂志》1989 年第 1 期，第 1—46 页。

Dreze, J. H., I. Stahl and J. M. Grandmont (1989), 'The Nobel Memorial Prize in Economics 1988, Maurice Allais and the French Marginal School, Report on Maurice Ailais'Scientific Work', *Scandinavian Journal of Economics*, 1-4：1-46.

R. M. 古德温：《非线性周期理论》，《经济学与统计学评论》1950 年 11 月，第 316—320 页。

Goodwin, R. M. (1950), 'A Non Linear Theory of the Cycle', *Review of Economics and Statistics* (November)：316-20.

R. M. 古德温：《非线性加速器和商业周期的持久性》，《计量经济学》1951 年第 1 期，第 1—17 页。

Goodwin, R. W. (1951), 'The Non Linear Accelerator and the Persistence of Business Cycles', *Econometrica* (April)：1-17.

G. 哈伯勒：《繁荣与萧条》，《国际联盟》第 3 版，1943 年。

Haberler, G. (1943), *Prospérité et Dépression*, Geneva: Société des Nations, 3rd edn.

S. 勒卡庞捷:《阿莱斯货币发行的遗传和相对论形式》,《巴黎统计学会期刊》1993 年第 2 期, 第 39—56 页。

LeCarpentier, S. (1993), 'La Formulation Héréditaire et Relativiste de l'Offre de Monnaie d'Allais', *Journal de la Société de Statistique de Paris* (2): 39-56.

W. S. 杰文斯:《对货币与金融的调查》, 凯利出版社 1964 年版。

Jevons, W. S. (1964), *Investigations in Currency and Finance*, New York: Kelley.

F. R. 麦考利:《1856 年以来美国利率、债券收益率和股票价格变动揭示出的一些理论问题》, 国家经济研究局, 1938 年。

Macaulay, F. R. (1938), Some Theoretical Problems Suggested by the Movements of Interest Rates, Bond Yields and Stock Prices in the U. S. since 1856, New York: NBER.

V. 帕累托:《政治经济学课程——革命》, 1896 年。

Pareto, V. (1896), *Cours d'Economie Politique*, *Rougé*, Lausanne.

D. K. 皮尔斯:《股票价格与经济》,《堪萨斯城联邦储备银行经济评论》1983 年第 9 期, 第 7—22 页。

Pearce, D. K. (1983), 'Stock Prices and the Economy', *Federal Reserve Bank of Kansas City Economic Review* (November): 7-22.

C. 普罗索:《了解真正的商业周期》,《经济学视角》1989 年第 3 期, 第 51—77 页。

Plosser, C. (1989), 'Understanding Real Business Cycles', *Journal of Economic Perspectives*, 3 (3) (Summer): 51-77.

G. 普拉特:《证券交易所和经济形势》, 经济出版社 1982 年版。

Prat, G. (1982), *La Bourse et la Conjoncture Economique*, Paris: Economica.

G. 普拉特:《拉博尔萨与经济周期》,《ICE (西班牙商业信息)——经济杂志》1990 年第 688 期, 第 75—91 页。

Prat, G. (1990), 'La Bolsa y el Ciclo Economico', *ICE* (*Informacion Comercial Española*), *Revista de Economia* (688), (December): 75-91.

J. L. 斯卡丁:《阿莱斯对货币数量理论的重述: 注释》,《美国经济评论》1972

年第 1 期，第 151—154 页。

Scadding, J. L. (1972), ' Allais'Restatement of the Quantity Theory of Money: Note', *American Economic Review* (March): 151-4.

J. L. 斯卡丁：《阿莱斯教授的货币需求理论：反驳》，《美国经济评论》1975 年第 3 期，第 465—466 页。

Scadding, J. L. (1975), 'Professor Allais' Theory of the Demand for Money: Rejoinder', *American Economic Review* (June): 465-6.

B. W. 斯普林克尔：《货币和股票价格》，欧文出版社 1971 年版。

Sprinkel, B. W. (1971), *Money and Stock Prices*, Homewood, IL: Irwin.

范德波尔：《关于驰豫振荡》，《伦敦、爱丁堡和都柏林哲学杂志和科学杂志》1926 年第 11 期，第 978—992 页。

Van der Pol (1926), 'On relaxation-oscillations', *The London, Edinburgh, and Dublin Philosophical Magazine and Journal of Science*, (July-December): 978-92.

责任编辑:曹　春

封面设计:汪　莹

图书在版编目(CIP)数据

经济学思想中的不确定性/(法)克里斯蒂安·施密特 主编;刘尚希,
　陈曦 译. —北京:人民出版社,2020.8
书名原文:Uncertainty in Economic Thought
ISBN 978 - 7 - 01 - 022229 - 5

Ⅰ.①经…　Ⅱ.①克…②刘…③陈…　Ⅲ.①经济思想史-研究-世界
　Ⅳ.①F091

中国版本图书馆 CIP 数据核字(2020)第 107299 号

UNCERTAINTY IN ECONOMIC THOUGHT
Edited by CHRISTIAN SCHMIDT © CHRISTIAN SCHMIDT 1996
版权登记号:02－2019－7668

经济学思想中的不确定性
JINGJIXUE SIXIANG ZHONG DE BUQUEDINGXING
［法］克里斯蒂安·施密特　主编
刘尚希　陈曦　译

人民出版社 出版发行
(100706　北京市东城区隆福寺街 99 号)

北京盛通印刷股份有限公司印刷　新华书店经销

2020 年 8 月第 1 版　2020 年 8 月北京第 1 次印刷
开本:710 毫米×1000 毫米 1/16　印张:22.5
字数:330 千字

ISBN 978 - 7 - 01 - 022229 - 5　定价:98.00 元

邮购地址 100706　北京市东城区隆福寺街 99 号
人民东方图书销售中心　电话 (010)65250042　65289539